U0712009

国际贸易法律文本特点及其变迁研究

国际贸易法律文本概述

国际贸易法律文本的语言特点

国际贸易法律汉译文本的语言研究

国际贸易法律英文文本的历时比较

国际贸易法律文本语言中的缩略语研究

卢秋帆◎著

中国政法大学出版社

2013·北京

图书在版编目（CIP）数据

国际贸易法律文本特点及其变迁研究/ 卢秋帆著. —北京：中国政法大学出版社，2013.8

ISBN 978-7-5620-5003-2

Ⅰ.①国…　Ⅱ.①卢…　Ⅲ.①贸易法－法律语言学－研究　Ⅳ.①D90-055 ②D996.1

中国版本图书馆CIP数据核字(2013)第211191号

出版者	中国政法大学出版社
地　址	北京市海淀区西土城路25号
邮寄地址	北京100088信箱8034分箱　邮编100088
网　址	http://www.cuplpress.com（网络实名：中国政法大学出版社）
电　话	010-58908524(编辑部)　58908334(邮购部)
承　印	固安华明印刷厂
开　本	880mm×1230mm　1/32
印　张	9.5
字　数	230千字
版　次	2013年8月第1版
印　次	2013年8月第1次印刷
定　价	29.00元

摘 要

自从加入 WTO 以来，我国的国际贸易得到了飞速发展。为了能够更好地和国际接轨，正确地理解国际商会和国际组织制定的一些法律和惯例，避免在国际贸易实践中产生歧义，甚至纠纷，笔者认为有必要针对国际贸易法律文本语言特点及其变迁进行探讨和分析，以期对国际贸易工作者、银行界和法律界的人士有所助益。[1]

第二次世界大战前后，世界各地的出口商为了规避贸易风险，纷纷采用信用证结算方式，从而使得国际贸易得以长足发展。但是对于信用证业务，各国的银行处理意见不一致，继而造成了对于信用

〔1〕 卢秋帆："论网络金融系统风险的系统监控"，载《现代商业》2007 年第 6 期。

证条款解释的不确定性和不一致性，在一定程度上阻碍了信用证结算的进行。为了促进全世界经济的快速发展，促进自由贸易和市场组织的繁荣，《跟单信用证统一惯例》从1930年国际商会制定的第一个草案的发行和1933年第一个文本由国际商会正式出版以来，历时七十多年，几乎每隔十年修订一次，由此可见，此惯例非常具有生命力。目前，虽然它是一套非官方规定，但是，国际银行界、律师界和企业界都严格遵守这一惯例。这正是由它的务实性、民主性和创新性决定的，信用证已经成为目前世界上最普遍的国际贸易结算方式。对《跟单信用证统一惯例》的研究非常必要。

法律语言是《跟单信用证统一惯例》的表现形式，也是惯例内容的载体。只有准确理解《跟单信用证统一惯例》的语言，才能准确理解“惯例”的含义，因而，对法律文本语言进行研究至关重要。〔1〕

本书运用对比的方法，对国际贸易法律文本（中英本）和《跟单信用证统一惯例》等不同时期版本中的语言特点，特别是法律语言的一般特点以及国际贸易法律文本中词法、句法和修辞等方面存在的模糊性和精确性问题进行了全面的分析和研究。同时，笔者还观察到这些法律文本和惯例在内容、结构、用词、句式、修辞和翻译等诸多方面都是不断变化和修改的，研究《统一惯例》的变化和发展也要与时俱进，这不仅在应用语言学方面有深远的意义，而且对于提高对外贸易额也至关重要。

本书共分7章，二十多万字。

第一章“绪论”。主要内容包括相关概念的界定、国际贸易

〔1〕 钟山：《中国外贸发展战略研究》，中国商务出版社2010年版，第15~47页。

法律和惯例的区别、本书的缘起、本书的学术价值、本书的应用价值、前人研究概述、法律方面的研究、法律语言学方面的研究、翻译学方面的研究、本书研究概述、本书涉及的理论背景、本书研究的范围、本书研究的材料、本书研究的方法。第二章“国际贸易法律文本概述”。主要介绍国际贸易法律语言产生的背景、国际贸易法律文本的发展和影响、国际贸易法律文本简介、国际贸易法律文本的中文译本。第三章“国际贸易法律文本的语言特点”。主要探讨法律语言的一般特点、它的准确性、严谨周密性、简明凝练性、庄重朴实性、费解难懂性及国际贸易法律文本的语言风格。对于国际贸易法律语言的精确性和模糊性，从国际贸易法律立法语言的历时比较，从词汇中体现出的精确性和模糊性、从国际贸易法律文本句法中体现出的精确性和模糊性，以及国际贸易法律语言对模糊用语的有意使用问题方面进行研究。同时，还研究了国际贸易法律文本的语言文化特点，其中涉及文化的含义及语言与文化的密切关系，国际贸易法律文本语言的规范化、通俗化和专业化问题。第四章“国际贸易法律汉译文本的语言研究”。主要包括国际贸易法律英文文本语言特点的探讨，其中包括词汇特点以及国际贸易法律英文文本中词法、句法以及修辞的变迁。第五章“国际贸易法律英文文本的历时比较”。主要从国际化和民族化、国际贸易法律文本的可译性与不可译性、法律文本的汉译技巧、复杂长句的翻译、法律英文文本中的标点符号几个方面进行分析和研究。第六章“国际贸易法律文本语言中的缩略语研究”。本章主要讨论法律文本中缩略语的使用及其利弊。第七章“结语”。总结本书的主要创新成果、本书中存在的局限性和不足以及对未来研究工作的展望。

通过对国际贸易法律文本的研究，特别是《跟单信用证统一惯例》从1929年到2007年变迁的研究，可以看出：

1. 在词汇方面，以前的版本中多使用外来语和古语，但是随着不断对其进行修改，现在的《跟单信用证统一惯例》（UCP600）中的古语和外来语留存的已为数不多。

2. 通过对大量文本研究发现，早期的文本中大量使用代词，后逐步将代词改为实义名词，这样的变迁体现了法律语言的精确性，避免了因过多使用模糊用语造成歧义。

3. 国际贸易法律文本中缩略语的使用率在逐步攀升。

4. 通过对但书条款的研究发现，在国际贸易法律文本中，这种条款使用得非常普遍，大约占到了总条款的20%～35%。

5. 通过对语料中句子的分析发现，复合句长句的使用数量在减少。目前文本中句子的单词量最多的是六十个左右，比起前几个版本的句子所含单词数八十个左右，少了一些，而且长句的数量也没有以前的版本多。

6. 早期的文本中发现《跟单信用证统一惯例》中大量使用模糊用语，如："合理的"、"尽快"、"著名的"、"一流的"等，但是，最新的UCP600中，已经很难找到类似这样的模糊语言了。

7. 有的汉译本中的误译现象非常严重。如果不对此予以高度重视，将会给从事国际贸易的商人、银行界及法律界的人士造成很多误解，甚至产生一些不必要的纠纷。

本书在前贤研究的基础上，取得了如下一些创新成果：

1. 本书首次利用法律知识、国际贸易知识和应用语言学的知识对国际贸易法律文本（中英文）和惯例展开了研究。

2. 首次将但书条款单独列出来加以研究。但书条款大约占国际贸易法律和惯例中条款总量的20%～35%左右，非常有必要对其进行专门的研究。

3. 首次将国际贸易法律英文本中的缩略语进行研究。在此之前只有学者针对普通英语文献中的缩略语讨论过，针对国际贸易法律英文本的缩略语展开专门讨论的还是第一次。

4. 首次针对国际贸易法律文本中语言的精确性和模糊性展开研究。以前只有学者针对语言的模糊性和精确性的研究。

5. 首次对《跟单信用证统一惯例》从最早1929年的中英文版本到2007年的最后一个中英文版本进行了对比研究，而且重点是从词汇和句法方面的变迁进行了对比分析。目前，可以找到这方面的研究资料只有UCP400号、UCP500号和UCP600号之间的变迁对比，而且这些研究成果主要是关于法律方面的。像本文这样专门从词汇和句法方面进行的研究还属首次，而且研究得这么系统和全面也属首次。[1]

---

〔1〕 卢秋帆："论环境与国际贸易问题及我国贸易政策的调整"，载《商品储运与养护》2007年第3期。

目 录

1 绪 论

1.1 相关概念的界定

本书研究的范畴属于边缘学科，因此它涉及的学科门类较多，同时，涉及的相关概念也较多。主要涵盖了：应用语言学、法律语言学、法律语言学中的法律英语专业、语言文化、经济学中的国际贸易专业以及国际贸易中涉及的几个法律文本的概念，还有国际商务合同英语，等等。

1.1.1 本书涉及的基本概念

法律语言学是法学与语言学交叉形成的新兴学科，是法律和语言不断融合的结果，它为法律的严密制定和顺利实施打下了坚实的基础。在法律实践中，法律语言学起着非常重要的作用，充当着十分重要的角色，发挥着重要的功能。作为法律学科的组成部分，它是边缘法学的子学科之一。

法律英语是一种特殊用途英语（ESP），它属于应用语言学的范畴，是一种具有法律职业技能特征的行业语言。

法律英语是人们从事商务活动时用英文签署具有法律地位文件的载体，所以，国际贸易合同大部分是以英语共同语为基础，在商务实践中形成并使用的。它们既具有商务英语的特点，同时又具有法律英语的特点。国际贸易英语是人们按照社会文化环境、交际目的和交际对象等语用因素，在长期使用中形成的一种具有特殊用途和自身规律的语言功能变体。它并不具有特殊的语言材料或独立的语法体系，而是民族共同语在法律语境中的一个具有某种特殊用途的语言变体或语域。美国的一位语言学家 Martin Joos 按照言语交际双方的年龄、性别、社会关系、身份等因素所反映的语言使用的正式程度，在他的著作 *The Five Clocks* 中提出了语言正规程度的五级分类法（five levels formality），即庄重（冷淡或演说）文体（frozen style）、慎重或正式文体（formality style ）、请求或商议文体（consultative style）、随便或非正式文体（casual-or informal style）和亲密文体（intimate style）。人们普遍认为国际贸易文本语言应属庄重文体，也就是说，它是各体英语中正式程度最高的一种。国际贸易英语在词汇、句法和篇章等方面具有鲜明的文体特征。最后，我要介绍一下经济学中的国际贸易专业以及国际贸易中涉及的几个法律文书的概念，这几个概念也是本书中出现和使用频率较高的重要概念。

国际贸易法律英语指的是国际贸易法律文本中使用的书面英语。国际贸易法律英语也具有法律英语的几个显著特点，即：正式性、庄重性、简明性、精确性和模糊性等。同时，在这些英文版的国际贸易法律文本中还时常发现有外来语和古语等特点。以上这些特点共同构成了国际贸易法律英语文本的特点。

信用证（Letter of Credit，L/C）是一家银行（开证行）按照其客户（开证申请人）的要求和指示，或自己主动向另一方（受益人）所签发的一种书面约定，假如受益人满足了约定的条件，那么开证行将要向受益人支付信用证中约定的金额。由此我们可以看到，信用证是国际贸易中比较通行的一种结算方式，它是一种带有条件的付款凭证，在国际贸易中，经常采用信用证来作为两国商人之间的付款方式。信用证最早出现于 12 世纪的欧洲，如果受益人按信用证规定提交了全套合格单据，开证银行将有义务向受益人支付信用证上规定的金额。19 世纪末以来，跟单信用证被广泛使用于国际贸易的结算中。

关于《跟单信用证统一惯例》，李金泽曾指出："国际商会制订的《跟单信用证统一惯例》对跟单信用证当事人的权利和义务，有关业务和术语作了统一的解释，成为信用证业务的行为准则。"[1]国际商会为明确信用证有关当事人的权利、责任、付款的定义和术语，减少因解释不同引起的各有关当事人之间的争议和纠纷，调和各有关当事人之间的矛盾，于 1930 年拟定了一套《商业跟单信用证统一惯例》（Uniform Customs and Practice for Commercial Documentary Credits），并于 1933 年正式公布，以后随着国际贸易变化，国际商会分别在 1951 年、1962 年、1974 年、1978 年、1983 年、1993 年对其进行了多次修改，称为《跟单信用证统一惯例》（Uniform Customs and Practice for Documen-

---

〔1〕 李金泽：《UCP600 与信用证法律风险防控》，法律出版社 2007 年版，第 61 ~ 65 页。

tary Credits)，被各国银行和贸易界所广泛采用，已成为信用证业务的国际惯例，但其本身不是一个国际性的法律规章。

《跟单信用证统一惯例》是国际商会即 ICC（The International Chamber of Commerce）为了促进世界国际贸易的迅速发展，更好地协调国际贸易实践中采用信用证支付方式过程中的各方当事人之间的矛盾而制定的规范跟单信用证操作的国际惯例。

随着资本主义的兴起和发展，国际贸易日趋扩大，跟单信用证的结算方式也应运而生。跟单信用证简称信用证，信用证是重要的国际贸易结算方式，它集结算和融资功能于一体，通过银行信用弥补商业信用的不足，为国际贸易提供服务。国际商会在《跟单信用证统一惯例》2007 年修订本《商会第 600 号出版物》（简称 UCP 600）中对跟单信用证定义如下：跟单信用证是指一项安排，不论其名称或描述如何，该项安排构成开证行对相符交单予以承付的确定承诺。跟单信用证是一项约定，即在单证相符的情况下，开证行向受益人或其指定人付款（即期付款或远期付款）或承兑汇票并付款；或授权另一银行（被指定银行）付款或承兑汇票并付款；或授权另一银行议付。随着资本主义的兴起和发展，国际贸易日趋扩大，促使《跟单信用证统一惯例》在从 1929 年诞生到 2007 年间，共经历了六次修改和更新。

国际商会（The International Chamber of Commerce，ICC）成立于 1919 年，已有 130 多个国家成为其会员，是全球唯一能代表企业权威的代言机构。ICC 是一个非政府的组织，主要在世界商业界提供服务，同时，它还是联合国等政府间组织下设的咨询机构，其总部设在巴黎。目前，它已在全世界 59 个国家中设立了国家委员会或理事会，用于协调和组织国家与国家之间的商业和贸易活动，国际商会以贸易为促进和平、繁荣的强大力量，推行一种开放的国际贸易投资体系和市场经济。国际商会的各成员国和协会自身都从事国际商业活动，同时国际商会所制定的规章和惯例，如：《托收统一规则》、《跟单信用证统一惯例》、《国际商会2000国际贸易术语解释通则》等已经成为国际贸易不可缺少的组成部分，它们在国际贸易实践中被广泛地采用。国际仲裁法庭是国际商会属下的全球最高级别的仲裁机构，国际上许多国际贸易争议都靠这个机构来解决。它设定的目标是：将贸易作为促进和繁荣世界和平的力量，努力在全世界范围内推行一种开放式的国际贸易、市场经济和投资体系，它已经成为了联合国的最高咨询机构和特殊的代理机构。目前，国际商会已经成为全球决定重大商业事务的最受欢迎的国际和区域组织的合作者，其作用主要是协调和组织各个国家的国际贸易或者其他商业活动。国际商会常常规范国际商业合作的章程，它的职能有如下几点：

（1）专门为商业提供实际服务，这些服务包括：设立了专门用于解决国际商事纠纷的仲裁院，设立协调和管理货物临时免税进口的ATA单证制度的国际局、实务学会，制定商业法律、设立反对海事诈骗的国际海事局、反对假冒商标和假冒产品的反对假冒情报局，并且还可以出版发行各类出版物。

（2）为了促进全世界的贸易和投资，强调贸易与投资必须建立在自由和公正竞争的基础之上。

（3）它还协调统一贸易惯例和制定贸易术语及指南。

（4）在全世界范围内，在联合国以及政府部门和机构充当商业界的发言人。国际商会下面设立了两个委员会：国际商会惯例委员会以及银行技术和惯例委员会。

1.1.2 国际贸易法律和惯例的区别

国际贸易法律是调整不同的国家各方当事人之间商品交易关系和与此有关联的其他各种关系的法律规范的总称。它是世界各国的统治阶级为了维护本国在国际贸易方面利益的重要工具。[1]

国际贸易惯例是人们在长期的国际贸易实践中形成的，对从事国际贸易的各方当事人有着极其普遍的适用性。它是经过国际贸易组织或者社会团体系统化和规范化之后，拥有确切的内容，起着国际贸易活动准则作用但并不具有强制力的做法和通则。它是国际贸易法律的重要法律渊源，在当事人认可时有法律效力。国际贸易惯例一般不是强制的而是任意的规则，一方不能强制另一方适用，也不能自动地适用，它一般不能直接约束有关国家和个人。因此，在处理国际贸易纠纷时，不能自动适用国际贸易惯例。[2]

国际贸易惯例的强制力是一种准强制力，也就是说当事人选择适用某一国际贸易惯例后，此国际贸易惯例确定的权利和义务便直接约束双方当事人。

国际贸易法律和国际贸易惯例有许多相似的地方。比如：它们都是一种准则，而且都具有确切的内容并且经过了规范化的过程。目前世界上大多数国家已把国际贸易惯例纳入他们的国际贸

〔1〕 叶小燕："国际贸易惯例与国际贸易法律的比较"，载《经营管理者》2007年第3期，第89~91页。

〔2〕 曹民之："浅谈国际贸易惯例与国际贸易法律的区别"，载《商场现代化》2006年第5期，第111~113页。

易法律的范畴中了。关于它们之间的区别，下面列一个简表以便更好地说明：

表 1－1　国际贸易法律与惯例的区别

是否属于法律、公约、正式文、强制力等	国际贸易惯例	国际贸易法律
1. 是否是法律	否	是
2. 是否是公约	否	是
3. 是否是正式文	否	是
4. 是否具有强制力	否	是
5. 产生方式的区别	从贸易实践中	国家统治阶级“加工”的产物
6. 是否有约束力	否	是
7. 内容上的区别	是历史的产物	有商法内容又有贸易法的内容

1.2　本书的缘起

随着国际交往的日益频繁和国际贸易的日益发展，特别是加入 WTO 之后，我国几乎完全和世界经济接轨，因此，我们必须按照国际惯例来和世界各国进行正常的经济交往。在国际贸易结算中，风险小、安全可靠的银行跟单信用证的作用十分突出，特别是在发展中国家和地区的国际贸易实务中，它处于主导地位，承担着无与伦比的作用，正是信用证这种结算方式，才使得分处在两个不同国家的商人实现了“一手交钱一手交货”之便利。但是，国际贸易的买卖双方和各自的银行，由于各种原因，经常会对信用证条款有着不同的理解和掌握，为了维护各自的利益，他们经常会提出有利于自己而不能为对方所接受的解释。因此，国际商会于1933年出版了第一本《跟单信用证统一惯例》（简称UCP），编号为第82号出版物（Publication No. 82），以此来约束各国商人共同遵守。UCP虽不是法律或公约，但它已经成为国际银行界的圣经，它具有作为判决依据的权威性。78年以来，它经过了7次大的修改，对其中的语言变迁进行深入地研究，将有利于推动我国对外贸易的发展，并能从中找寻一些规律性的东西和值得借鉴的地方，以给后人一些启发和借鉴。

另外，法律语言学在我国还是个新兴的学科，20世纪80年代初从西方将其引入后，在很多方面的研究工作还是十分薄弱的。其中有关国际经济法中的信用证是国际贸易中通行的一种结算方式，而UCP是在全世界范围内来规范和统一信用证的，笔者认为国际商会对《跟单信用证统一惯例》多次进行修改，这种动态的发展变化，无论从内容和表义上都需要我们从法律语言学的角度对它深入地进行分析和研究。

1.3　本书的价值

本节主要分析本书的学术价值和应用价值。

1.3.1　学术价值

本书属于边缘学科，专业是语言学及应用语言学，法律语言属于立法语言，也属于应用语言学的范畴。国际贸易法律语言是关于国际贸易方面的立法和司法语言。国际贸易法律文本是世界上参与国际贸易的国家必须拥有的出版物，凡是进行国际贸易的国家必须正确理解这些文本的内容，只有这样才能在进行国际贸易时避免发生纠纷。而且，这些法律文本的语言都有其独到的特点，特别是不同时期的文本语言有许多变化，为了找到这些词汇和句子等的变化规律，笔者认为对这些国际贸易法律文本的语言进行分析和研究是有很高的学术价值的。本书中我们对几个文本进行了相关的语体研究，特别是对《跟单信用证统一惯例》文本的立法语言变迁的研究，对推动我国经济立法、法律语言研究、语体研究、银行业和外贸业务理论和实践方面都有十分重要的作用，对国际贸易法律立法语言的科学化也会起到促进作用。

1.3.2 应用价值

世界各国都非常重视国家与国家间的贸易往来。为了互通有无，发展本国的经济，各国都非常积极地参与国际贸易，为了安全稳妥地进行国际贸易，正确理解和运用国际贸易法律是至关重要的。而国际贸易法律语言存在着艰涩难懂的特点，同时，在国际贸易英文文本中大量使用外来语和古语的现象非常普遍。这对于准确把握国际贸易法律文本的内容，存在着一定的困难。因此笔者认为对国际贸易法律文本的分析和研究对我国从事国际贸易的商人、银行的工作人员及法律工作者都会给予较大的帮助。所以，本书的应用价值还是不言而喻的。

本书的研究成果对我国与他国的国际经济交往将起到非常重要的理论指导作用。对 UCP 的有效利用与充分研究将有效推动我国国际贸易的发展，对我国法律工作者和语言工作者也具有借鉴意义，对将来的立法工作也有参考价值，同时，对我国银行业也有理论上的指导作用。

1.4 前人研究概述

针对本书本节将从两个方面来分析前人在这方面的研究成果。从法律和法律语言学的角度来研究本课题，法律语言学方面的研究主要涉及法律语言的模糊性和精确性以及立法语言的精神所在。

笔者从搜集资料的过程中发现，前人对法律语言、法律英语、国际贸易及国际贸易法律进行过研究，但是，法律语言也是20 世纪90 年代才出现的新兴学科。而从语言学方面来看，法律语言又属于应用语言学的范畴。就本选题而言，至今为止，笔者还没有发现有学者专门对国际贸易法律文本语言和它们的变迁进行过研究和论述，究其原因主要是相关的法律文本不易找到。我国开始进行对外贸易的时间是20 世纪80 年代初期，由于历史原因，很难找到80 年代以前的国际贸易文本。笔者经过辛苦努力，通过海外的亲戚和朋友，才找到了20 世纪80 年代以前的几个版本，为了方便后人，特把稀有的版本放在本书之后，以供参阅。〔1〕

1.4.1 法律方面的研究

我国从20 世纪80 年代以来，法律语言学研究开始起步并逐

〔1〕 卢秋帆："域名权的知识产权保护研究"，载《焦作师范高等专科学校学报》2007 年5 月。

步深入，涌现出了一批有代表性的成果，比如刘蔚铭在《法律语言学研究》中，结合我国本土法律语言学研究，全方位及宏观地对国外和国内法律语言学进行对比研究。王洁的《法律语言研究》在正面分析、论述法律语言的同时，指出目前法律语言中存在的问题，其研究成果对法律语言实践与法律语言研究都有很直接的指导意义。〔1〕法律语言的研究以往以司法语言为重点，近年来学者也开始关注立法语言的研究。学界对立法语言的规范性、准确性、模糊性、专业化、通俗化及立法语言的语体特征展开了讨论。比如，赵微在《立法语言的内涵及外延——基于语言学及法学双重视角的定义》一文中指出，准确把握“立法语言”这一术语含义的一个前提是明确其语言本体性（内涵），另一个前提是注重其与立法活动之间的互动关系（外延）。〔2〕刘大生在《论立法语言规范化》〔3〕〔4〕中讨论了立法语言的规范化问题，指出立法语言的失范已经到了比较严重的程度。立法语言的失范必然带来一定的危害，应当引起各国立法机关的高度重视。为克服立法语言失范化，实现立法语言规范化，有必要采取编制立法语言库、建立立法的语言审查程序等措施。褚宸舸在《论立法语言的语体特点》〔5〕中指出，从语体意义上而言，立法语言是专业性与通俗性、准确性与模糊性两对矛盾的统一体。立法语言的通俗化值得提倡，但通俗化以不损及法律表述的准确性为前提。从法律调整的类型化方式来

〔1〕王洁：《法律语言研究》，广东教育出版社1999年版，第2~3页。

〔2〕赵微：“立法语言的内涵及外延——基于语言学及法学双重视角的定义”，载《上海政法学院学报》2008年第1期，第178~180页。

〔3〕《国家检察官学院学报》2001年第1期。

〔4〕刘大生：“论立法语言规范化”，载《国家检察官学院学报》2001年第1期。

〔5〕《云南大学学报法学版》2009年第2期。

看，立法语言不可避免地具有模糊性。模糊性立法语言具有积极作用和消极作用，在接受立法语言模糊性的前提下，要重视立法语言的准确性和法律解释。[1] 立法语言学研究取得了一定成果，为我国立法语言学研究做出了贡献，初步架构了一个立法语言研究的多元化结构，为今后立法语言研究的深入打下了基础。有的学者还试图从具体法律部门出发研究不同法域的立法语言特点，但存在的不足也是显而易见的，比如研究大多是采用传统的语文学的方法或角度，着眼点在于立法语言的用词特征、语体风格等，很少涉及立法语言在不同时代的变迁和进步；研究还比较宽泛，缺乏对某一法律用语的解剖式研究；最后是偏爱民法、刑法等法学中“显学”的立法语言研究，但对国际经济法、合同法等学科关注不够。

国际商会银行委员会副主席 Dan Taylor 先生所著的《完整的 UCP》（*The Complete UCP*），是目前最具权威的书，他将七十多年来《跟单信用证统一惯例》的 7 次变迁进行了归纳和总结，从最早的版本到最新出版的 UCP600 版本（2007 年 7 月 1 日生效）做了一个回顾，并将每一个版本的特点进行了对比。在这本有价值的书中涵盖了从 1933 年以来出版的 7 个版本的 UCP 文本，还可以推到更前一点的时间是 1920 年。他对每一个文本都做了深刻的总结和比较，并解释了从一个文本到另一个文本的变化。这本书不仅在 UCP 历史研究方面提供了经验，同时，在国际贸易法律规则方面也有许多成功的研究，对我们更好地理解 UCP 和从事国际贸易提供了强有力的帮助。如，陈黔在他的

---

〔1〕 褚宸舸：“论立法语言的语体特点”，载《云南大学学报（法学版）》2009 年第 2 期，第 113～115 页。

《新旧〈跟单信用证统一惯例〉的比较分析》[1]一文中将UCP500和UCP600从结构、内容方面以及进出口商应注意的问题方面进行了对比说明。

1.4.2 法律语言学方面的研究

法律语言学的研究对象是法律语言。这里，法律语言的概念涵盖较广，包括立法、司法、执法所用语言和文本及其他与法律相关的语言。前三类无可置疑，后者之所以被列为法律语言学的研究对象，是因为这类语言尽管不像前者那样具有明显的法律语言特点，但因该类语言的使用也是法律活动的组成部分，是法律所涉及的范围，因此这类语言的研究不能排除在法律语言学之外。法律语言学的研究范围涉及法律领域的一切语言活动。语言在法律领域无处不在，法律语言学研究也应涉及各个方面各个环节。只要有法律语言的使用，就应有法律语言学的研究。

笔者还将对语体学进行研究，比如，立法语言的规范性、准确性、模糊性、专业性、通俗性的程度，以及是什么体现了其规范性等特性。从语言本身来讲，与汉语相比，由于英语的开放性，其吸收了大量外来词汇，成为法律语言中的国际通用语言；而汉语面对现代法律的繁杂和司法实践的复杂，常常在法律语言上表达粗略，存在着内涵和外延不清、多义现象严重、立法语言失范严重等问题。我国对立法语言的研究目前还比较宽泛，集中于某一领域的研究还十分欠缺，几乎是空白，因此，以国际贸易法律文本语言为例研究国际经济法中的立法语言问

---

〔1〕 陈黔："新旧《跟单信用证统一惯例》的比较分析"，载《上海商业》2007年第9期。

题，对于汉语立法语言的研究具有代表性和开创性意义。

1.4.3 翻译学方面的研究

法律语言翻译方面的研究非常少，涉及国际贸易法律文本语言的研究更是少得可怜，可以说几乎没有，也许有，但是到目前为止笔者没有见到类似这方面的研究资料。不过，纯翻译方面的研究还是有的。比如，刘必庆著的《当代翻译理论》、孙致礼著的《翻译理论与实践探索》、廖瑛著的《国际商务英语语言与翻译研究》及夏登峻著的《法律英语英汉翻译技巧》。《牛津英语大词典》（*Oxford English Dictionary*）把翻译定义为“把一种语言转换为另一种语言的行为或过程，或这种转换所导致的成品，或一种语言的另一版本（the action or process or turning from one language into another; also, the product of this; a version in a different language)”。另外，《现代汉语词典》对翻译的定义是：“把一种语言文字的意义用另一种语言文字表达出来。”[1]还有一位美国非常有名的翻译理论家奈达（Eugene A. Nida）有一个观点：翻译是指从语义到文体在译语中用最贴近而又最自然的对等语再现原语的信息，这些定义说明潜含有一层含义，也就是原语与目的语可以完全对等，翻译从根本上说就是找寻这种对等关系同时将它们表现出来。可是从大量的翻译实践发现，这几乎是不可能的。还有《韦氏大词典》（*Webster's Dictionary*）将翻译一词定义为：“Translation implies turning from one language into another; translation is an art that involves the creation of a work in another language.”翻译是从一种语言转换成另一种

〔1〕 中国社会科学院语言研究所词典编辑室编：《现代汉语词典》，外语教学与研究出版社2002年版，第8~26页。

语言；翻译是一种以另一种语言再创作成品的艺术，这是一个比较符合实际的定义。当然也有人从实践中得出这样一种结论：翻译是一门艺术，也是一门科学和技术。翻译的标准是玄奘的"既须求真，亦须喻俗"，也是傅雷的"神似"和钱钟书的"化境"，还是严复的"信、达、雅"。我国翻译界一直存在着"艺术派"与"科学派"，"神似派"与"形似派"，"意译派"与"直译派"之间的争论。笔者认为法律文本的英译汉翻译应该做到"科学的艺术派"，这应该是目前翻译界公认的基本标准。

以上阐述的只是翻译学方面的研究理论，但是关于国际贸易法律文本语言各个时期版本的对比研究目前恐还无人问津。不过当今确实有不少学者发出感慨：法律英语比较难懂，法律语言很晦涩，如果想恰如其分地表达得如同原汁原味，恐怕不是一件容易的事，还有待我们加大这方面的研究力度，尽早填补法律语言对比研究的空白。

1.5 本书研究概述

国际贸易法律是一个正在发展的部门法律，它调整有关国际经济贸易方面的法律关系。近几年来，随着国际经济贸易的快速发展和变化，尤其是第三世界国家的不断崛起，许多第三世界国家要求新的国际贸易秩序，从而使旧的国际贸易惯例受到较大的冲击，许多国际贸易惯例文本经过多次修改，摒弃了一些不合理或是过时的规则，补充了一些新规则。例如：从1933～2007年，国际商会对《跟单信用证统一惯例》进行了七次修改；而《国际贸易条件解释通则》从1953年修订后，又于1967年、1976

年、1980年多次修订。这些惯例现在已被世界绝大多数国家的贸易界所熟悉和接受。因此，本选题对这些版本的修改及其他语言方面的变迁，从以下几个方面分析和研究非常有必要。

1.5.1 本书涉及的理论背景

首先，在哲学方面。世界上万事万物都不是孤立存在的，彼此之间存在或远或近、直接或间接、纵向或横向的联系。世界上任何事物都处于发展变动中，社会是不断变化发展的，随着新的社会现象的出现、新的用语概念的出现，法律要适应社会，就必须随之跟进，以免滞后。哲学的共性和个性的关系问题，是我们对本选题进行研究的理论根据。

从1933年国际商会将UCP以84号出版物首次公布到2007年UCP600号出版物的实施，前后经历了7次修改，历时74年，且每次修改都对当时的国际经济产生了重大的历史影响，它是一个发展、变化的开放体系。矛盾贯穿发展的全过程，UCP需要根据每个时期的经济情况来对信用证的实务进行调整和规范，随着时代的变迁，经济的飞速发展，UCP无论从内容到表义都发生了7次较大的变化。最近，又因国际互联网的广泛使用，世界已进入电子化时代，因此，国际商会又增添了eUCP即《UCP关于电子交单的附则》，以适应电子记录的单独提交或与纸单据联合提交，作为UCP的附则，采用无纸化贸易，从而实现了高效率和科学化。因此，《跟单信用证统一惯例》的发展变化也是对哲学理论的一个验证：世界上万事万物都是不断地发展变化的，并且都存在着一定的发展变化规律。

其次，在法律语言方面。立法语言精神靠立法语言的精确性和模糊性体现。立法语言的特点是它的规范性、准确性、模糊性、专业性、通俗性等。这是笔者研究这一选题依据的一个主要理论基础。

再次，从语体学（语言的微观特点）入手来研究法律语言。笔者将采用语体分析、语义分析等方法来探讨和研究立法语言学，从语义、词汇、语法、句法、语篇等几个方面来研究。用语体学的方法来研究它的规范性程度，它的规范性和准确性主要通过统一术语问题、正确性问题、专业性问题来体现。其准确性、模糊性从限定语包括状语、副词、介词短语来体现。比如分析 UCP 立法文句的特殊句式（禁令句、允许句）、句法结构、语义特征、惯用词语、数词标点的运用，等等。

最后，从社会语言学方面。社会语言学家认为语言是社会现象，只有通过语言在社会交际中的使用情况才能够揭示语言的本质。语言从本质上来说主要是社会现象。费尔迪南·德·索绪尔的著作指出：语言产生和存在的充要条件必须同时包括人类社会这个因素。社会语言学家认为，对于任何一个言语社区来说，一定时期之内都存在一个相对稳定的语法系统。应用到本书中来，《跟单信用证统一惯例》及《联合国国际货物销售合同公约》等国际贸易法律以及惯例的多次修改，其中一个很重要的原因是社会语言方面的变化。一定时期有一个相对稳定的语法系统，过了这个时期语法系统就会发生变化，当然还有政治、经济等方面的原因，从而促使了这些国际贸易法律文本也必须随之发生变化，以适应当时的经济贸易活动及生活需要。因此，才有了目前关于国际贸易法律的诸多文本。这一点也是本书要关注的地方。[1]

---

〔1〕 陈黔："新旧《跟单信用证统一惯例》的比较分析"，载《上海商业》2007 年第 9 期，第 101～103 页。

徐大明在其所著的《社会语言学研究》一书中指出："语言的产生和发展一般追随着这样一个目标，就是发现或者总结出语言的规律性。"〔1〕。"语言学家曾经从语音结构的角度对语言变化的起因做出过一些解释，例如同化、简化、保存功能、保持语义、系统的调整等。可是这些解释给出的都是语言变化的潜在原因。没有人能够指出为什么当这些同样的条件存在于不同的语言变体中时，只有一部分变体产生了预期的变化而另外一些则没产生相同的变化。同理，为什么尽管这些条件一直存在于某一个变体中，而只在某一个具体时间这个变化才产生。问题的关键就在于为什么某一变化在某时某地产生。很显然答案不会是一个一般性的原因，而是一个个不同的具体原因。社会语言学家调查具体的语言和言语社区，研究使用中的语言。因此，可以寻找具体语言变化的具体原因。除了语言结构系统内部的原因之外，每一个语言变化都有其相应的社会原因。换句话说就是变化的原因除了从语言本身寻找之外，还要在语言使用者身上寻找。"〔2〕由此可以得出结论：在国际贸易实践中，由于以前的商人们经常使用这些词语的缩略语，并且用这些缩略语来替代原来的英语词汇，才使得后来的人们都使用这种缩略语来代替原来的语言和词汇。商人们使用缩略语而不使用原来的原型词语的主要原因，首先是由于这些英语词汇在贸易实践中使用的频率较高；其次是商人们为了节省时间提高办事的效率。同时，我们从语言学的角度来看，使用缩略语也体现了商业语言的简单化和专业化。因为对于商人来说，大家不用解释，一看就懂。而普通老百姓并不经常这样用，这样就形成了

〔1〕 徐大明：《社会语言学研究》，上海人民出版社2009年版，第111～113页。
〔2〕 徐大明：《社会语言学研究》，上海人民出版社2009年版，第111～113页。

商人们固定的语言模式。这是研究语言特别是在研究商业语言时发现的一些特点和规律，它也属于社会语言学的范畴。本书将对国际贸易中出现的这些特点和规律展开全方位的调查和研究。

1.5.2 本书研究的范围

本书的研究范围主要包括三方面：

第一，本书主要针对国际贸易法律文本中涉及的法律语言的精确性和模糊性现象进行分析。同时，研究法律语言的精确性和模糊性的辩证关系。如 UCP500 第五章杂项规定第 39 条信用证金额、数量与单价的伸缩度中第 1 款规定："凡'约'、'近似'、'大约'或类似意义的词语用于信用证金额或信用证所列的数量或单价时，应解释为有关金额或数量或单价不超过 10% 的增减幅度。"[1]这一点可以看出，汉语的词汇在 UCP 中明确了它的数量，找到了词和量的对应关系，使语言真正达到了精确化和专业化的程度。本书将对法律语言的精确性与模糊性进行重点分析。法律必须具有确定性和完备性，这就要求作为法律规范建构手段与表达形式的法律语言具备逻辑上的精确严密以及形式上简明凝练的特性。然而，法律语言的这种高度逻辑性及完全的形式化的特征在现实中是否可能？由于法律实践的复杂，法律语言的模糊性是难以避免的。笔者准备探讨法律语言模糊的现象，包括模糊语义的相关理论，法律语言中模糊现象产生的原因，（如法律语言本身的特点决定其具有模糊性；法律规范的抽象概括与生活事实的复杂多样之间存在着矛盾，决定

---

〔1〕 邢公畹：《语言学概论》，语文出版社 1990 年版，第 25 页。

了法律规则的表述必须具有抽象性和概括性；法律规范的相对稳定与生活事实的变化发展之间存在着矛盾，决定了法律规则的表述必须具有适应性），法律语言中模糊现象的适用范围；法律模糊语言的积极作用与消极作用；法律模糊语言的弊端及怎样消除法律语言的模糊性。作为立法语言，使用什么手段，比如，在UCP中给术语下的定义，单义词和多义词的选择。又如，在UCP500第四章单据第20条对出单人的模糊用语中的第1款要求：不应使用诸如“第一流的”、“著名的”、“合格的”、“独立的”、“正式的”、“有资格的”“当地的”，以及类似的词语来描述信用证项下应提交单据的出单人。另外，在eUCP中，“交单地点（place for presentation）”指一个“电子地址”。再比如：在UCP500中，“单证相符（compliance）”与“单单一致（consistency）”的含义是截然不同的：“单证相符”是指所提交的单据符合信用证条款的要求，同时也符合UCP中适用于这些单据的规定。“单单一致”是在把一份单据上注明的有关信息（如重量、尺码、唛头）与另一份规定的单据的信息相比较时产生的。无论信用证或个别单据是否要求显示这些信息，这项原则都适用。又如：UCP从条款用语上体现了通俗化、简练化的特点，特别删改了易造成误解的用语和表述，如：“合理时间（reasonable time）”条款的删除。

第二，对这几个文本中涉及的翻译问题进行分析并总结出其语言特点，还有各个文本变化的情况，主要从词汇和语法上加以分析，并且总结出了法律英语的翻译特点和规律。特别是英汉翻译的技巧问题，如，英语的被动句变成了汉语的主动句，英语的主动句可以翻译成被动句，汉文译本之间的变化。从这些工作中观察立法过程中反映的问题和法律语言方面思想的变迁。如：在 UCP 实践中，本来词语“engagement”和“responsibility ”分别有“义务”和“责任”的意思，但是，经过多年的使用，它们已经可以相互替代使用。这也是英语词语在社会实践中发展变化的特点。在翻译方面我们要留意这种变化。在这几个文本中，还存在着许多类似的问题，有待探索和发现。以上是笔者目前研究的主要内容，以后随着对文本的研究的更加深入，还可能再从其他方面去研究。

通过对 UCP 几次变迁中出现的词汇、句法问题的研究，可见词性的变化，如：动词转化成形容词，或者是名词转化成形容词。另外，句法中的不同结构：如主动句换成被动句，被动句变成主动句，疑问句和陈述句的互换，这些主要都是句式的变换，在研究中也要认真分析。

对文本中涉及的词法、句法的使用情况进行详细的分析和研究，找出了法律英语中词法、句法运用的规律和特点。比如，同时期的版本其中的词性的变化，如：动词换成形容词，或者是名词变成形容词。另外，句子结构也有许多变化，比如前一个版本中同样的句子使用的是主动句，而在后面的版本中却使用了肯定句，还有疑问句和陈述句的互换，等等，这许许多多的变化都是本书中所要论及的内容，要分析归纳研究。

1.5.3 本书研究的语料

关于本书研究的主要法律文件的名称及其产生的历史背景：

由国际金融、法律专家组成的专门委员会起草的《商业信用证国际规则和规定》（International Rules and Regulations for Commercial Letters of Credit），经各成员国协商后于 1930 年 5 月以《商业信用证统一规定》（Uniform Regulations for Commercial

Credits）为名颁布，定名为国际商会第 74 号出版物。此出版物当时只有比利时和法国接受，并未得到大多数国家的认可。1931 年国际商会又在美国华盛顿会议上决定对此进行修订，1933 年 5 月第七届维也纳会议上通过了《商业跟单信用证统一惯例》（Uniform Customs and Practice for Commercial Documentary Credits），简称：国际商会第 82 号出版物（ICC Publication No. 82），这是统一惯例产生后的第一个版本。随后又有几个版本，分别是：UCP151，UCP222，UCP290，UCP400，UCP500，UCP600。目前，在 UCP400 之前发现的版本只有 UCP290，而 UCP74，UCP82，UCP151，UCP222 这四个版本，因年久已很难找到原文了。

第一个版本：由国际商会在 1931 年 3 月于美国华盛顿召开的会议上决定成立的"商业跟单信用证银行委员会（Comite bancaire pour les credits documentaries）"在 1933 年完成草案，并于当年在维也纳召开的国际商会第七届大会上获得通过，定名为《商业跟单信用证统一惯例》（Regles et Usance Relatives aux Credit Documentaries），国际商会以第"82"号出版物公布。1933 年时共有四十个左右的国家的银行采用，到 1951 年修订时，已有 80 个国家采用它。

第二个版本：1951 年 6 月国际商会在里斯本召开的第 13 次大会上通过的《跟单信用证统一惯例（UCP151）》1951 年修订本（1951 Revision），以国际商会第 151 号（NO. 151）出版物颁布，后于 1952 年 1 月 1 日正式生效。

第三个版本：国际商会于 1958 年 7 月决定再次修订《跟单信用证统一惯例（UCP222）》，以便适应贸易实践的发展。国际商会又于 1962 年 11 月在墨西哥城召开了第 19 次大会，并通过了修订本，后以国际商会第222号出版物（UCP222）颁布，并从1963年7月1日起开始施行。该文本改变了名称，将前两个文本中的“商业（Commercial）”二字去掉，改为“Uniform Customs and Practice for Commentary Credits”，这次修订，英国参加了修订工作，该文本于1962年得到了英国银行的采纳，同时还使《跟单信用证统一惯例》的外在表现发生了变化，在这个版本之前，《跟单信用证统一惯例》的正式文本是用法文起草的，可是从1963年往后，《跟单信用证统一惯例》使用的文字就全部改成英文了。

第四个版本：1970年至1973年国际商会又开始了修订工作，修订本于1974年在马德里召开的第25次大会上获得通过，国际商会将新的修订本定名为商第290号出版物予以公布，并于1975年10月1日起开始施行。

第五个版本：1982年国际商会又重新开始了修订工作，在联合国贸易法委员会的大力支持和帮助下，于1983年6月该修订本获得了通过，国际商会将其定名为UCP400号出版物正式公布，并于1984年10月1日开始施行。

第六个版本：1993年获得通过，由国际商会以500号出版物公布，1994年1月1日起实施。UCP500关于电子交单的附则（eUCP）（版本1.0）。

第七个版本：由ICC银行技术与惯例委员会2006年秋季例会在巴黎审定，国际商会以600号出版物公布，2007年7月1日在全世界范围内正式启用。

以上这七个版本均有中英两种语言的描述。在我国银行和外贸公司主要采用中文本，同时，为了更好地理解和运用UCP，使用者也经常会参照英文本。

20世纪80年代迄今，在我国经常见到的文本也主要是从UCP400一直到UCP600，而很少见到UCP400（出版时间是1983年）以前的任何文本资料，UCP400以前的四个文本UCP82、UCP151、UCP222、UCP290，在国家图书馆也没有找到，后辗转在纽约查找，只找到了UCP290（国际商会1974年出版物）。

从UCP74号出版物到UCP600号出版物，时间跨度七十多年，半个多世纪以来，国际商会每隔十年就要对《跟单信用证统一惯例》进行大的修改。

现将本书主要研究的有关UCP方面的语料列表如下：

表1-2 UCP的历次修改及背景记录

序号	国际 第几界会议	第几号出版物	地 点	生效日期
第一个文本	无从考证	第“74”号	阿姆斯特丹	1929年
第二个文本	第七届	第“82”号	维也纳	1933年
第三个文本	第13次	第“151”号	里斯本	1952年1月
第四个文本	第19次	第“222”号	墨西哥	1963年7月
第五个文本	第25次	第“290”号	马德里	1975年10月
第六个文本		UCP400号		1984年10月
第七个文本		UCP500号	美 国	1994年1月
第八个版本		eUCP500		
第九个版本	ICC银行技术与惯例委员会2006年秋季例会	UCP600号	巴 黎	2007年7月

笔者经多方查找，只找到了论文中所罗列的这几个版本的中英文对照文本。

国际商会中国国家委员会（ICC CHINA）组织翻译了“关

于审核跟单信用证项下单据的国际标准实务（ISBP）（International Standard Banking Practice for the Examination of Documents under Documentary Credits）"；国际商会于2002年在意大利罗马召开的秋季年会上通过了《关于审核跟单信用证项下单据的国际标准银行实务》，这套文件对于各国从业人员正确理解和使用UCP500、统一和规范信用证单据的审核、减少不必要的争议具有重要的意义。ISBP将是今后银行业从业人员、国际贸易从业人员、法律工作者、仲裁员处理信用证实务和解决争议的重要依据，也是进行信用证教学与研究的重要文献。

本书涉及的语料还有以下几个法律和条例文本：

（1）《跟单信用证统一惯例》（1920～2007年国际商会制度）。

（2）《中华人民共和国对外贸易法》（Foreign Trade Law of the People's Republic of China）（2004年7月1日起施行）。

（3）《1932年华沙—牛津规则》。

（4）《国际贸易条件解释通则》（1936年国际商会于巴黎制订，随后在1953年、1967年、1976年和1980年进行修订和补充，以便提供给从事国际贸易的各国商人通行的最新规则）。

（5）《联合国国际货物销售合同公约》（United Nations Convention on Contracts for the International Sale of Goods）。

（6）《中华人民共和国反倾销条例》（Regulations of the People's of China on Anti-dumping）（2001年11月26日中华人民共和国国务院令第328号公布，根据2004年3月31日《国务院关于修改〈中华人民共和国反倾销条例〉的决定》修订）。

（7）《中华人民共和国反补贴条例》（Regulations of the Republic of China）（2001年11月26日中华人民共和国国务院令第

329 号公布，根据 2004 年 3 月 31 日《国务院关于修改〈中华人民共和国反补贴条例〉的决定》修订）。

（8）《中华人民共和国保障措施条例》（Regulations of the People's Republic of China on Safeguards）（2001 年 11 月 26 日中华人民共和国国务院令第 330 号公布，根据 2004 年 3 月 31 日《国务院关于修改〈中华人民共和国保障措施条例〉的决定》修订）。

（9）《中华人民共和国海商法》（Maritime Code of the People's Republic of China）（1992 年 11 月 7 日第七届全国人民代表大会常务委员会第二十八次会议通过，1992 年 11 月 7 日中华人民共和国主席令第 64 号公布，1993 年 7 月 1 日起施行）。

（10）《美国对外贸易定义 1941 年修订本》（中英文版），1941 年 7 月 30 日颁布生效。

（11）《伦敦保险协会货物条款》（中英文版）（1982 年修订）。

（12）《UCP500 关于电子交单的附则》（eUCP）（版本 1.0）是根据目前电子商务的发展需要采用的一种方式。

（13）《约克 - 安特卫普规则》（York - Antwerp Rules），它是用来调整共同海损制度的最重要的国际惯例。1994 年由国际海事委员会在悉尼召开的第 35 届大会上通过。它的内容可分为解释规则、首要规则、7 条字幕规则（lettered rules）和 22 条数字规则（numbered rules）。

（14）WTO 的一系列法律条款。

2 国际贸易法律文本概述

目前，国际贸易法律文本的语言大多使用英语。因此当我们对其文本进行研究时，也主要是针对法律英语的研究。找出法律英语与一般英语中存在的不同及其规律，将有助于更好地运用法律语言进行国际贸易实践活动。本章关注的主要是国际贸易法律文本本身，这些文本产生的历史背景、社会背景和经济背景，同时研究几个比较重要的文本的变迁。

2.1 国际贸易法律文本产生的背景

2.1.1 国际贸易法律的渊源

国际贸易法律的渊源，是指赋予这种法律规范以涉外民事法律效力的法律文件形式。国际贸易法律的渊源一般可以分成两大类：一是国内立法和国内法院判例，二是国际条约和国际惯例。国内立法和国内法院判例是国际贸易法律最早的文本形式。例如：1804 年的《法国民法典》，对涉外合同、债权和物权等涉外民事法律关系以及如何调整涉外民事法律关系冲突的规定有专章、专节或若干条款详细的描述。1896 年的《德国民法典施行法》、1898 年的日本《法例》以及 1962 年的美国《统一商法典》都对涉外民法问题做了许多规定，以法律文件的形式颁布，不但适用于国内，还适用于涉外债权和物权等民事法律关系。本书的一个研究重点是《跟单信用证统一惯例》，最早的信用证出现在 19 世纪末，它最大的突破在于从此可以用银行信用代替商业信用。也就是说，只要卖方所交的单据完全符合信用证上的条款要求，开证行就要无条件地向受益人付货款。它避免了汇付和托收的风险，将银行作为第三方引入国际贸易活动中，从而保证了国际结算的安全性和可靠性，同时也解决了长期以来困扰买卖双方货款支付的问题，由此可见，信用证的出现在很大程度上有力地推动了国际贸易的快速发展。

首先探讨跟单信用证统一惯例的产生和发展，以及对后人从事国际贸易的影响。国际贸易是分处在不同国家的商人进行的贸易，商人与商人们之间的结算方式不可能像在国内一样，可以采用一手交钱一手交货的方式。国际贸易充满风险，大宗的货物和款项在国际间传递交易，各国商人语言不同，法律各异，相隔万里，交易时甚至没有见过面，交易耗时也长，国际贸易买卖双方自然颇有疑忌。作为卖方，不仅担心买方订了合同，到时候却不要货；也担心把货物交付买方后，买方拖延付款甚至赖账。卖方自然希望买方能在签订合同以后就支付一部分定金预付款，或者在交货运输之前把货款结清。作为买方，则担心卖方不能按时、按质、按量地交货，同时，也不愿意提前就把货款交给卖方。因此与卖方相反，买方自然希望能先交货，查验无误了再付款。于是，国际贸易中就形成了一种独特的做法：买卖双方磋商交易以后，由买方出面，把交易的内容和要求，比如品名、数量、品质要求、金额、交货期等条款开列清单，交给某一家银行（通常就是买方的开户行），请银行做居中担保人，根据这些条款开立一份证明给卖方。只要卖方按时、按质、按量交货，银行就监督买方付款。因为买方本身在此银行开户，或交纳了一定的保证金，所以这种银行监督下的收款是很有保障的。反过来对于买方而言，在卖方交货之前不需要支付任何预付款，卖方交货不及时或者不合格，就可以拒绝付款，也很稳妥。这样一来，国际贸易商之间的商业信用就得到了银行的担保证明。这份证明“信用”的文件即“信用证”，英文全称为“Letter of Credit”，行话简称L/C。这里面有个关键的因素，就是上文谈到的外贸“交易”的特性。用一套单证来代表货物，这样就使买卖双方、银行之间的运作成为可能。在信用证中，对需要哪些单证来代表货物作出详细规定。于是信用证就诞生了，随之而来的是跟单信用证统一惯例的出现。

国际贸易法律文本的产生也是有着类似的经历，只不过国际贸易法律文本是经过各国统治阶级强调和规范过的强制执行的法律文本而已。

可是，在贸易实践中，由于各国对跟单信用证有关当事人的权利、义务以及信用证所采用的条款和术语缺乏统一的规范和公认的准则，各国银行按照自己的习惯和利益行事，从而导致信用证各方当事人之间经常发生争议和纠纷。国际商会为了明确信用证各方当事人的责、权、利等内容，于1920年公布了《商业跟单信用证统一惯例》，这就是《跟单信用证统一惯例》的最早文本。

2.1.2 国际贸易法律文本产生的文化背景

国际贸易法律语言的产生要追溯到早期法律的历史发展时期，法律的存在主要决定于人们的记忆力。人们为了更好地记忆，整个社会就通过使用语言中的重复、节奏、韵律以及某些让人们敬畏的表示特殊权力的词语促使人们能够记住法律。不论人们是有意还是无意的，这些语言的特征与处于原始时代的法律状况是紧密联系的。

比如，在英国普通法（English Common Law）的变迁历程中，普通英语语言本身也跟着发生了许多变化。虽然法律语言的发展与普通英语语言的发展从总体上而言并行不悖，但是对于法律语言来讲，它的变化还是有着其自身特点的。

普通英语语言的日常用语会随着时间的推移而发生变化：如，一些古老的词汇因为吸收了新的意义而慢慢丢弃了以前的意义；过时的语言也慢慢地被遗忘或者淡化；语法结构和修辞也不得不作相应的调整。可是法律语言的演化却主要在法庭内部进行，它们中的一些旧的语言习惯保留得比较多；同时一些词汇在法庭内逐步获得了同一般英语不同的意义。

通过历史的观察和研究，英国的法律诉讼和法律文本最初完全使用拉丁文，后来开始将法语、拉丁语和英语混合使用，到最后英语才成为正式的法律用语。可是，虽然英语取代了法语和拉丁语的主导地位，但是那时的律师们还是非常担心法语、拉丁语和英语的翻译不是那么精确，一些非常专业的法律词汇的含义可能将会丢失。为了避免这种情况的发生，法语和拉丁语被大量保留在国际贸易法律文本当中了，如在《跟单信用证统一惯例》中的保险条款中至今还保留着："Force Majeure（不可抗力）"，"Majeure"是一个法语词汇。另外，还有一个拉丁文的词汇"Circa（大约）"在惯例中保留了很长一段时间，直到近代才把它换成了"about（大约）"。还有很多古英语的词汇也一直保留在这个惯例中，由此可见，国际贸易法律文本的历史变化。

2.1.3 国际贸易法律文本产生的社会背景

国际贸易结算的三种基本方式是：汇款（remittance）、托收（collection）和信用证（letter of credit）。其中汇款和托收是商业信用，即建立在进出口商人相互信赖的基础上。在国际贸易商务活动中，由于进出口双方相距遥远，通讯也不便，难以沟通，一般都不愿意首先将货或者款交与对方商人的手中，担心货或者款落空。鉴于此种情况，汇款和托收不能使大多数商人采纳，因此，由银行出面保证付款的结算方式——信用证结算方式出现了。这样一来，银行信用代替了商业信用。商人也乐意接受此种方式，解决了他们之间互不信任的矛盾，有利于资金的周转和贸易额的扩大。自19世纪80年代首例信用证在英国出现之后，信用证这种结算方式便很快在国际贸易货款结算中得以广泛地推广和应用。当前，在我国对外贸易中，采用信用证结算的业务占到80%，而且在进口贸易中，它的使用率更高。目前，国际贸易采用的信用证是2007年颁布的《跟单信用证统一惯例UCP600》。它是经过了前面七次大的修改之后形成的非常完善的最新的《跟单信用证统一惯例》文本。

国际贸易法律文本里面涵盖很多版本，本书的研究对象主要是《跟单信用证统一惯例》几个版本的内容及其变迁。这个惯例的第一个版本的施行时间是1929年的草案本，当时不叫《跟单信用证统一惯例》，而是叫做《商业跟单信用证1929年草案》。

1929年汇票和支票委员会（现在被称作汇票和支票商业跟单信用证委员会）在阿姆斯特丹召开会议，会上他们采纳了来自国际商会国家委员会的建议，起草了《商业跟单信用证统一惯例》，后于1933年第一次出版了这个草案。根据国际商会的记录，当时正值第二次世界大战期间，巴黎被德国军队占领，许多国际商会的原始记录被雇员带回了家中，目的是为了防止被德军破坏。不幸的是，很多资料再也没有被送回国际商会总部。这是《跟单信用证统一惯例》资料的社会背景。后来的版本就是1933年的第一个版本了，也叫84号，成了信用证第一个正规出版发行的文本。

2.2 国际贸易法律文本的发展

在广泛的国际贸易活动中，一旦买卖双方发生了纠纷，各国商人都希望按照自己国家的法律法规来解决纠纷，为了解决这一问题，在Wilbert Ward的建议下国际商会于1926年10月20日召开了第一次会议，准备采用《跟单信用证统一惯例》来规范各国商人们的商业活动。目的在于对出口商业信用采用一种统一的国际规范，从而使银行和商人之间的许多困难消除。《跟单信用证统一惯例》的发展有一个很长的历程，在它诞生初期，由于当时的政治和经济原因并没有被大多数国家认同，随着国际贸易的飞速发展，各种新生事物在国际贸易领域不断出现，国际商会不得不对《跟单信用证统一惯例》进行了多次较大的修改。

《跟单信用证统一惯例》属于国际惯例，它是在国际贸易长期实践中形成的通用的习惯做法和先例。它并不是由国际外交会议通过产生的，而是通过某些国际组织和商业团体共同编纂成册，并加以解释，从而在世界范围内被广泛采用。

第二次世界大战以后，特别是近十几年以来，人们通过签署国际条约，制定国际贸易惯例，国际贸易法律的统一有了新的发展，覆盖的区域也更加广泛，这些惯例在世界上的影响正在逐步扩大。

近几年来，随着国际经济贸易的发展和变化，特别是第三世界国家的崛起，纷纷要求建立国际贸易新秩序，旧的国际贸易惯例受到了前所未有的冲击，一些国际贸易惯例已经废除了一些不合理的和过时的旧规则，同时，许多文本中的文字和语言也有了更新和变动，以便能够更好地适应当今社会的发展需要。如：《跟单信用证统一惯例》从第一个版本发行以来至今已经修改了 7 次，几乎是每十年，国际商会就会对其修改一次。目前，国际上使用的《跟单信用证统一惯例》文本是 2007 年国际商会发行的《跟单信用证统一惯例（UCP600）》。

2.3　国际贸易法律文本的影响

国际贸易法律具有非常重要的地位，它是促进国际贸易发展的一个非常重要的因素，尤其是近年来，其作用更加突出。

20 世纪 60 年代以来，采用国际贸易惯例的国家日益增多，特别是第三世界国家积极参与制定国际贸易法律和惯例，对在世界范围内建立国际经济新秩序起到了很大的推动作用，由此改变了过去只由少数发达的资本主义国家为了维护自身利益而制定的不合理规则的状况。

国际贸易法律还是从事国际贸易实务的一个重要依据，也是维护各方当事人正当权益的一个重要工具。在国际贸易实践中，当事人的关系非常复杂，交易过程也比较繁琐，包括磋商、运输、保险、海关手续、银行的支付、合同的签订以及履行、索赔和理赔等方面，必须按照相关国际贸易惯例来办理。特别是当发生争议提起仲裁和诉讼时，还必须按照相关的仲裁规则和诉讼规则来办理。因此，从事对外贸易实务的人员不但要具备国际贸易知识，还要具备国际贸易法律知识和对这些文本正确的理解和分析能力。

我国加入 WTO 后，对国际贸易法律和国际贸易惯例的研究就显得更加重要。1929 年《跟单信用证统一惯例》发行以来，当初只有欧洲几个老牌的资本主义国家的参与，到今天的一百多个国家在对外贸易中纷纷采用此惯例。由此可见，国际贸易法律文本的影响力在不断加强。

2.4 《跟单信用证统一惯例》几次大的修改

从 1930 年公布《跟单信用证统一惯例》第一个版本到 2007 年第 600 号的公开发布，七十多年的发展，除了第二次世界大战期间以外，每十年修订一次。《跟单信用证统一惯例》多次修改，与时俱进，对我们当前的国际贸易实践发挥了不可替代的指导作用。UCP600 版本的条款比 UCP500 的条款减少了 10 条，更重要的是它无论从词汇还是语法等方面都更加简洁明了，真正体现了法律语言的精确性、庄严性等特性。《跟单信用证统一惯例》的更加完善，确保了信用证作为世界贸易支付工具的准则。它虽然不是法律，但是它已经为世界上一百八十多个国家所接受，它具有法律判决性依据的权威性。对世界贸易，特别是国际贸易结算业务产生了非常大的影响。

3 国际贸易法律文本的语言特点

3.1 法律语言的含义

法律语言是由民族共同语作为基础，并在立法和司法等活动中形成的，使用的是具有法律专业特点的语言。[1]

自从人类历史上有法律制度以来，人们便开始使用法律语言，法律活动需要通过书面或口头语言来进行，法律条文的起草和解释、合同条款的执行、法庭诉讼的进行等许多法律活动都离不开法律语言的表达。但法律语言学是20世纪80年代出现的一个新学科，这一学科的出现，引发了学术界对

---

〔1〕 印实:《法律语言》，中国展望出版社1989年版，第1~2页。

法律语言的相关问题的研究，从而提高了语言在立法和司法适用中的作用，最终促进法的价值实现。由于语言学的飞速发展，许多语言的交叉和分支学科也应运而生，法律同语言的关系成为人们经常讨论的一个话题，首届法律语言学研讨会于 1991 年在英国召开，同时还诞生了国际法律语言学家协会，国际法律语言学家协会于 1993 年在德国正式成立，并在 1994 年创办了《语言与法律》杂志，使法律语言的研究更趋深入。我国对法律语言的研究，尽管起步较晚，但是也取得了很大的进步。法律语言（legal language 或 the language of law）这一名词或术语起源于西方，"在英语中它原指表述法律科学概念以及用于诉讼和非诉讼法律事务时所选用的语种或选用某一语种的部分用语，后来亦指某些具有特定法律意义的词语，并扩展到语言的其他层面"〔1〕。法律语言属于语言的一种，法律语言学可以说是语言学的一个分支学科，是语言学和法学的交叉研究领域。按照马克思主义的观点，语言是随着人类社会的产生而产生的，劳动在语言的产生中起到了决定作用，一般认为语言是人类交际最重要的工具。"语言是作为人们交际的工具、一视同仁地为全社会服务，这种工具能使人们相互了解并调整他们在人类活动一切范围中的共同工作。"〔2〕"语言是人们可以说写和存在于所说和所写中的音义结合的词汇系统和语法系统。"〔3〕从语言的功能看，语言是人类社会统一使用的重要交际工具，人们通过语言传递思想，表达自己的观点，同时通过语言与对方交流，它体现的不是人和自然的关系，而是人与人的社会关系，语言具有全人类性，没有阶级性和等级性，无论是书

〔1〕 王洁：《法律语言学教程》，法律出版社 1997 年版，第 1 页。
〔2〕 邢公碗：《语言学概论》，语文出版社 1990 年版，第 25 页。
〔3〕 岑运强：《语言学基础理论》，北京师范大学出版社 1994 年版，第 11 页。

面语言还是口头语言都是一种相互交流的工具，思维的工具。从语言的构成看，其包括内部结构和外部结构，其内部结构是一种符号系统，是被约定用来指代某种事物的标志，符号和指代的事物没有必然的联系，仅仅是一种约定俗成，由人类的习惯所决定，同时又为整个社会群体所接受。语言的外部结构是由语音、词汇、语义和语法组成，“充当语言的建筑材料是词汇的基本属性”〔1〕。语义是用语音形式表现出来的语言单位的内容，但语义的表现离不开表达时的具体环境，这样可以消除多义和歧义。语法是语言运用，音义结合的结构单位之间的组织规则，包括语素、词和词组及句子。法律语言属于语言范畴，除了自身的特殊规则外也要遵循语言的基本规则，比如法律语言的句法是符合通用语言的语法结构且符合法律特点的句法，法律语言的结构仍然要遵循语言的构成规律。

目前国内对于法律语言的界定，还没有形成一致认可的观点。目前法律语言有代表性的定义有：

(1) “法律语言是贯穿于法律的制定、研究和运用过程中的语言文字表意系统。”〔2〕

(2) “法律语言是民族共同语在一切法律活动（包括立法、司法和法律解释）中具体运用的语言。”〔3〕

(3) “法律语言是以民族共同语为基础，在立法和司法等活动中形成和使用的具有法律专业特点的语言。”〔4〕

可以看出，上述定义都强调了法律语言从属于语言的范畴以

〔1〕 邢公碗：《语言学概论》，语文出版社1990年版，第86页。

〔2〕 刘红婴：《法律语言学》，北京大学出版社2003年版，第9页。

〔3〕 王洁：《法律语言学教程》，法律出版社1997年版，第1页。

〔4〕 邱实：《法律语言》，中国展望出版社1989年版，第1页。

及法律语言运用于法律活动的特点，而且多指在立法和司法过程中使用的语言。仅将法律语言的适用范围界定在立法和司法范畴，对法律语言的定义过于狭窄。立法语言与司法语言当然是客观存在的语言现象，但它们并非法律语言的全部。随着社会的发展，法律已不仅仅运用在立法和司法领域，并向行政管理执法、守法主体的适法活动如签订合同、法律教学研究扩展，它的使用对象不应仅局限于立法和司法范畴，还应包括其他法律语言应用场合。但不同的法律活动中的语言也不在一个层次上，比如立法语言是具有法律效力的法律信息载体，具有广泛的制约性和规范性，执法语言的实际使用语境范围较小，不同的案件场合有不同的使用风格，而法律语言研究是孕育法律语言资源、形成法学表述习惯的重要活动，源源不断地提供着专业术语等法律语言基础。因此，可以把法律语言分为狭义和广义概念，狭义的法律语言仅指立法语言，是规范性法律文件所使用的语言。广义的法律语言则包括立法语言、执法与司法语言、适法语言和法律理论语言，是以本民族语言为基础，运用在一切法律专业术语领域的符号表意系统，是法律行业者所使用语言的全部。法律语言学所研究的正是广义上的法律语言，本文研究的也是广义上的法律语言。

笔者观察国际贸易法律语言文本后发现它在语言上有以下特点：正式性、准确性、模糊性、艰涩性、近义词的重复使用、专业术语使用较多、外来语的引入、古旧词汇依然活跃、使用普通词汇表达法律含义、用专门短语来表达国际贸易法律含义、多用定义而尽量避免释义来表达法律意义、新词的不断补充、大量使用约定俗成的惯用语、大量使用口语化词汇、原文的句子结构比较复杂、主动语态和现在时态较多而被动语态和将来时态较少、直接表达方式使用较多而间接表达方式使用较少，等等。

3.2 法律语言的一般特点

法律语言的一般特点是指其在语言风格上具有朴实性、庄重性、确切性。同时在法律语汇上具有单一性、特指性和含义的固定性。

法律语言属于语言的范畴，由于其适用对象的特定性，也表现出与一般语言的差异性。《牛津法律大辞典》在“法律语言”辞条中解释道：法律语言部分地是由具有特定法律意义的词组成，部分地是由日常用语组成，还有某些科技术语。[1]可以看出，法律语言主要是由三个部分组成的：专门的法律术语、日常用语及法律中的科技用语。“法律语言中包含一定的术语，术语主要来自两部分，一是来自制定法规定的法定术语；二是来自法学理论的法学术语”，[2]但法律术语不像日常语言那样仅仅帮助理解所指事物，“而是以某种权威性限定和控制理解”。[3]具体来说，法律语言主要有以下特点：

1. 在语言风格上法律语言具有朴实性、庄重性、确切性。一般语言在描述中通常运用大量的感情词汇，以修饰词突出其表达的效果。而法律语言则较少使用表达感情色彩的修饰词汇，力求表达简练和清晰，具有朴实性，这是因为法律的适用不能带有感情色彩。法律语言的功能决定了它不能采用比喻、比拟、借代、夸张等修辞手法，不能像文学语言那样追求形象生动，要具有庄重性，法律语言的表达应多用书面语词、法言法语、文言语词

---

〔1〕《牛津法律大辞典》，光明日报出版社1988年版，第515页。

〔2〕公丕祥：《法理学》，上海复旦大学出版社2002年版，第426页。

〔3〕钱敏汝：《篇章语用概论》，外语教学与研究出版社2001年版，第112页。

（如既遂、配偶）、规范用词。法律语言要具有确切性，即要明确、具体、清晰、界限分明，不能含混其词、模棱两可，尽量避免模糊性与多义性。

2. 在法律语汇上法律语言具有单义性、特指性、含义的固定性。在汉语书面语言词汇中，许多词汇具有多义性和词义的灵活性，一个词汇可能具有多种意义，或者一字多音，不同的发音又表示不同的意义。而法律语言为避免产生歧义，保证法律适用的公正，严格限制词汇的多义性，通过对词汇的严格界定使每一个词汇仅表示唯一的含义，即单义性。立法中强调一个语词应当只有一个义项而不能有两种或多种含义，另外，法律词汇具有特指性，即法律语词各有一定的应用范围和指称对象，力求描述的准确。法律词汇具有限定性，一些日常语言可以无限地生成，但能否成为法律语言，法律词汇要受制于立法、司法实践及社会价值选择，不是随心所欲选择的，比如安乐死能否成为法律术语，要受制于司法取向。法律词汇含义的固定性与一般词汇含义的灵活性相区别。汉语句子强调意合，以意义的完整为目的，用一个个语言板块按逻辑事理来表达内容，同一个词汇在不同语境中有不同的表达含义，对语境的依赖性较高。但为防止产生歧义，法律语言每一个词汇的含义是固定的，通常不依赖于语境就可以清晰地表达其意义。

例如，《跟单信用证统一惯例（UCP290）》B 款中第 7 条规定，“银行必须合理地小心审核一切单据，从单据表面上确定是否符合信用证所规定的各项条款。各单据在表面上显示有互不一致者，将视为与信用证所规定的条款不符合。”此条款中的“单据”指的就是受益人向银行议付的全套单据，其中的主要单据有发票、汇票、提单等重要单据，它是特指的。本款中的“银行”也是有其固定意义的，它在本条款中指的是“议付行”也是特指的名词，它的含义也是固定不变的。这里的“单据”和“银行”都不依赖于任何语境，在任何语境中含义也是一样的。

又如，《跟单信用证统一惯例（UCP290）》第18条规定：“清洁提单系指提单上并无附加条款或批注，指明货物及包装有不当情况。”此条款中的“清洁提单”、“货物”、“包装”、“不当情况”，都是有着固定的单一的含义的。另外，“不当情况”的含义按照正常理解就是“在提单上被船长加上了附加条款或批注”。这些语句的含义也是固定的，不依赖于任何的语境。

法律是由国家制定或认可的并由国家强制力保证得以实施的行为规范，法律本身具有强制性、权威性、严肃性的特点，代表并实践着社会公平、正义和公正。而为了实现公平正义，一部法律必须具备确定性、完备性和稳定性，作为法律规范重要表现形式的法律语言，应具备怎样的特征及风格才能满足法律的确定性、完备性和稳定性的内在要求，或者说法律的确定性、完备性及稳定性对法律语言提出了怎样的要求？一部好的法律应该是用词准确、逻辑严密、行文流畅，它不仅能够为法律的实施和操作带来方便，而且能够给读者以艺术美感。所以作为法律活动载体的法律语言不同于其他一般性的语言，必须反映法律的特点和要求，由此形成了法律语言的语体风格，“即准确性、简明性、庄重性和严谨性”。法律语言，包括立法语言和司法语言以及法律适用中的其他语言，同其他社会语言一样，是人们根据社会文化环境和交际目的、交际对象等语用因素，在长期使用中形成的一种具有特殊用途和自身规律的语言。由于法学本身的特殊性及法律长期在人们的政治、经济、科学和文化生活中所发挥的强大的规范和调节作用，使得法律语言在不断发展和完善的过程中形成了一些自身独特的语体风格。[1]

3.2.1 准确性

法律语言的准确性是指法律语言使用的每个词句都必须是严密和确切的，都要求必须符合法律内容的科学性和思维的逻辑性。[2]

立法语言的精神就是法律语言的精确性。特别是 UCP 这几个版本的变迁，更是体现了法律语言由模糊变精确的必然性和必要性。法律英语具有其独特的语言特点，其中最重要的一个特征就是它的精确性。迄今为止，几乎所有从事法律语言研究的学者都认为：精确性是法律语言的灵魂，也是法律语言的基本格调。法律英语体现了与模糊语言相对但并不相悖的另外一个语言特征。笔者列举了很多有关《跟单信用证统一惯例》几个文本中涉及的语言的模糊特点和精确特点，在众多的作者中无一人研究国际贸易法律文本以及几个文本的语言特点及其变迁。前人的文献中有的是纯研究语言的，有的是纯研究文体学的，有的文献是纯研究国际贸易实务的，有的是研究银行审单业务理论的。在这些各式各样的文献中，都可以窥见法律语言的模糊性和精确性的表现形式，也可以观察到它们相互转换的关系，但是，至今没有学者根据法律语言的理论来对国际贸易法律文本特别是《跟单信用证》的几次大的变迁进行深入和全面的研究。

国际贸易法律文本语言的一个主要特点是具有准确性。一般语言在描述中通常运用大量的感情词汇，以修饰词突出其表

---

〔1〕 邵键："论法律语言的语体风格"，载《山东社会科学》1997 年第 2 期。

〔2〕 黄梨、贾和平："浅析法律英语中用词的精确性原则"，载《黄河科技大学学报》2008 年第 4 期，第 65 ~67 页。

达的效果。而法律语言则较少使用表达感情色彩的修饰词汇，力求表达的简练和清晰，具有朴实性。法律语言的功能决定了它不能采用比喻、比拟、借代、夸张等修辞手法，不能像文学语言那样追求形象生动，要具有庄重性，国际贸易法律语言的表达应多用书面语词、法言法语、文言语词、规范用词。国际贸易法律语言要具有确切性，即要明确、具体、清晰、界限分明，不能含混其词、模棱两可，尽量避免模糊性与多义性。准确性是国际贸易法律语言的最本质特征，是国际贸易法律语言的灵魂，准确是对国际贸易法律语言的首要的和内在的要求。国际贸易法律语言的准确主要是指每个词句都必须确切严密，都要符合国际贸易法律内容的科学性和思维的逻辑性。基于国际贸易法律本身的特点，为了保证法律适用不发生偏差，国际贸易法律语言不要求形象生动，但必须准确明白地叙述和说明，不允许有歧义和含糊。因为有时即使一个字、一个词、一个标点的误差，都可能影响到法律的正确实施。英国法学家、著名法官曼斯斐尔德勋爵就曾说过，“世界上的大多数纠纷都是由词语引起的”。“同形象思维的文学艺术不同，法律必须使用科学的语言文字，以符合逻辑思维的要求。”〔1〕国际贸易法律的生命在于实施，即法律的执行、适用和遵守。它的实施又关系到社会上每一成员的切身利益，因此这决定了国际贸易法律语言要具有严密的逻辑性和精确性的风格。“只有具备语言上的精确性，法学才能完成其在国家和社会中的使命。国际贸易法律工作者必须将其表达的精确性铭记在心。”〔2〕“法律语言最好是确

〔1〕 李步云：“法的内容与形式”，载《法律科学》1997年第6期，第8~9页。

〔2〕［德］伯恩·魏德士：《法理学》，吴越、丁小春译，法律出版社2003年版，第90~91页。

切的、简洁的、冷峻的和不为一种激情所左右的，最好的法律文体是出色的文学作品，它们用精确合适的词汇模塑出一种世界经验，并帮助我们通过同样精确得富有美学意义的语言模式，把人类的共同生活调控到有秩序的轨道上。”〔1〕

国际贸易法律语言的准确性“主要通过法律术语的使用、对同义词的选用和恰当的使用及界定模糊词语”〔2〕来确保。国际贸易法律语言的准确性主要体现在用词精当贴切，国际贸易法律语言在遣词造句方面要尽可能地精确。要仔细辨别词语的含义、性质、适用范围和褒贬色彩，严格选择词义相近和差别细微的语词，认真选用内涵精确的法律用语或其他专业术语，慎用没有明确外延概念的模糊语。汉语里的同义词、近义词、多音字非常多，国际贸易法律用语中也存在大量的同义、近义、同音词，比如权利、权力，公民、人民，拘留、拘役，过失、过错，等等。这些近义词，在日常生活中可能看起来差别不大，但在法律世界里，含义迥然不同，作为法律工作者，要严加甄别，谨慎使用。又比如，在《联合国国际货物销售合同公约》第13条中规定：“为本公约的目的，‘书面’包括电报和电传”，在这里，将“书面”这个词明确地定义为“电报和电传”。该公约第10条规定：“如果当事人没有营业地，则以其惯常居住地为准。”通过适当的国际贸易法律语言使国际贸易法律具有确定性和完备性，构建具备高度形式化和逻辑化要求的国际贸易法律规则系统和“概念的金字塔”式的国际贸易法律体系，要

---

〔1〕［德］A. 考夫曼·W. 哈斯默尔：《当代法哲学和法律理论导论》，法律出版社2007年版，第293～295页。

〔2〕邵键：“论法律语言的语体风格”，载《山东社会科学》1997年第2期，第97～98页。

求作为国际贸易法律规范建构手段与表达形式的国际贸易法律语言在逻辑上精确严密，在形式上简明凝练，满足国际贸易法律判决的体系化、国际贸易法律执行的客观化的需要。

3.2.2 严谨性

法律语言的严谨性是指为了确保法律的强制性、权威性和严肃性，法律语体中所用的词句在意义上必须是准确和严密的，表述也必须是完备周密并无任何歧义的。

严谨周密是国际贸易法律语言科学性的重要体现。为体现国际贸易法律语言的严谨，在语言表达上要精确完整、合乎事理逻辑，使用词语准确妥帖，不仅名实相副，而且要搭配合理，用于表述同一事物的概念应名称统一、前后一致，在翻译时对于词语的选用要符合现代汉民族共同语的用词规范，做到合理搭配恰当用词，注意分辨意义相近的词语，以根据具体的语境选用最恰当的词语，还要注意保持词义在特定语境中的单一性，避免出现词义两歧的现象，以确保国际贸易法律语言的准确。比如：《跟单信用证统一惯例（UCP600）》中第21条规定，“非转让海运单的出具日期将被视为装运日期，除非非转让海运单包含注明装运日期的装船批注，在此情况下，装船批注中显示的日期将被视为装运日期。”这种严谨的阐述使“装运日期”有了清晰无误的界定。国际贸易法律语言的严谨周密，还要求数字和时间用词也要统一规范，在内容上必须逻辑完整，规范清楚，叙述周全。第27条规定为，“银行只接受清洁运输单据。清洁运输单据指未载有明确宣称货物或包装有缺陷的条款或批注的运输单据。‘清洁’一词并不需要在运输单据上出现，即使信用证要求运输单据为‘清洁已装船’的。”本条款将银行接受什么样的提单表示得清楚明了，当事人只有拿到这样的清洁提单才能够到银行议付。

3.2.3 简明性

法律语言的简明性是指在制定法律时所使用的词文必须简要，以明白为目标，要做到平实和简明。

简明凝练是国际贸易法律语言的客观要求。凝练的法律条文成千上万，简洁的语言表达尤为重要。凝练法律的简明是中西法律的共同追求。孟德斯鸠提出在制定法律时“其词文必须简要，就是连小孩也可以看懂”。〔1〕罗马法的经典作家曾以其问答著称，在问答中，他们使用简洁的方式去传达他们的法律思想，他们的很多法律规则都博得了无尽的法律智慧名声：“条约必须遵守”、“正义不惜代价”、“兼听则明”、“法无规定不为罪”、“无罪假定”，等等。〔2〕古斯塔夫·拉德布鲁赫是法律作家中很有功底的修辞学家之一，他也称赞法律的简洁文体，“法律语言最先克服了劝服的风格，这一风格要求算术公式的无情感性、无感知性和不和谐性……法律语言还克服了令人信服的风格……最初还克服了说教的风格”，“一种表达方式的严肃禁欲，一种斯多葛派式的咬文嚼字，它不是以言语来表露其情感、爱憎，而是以行为来体现情感、爱憎，一种清醒的贫困”〔3〕。我国古代法律文书繁多，晋代杜预在《奏上律令注解》中说：“法者，盖绳之断例，非穷理尽性之书也，故文约而例直，听省而

---

〔1〕 孟德斯鸠：《论法的精神》，商务印书馆 1981 年版，第 736 ~ 737 页。

〔2〕［德］A. 考夫曼·W. 哈斯默尔：《当代法哲学和法律理论导论》，法律出版社 2002 年版，第 293 ~ 295 页。

〔3〕［德］G. 拉德布鲁赫著，米健、朱林译：《法学导论》，中国大百科全书出版社 1997 年版，第 23 ~ 24 页。

禁简。”宋代散文家曾巩也认为：“号令之所布，法度之所设，其言至约，其体至备，以为治天下之具。”凝练法律要为世界人民所遵守，必须为全世界人民群众所理解，因此，凝练法律语言不追求修饰华丽，要以准确明白为目标，注重简明平实。凝练法律语言的简明是指在制定法律条文、写作司法文书和言语表达时，选词造句应做到言简意赅、通俗明白。凝练法律语言的简明凝练，首先表现在对凝练法律法规名称、章节条款的设置上，要做到简洁明了，根据所要规范的内容要求合理安排，不能贪图大而全。《法国民法典》、《德国民法典》、《瑞士商务法典》及美国的《统一商法典》就是典范。另外，要力争用精炼的语言表达丰富的内涵，避免冗长浩繁、重复累赘，以节省立法资源。比如《跟单信用证统一惯例（UCP500）》第 4 条规定，“在信用证业务中，各有关当事人处理的是单据，而不是与单据有关的货物、服务及/或其他行为。”“除非在信用证中另有明确规定，本统一惯例的条文对有关各方都有约束力。”又如，《联合国国际货物销售合同公约》第 98 条规定，“除本公约明文许可的保留外，不得作任何保留”。第 26 条规定，“宣告合同无效的声明，必须向另一方当事人发出通知，方始有效。”“合同只需双方当事人协议，就可更改或终止。”这些条文言简意赅。

3.2.4 庄重性

法律语言的庄重性是指在法律语体中选词造句应呈现出庄重文雅、严肃规范的格调。在语篇模式、句法选择和词汇使用方面，必须注意与语体色彩的协调。在语篇上，要高度程式化，前后层次、结构严谨、简详得当并具有严格特殊的程式。

国际贸易法律具有严肃性，国际贸易法律规范是由国家制定和认可的，具有普遍的约束力和无上的权威性，司法文书是国家法律的具体化，一旦生效，则具有和国际贸易法律同样的权威性。国际贸易法律语言作为国家法律和司法文书的语言表达形式，当然要具有庄重性，庄重是由法律的政治性所决定的，是法律语言权威性和务实性的体现。国际贸易法律语言要有一种严肃的意境、庄重的气势，营造出一种规规矩矩、朴实无华的氛围。在修辞上要有庄严美、整洁美，不能造出朦胧美、含蓄美、悬念美、曲折美。法国思想家孟德斯鸠就指出，“法律不要过于模糊和玄奥，而应像一个家庭父亲般地简单平易，因为它是为具有一般理解力的人们制定的。”[1] 国际贸易法律语言的庄重性，也是公文语体的客观要求。国际贸易法律语篇多用结构紧密、说理完整的长句，常常使用并列结构和复杂的同位语成分。这样的法律条文虽然很长，并带有各种复杂的附加修饰、插入语、并列结构和同位语等句子成分，有时会造成阅读和理解甚至使用上的困难，但是却能保证国际贸易法律内涵的完整性和庄重性。

国际贸易法律语言的庄重性主要通过书面语词和国际贸易法律术语的大量使用来实现。国际贸易法律词汇都有特定含义和特定的适用范围，不能随意引申或用其他词语取代，国际贸易法律词汇主要包括国际贸易法律语体专用术语，如抵押、定金、羁押、标的、不可抗力、按比例分配（apportionment）、仲裁人（arbiter）、约因（consideration）、赔偿金（damages）、赠与税（gift tax）、追索权（recourse）、销售税（sales tax）、印花税（stamp）、样本（specimen）、显失公平（unconscionability）、

[1] 孟德斯鸠：《论法的精神》，商务印书馆 1981 年版，第 736～737 页。

不当得利（unjust enrichment）等。还有一些民族共同语进入法律语言之后被赋予了特定的法律含义，如告诉、债、故意等。国际贸易法律语言应当合理选用中性词，摒弃褒义词和贬义词，要尽量使用精确的法律术语，不宜使用口语、俗语或方言土语，并避免出现带有政治色彩的词句，保证法律语言的科学性、庄重性。另外，国际贸易法律语言中要慎用积极修辞，摈弃那些深奥孤僻的语词，少用华丽辞藻，务求淡泊清新，使人清清楚楚、明白无误地懂得立法者的真实意图。如《跟单信用证统一惯例(UCP600)》第17条规定，“如果信用证使用诸如‘一式两份’、‘两张’、‘两份’等术语要求提交多份单据，则可以提交至少一份正本，其余份数以副本来满足。但单据本身另有相反指示者除外。”第24条规定，“注明‘第二联’的铁路运输单据将被作为正本接受。”第28条规定，“暂保单将不被接受”。第17条规定，“信用证中规定的各种单据必须提供一份正本”。这样立法语言通俗规范，使人很容易明白。[1]

3.2.5 艰涩性

法律语言的艰涩性是指法律语言的费解性和结构的复杂性。在国际贸易法律语言中常常使用外来语和古语等语言，使得一般人很难读懂国际贸易法律文本。

孙志祥在他的《英文国际贸易法律惯例中长难句的翻译技巧》中谈到“法律语言与一般文学和科技文体等其他文体的语言有所不同，它在词汇、语法结构和修辞手段等方面都有自身

〔1〕史密斯·唐纳德：“UCP600将于2007年7月1日实施：不符点是什么？”，载《进出口管理》2007年第6期，第11～14页。

的特点。法律文件的费解性主要在于其复杂的语言结构”[1]。国际贸易法律语言使用的大部分是复合句。同时，又因为国际贸易法律文本使用的语言都是比较正规和简练的语言，这样一来就必然造成一些句子的费解难懂，就本课题中的材料也不难看出这一突出特点。比如，《托收统一规则》（1979 年修订）第 7 条规定，“单据应以其收受时之形式向付款人提示，但托收银行或代收银行经授权可以委托人之费用（除非另有指示）贴用任何必要的印花，并为任何必要的签署或加盖橡皮印或为托收业务上所习见或必须的其他验明标志”。这个条款是英文翻译过来的，但是原文也只有一句话。由此看来，许多国际贸易法律语言的条文还是比较费解的。

3.3 国际贸易法律文本的语言风格——精确性和模糊性分析

国际贸易法律文本的语言风格也主要存在着语言的精确性和模糊性的特点，为了便于让世界各国的商人使用，国际贸易法律文本的语言必须是统一的，因此国际贸易法律文本的语言大多数是用英语起草的。这些文本中词汇方面的特点有：大量使用古词、频繁使用外来语、大量使用专业术语、经常使用正式词汇、使用专业缩略语、故意使用模糊词汇、使用专门短语表达惯有含义、词汇重复特别是关键词的重复、同义词或近义词的广泛使用和成对使用同义词来表达单一的法律意义、用

---

〔1〕 孙志祥：“英文国际贸易法律惯例中长难句的翻译技巧”，载《江苏大学学报（社会科学版）》1998 年第 1 期。

shall 来强化合同的功能。在句子方面的特点有：法律英语多用长句、多用陈述句、多用掉尾句、松散句和均称句，句式笨重（clumsy）、凝滞（heavy）、臃肿（cumbersome），适当地使用被动语态、普遍使用一般现在时、适当使用情态动词、还经常使用名词化结构、名词重复率高而代词使用率低，形成了人们通常所说的“官腔文体”的特点。国际贸易法律英语文本的语篇特征表现为：国际贸易法律英语普遍存在着准确规范、严谨周密、简练凝练、庄重朴实和费解难懂的风格特点。

3.3.1 国际贸易法律语言的精确性和模糊性

3.3.1.1 国际贸易法律语言的精确性

国际贸易法律语言的准确性，也叫做精确性。比如，《跟单信用证统一惯例》（290 版本）中第 3 条（a）款中，“买单（purchase）”和“议付（negotiation）”是一对近义词，考虑到法律语言的精确性，“买单”这个词的含义是：为了适合某些国家，特别是一些远东国家银行的习惯，受益人不向银行开立汇票而向开证申请人开立。其实，在此条款中这两个词都可以使用，只是为了更加精确一点，在此使用了“买单”，也是为了限制使用的范围，达到更加准确的效果。

3.3.1.2 国际贸易法律语言的模糊性

国际贸易法律语言的模糊性是指法律语言中存在着词语的概括意义和具体意义的模糊。表现为内涵和外延的模糊。

语言词语具有确切义和模糊义两方面的特点。一些模糊语言在实践中不可避免，比如早晨、傍晚、长短、快慢等词，都属于模糊词语。为了保证国际贸易法律的准确性，要尽量避免使用模糊语言，但有时生活的复杂使得法律必须保持一定的弹性才能适应，此时使用模糊性国际贸易法律语言，是为了高度概括有关的国际贸易法律事实，更准确地表达国际贸易方面的法律，充分反映客观事物的复杂性，增强语言表达的灵活性，防止以偏概全的弊端。比如，《1932 年华沙—牛津规则》第 16 条中规定有，"单据的提供"，这里的"单据"一词是指"提单、发票、保险单或依照本规则用以代替这些单据的其他单据，以及根据买卖合同条款，卖方有责任取得并提交买方的其他单据（如有的话）。""单据"包括的种类很多，也很复杂，在这里起到了高度概括的作用。

模糊性与国际贸易法律语言的准确性相辅相成、辩证统一。但模糊性国际贸易法律语言的弊端不可忽视，它为法官、仲裁机构的调解和执法者滥用自由裁量权埋下了隐患，比如《跟单信用证统一惯例（UCP500）》中第 13 条规定："银行必须'合理小心'地审核信用证上规定的一切单据。""合理小心"是形容词，是一个不准确的词汇。据说，当时在贸易实践中因为这两个字产生了许多纠纷。

在国际贸易法律语言中，如何正确对待国际贸易法律语言的准确性要求与模糊语言的存在，如何既有效地提高语言表达准确程度，又可以包容社会上复杂的现象与行为，给一些条文的解释留有回旋余地，是必须认真研究的命题。国际贸易法律的确定性要求法律语言必须具有逻辑上的准确严密，这样才能保证国际贸易法律体系的高度精确完备。然而，国际贸易法律语言的这种精确性、高度逻辑性在现实中是否可能？我们是否可以通过对其进行精确化的努力而使其达至完美的精确？国际贸易法律语言的模糊性是否可以避免？何时何地才可以使用国际贸易法律语言的模糊用语？在国际贸易法律形式主义及国际贸易概念法学者看来，通过努力，完全可以构建一个国际贸易法律概念精确、逻辑完美的国际贸易法学概念体系，但国际贸易概念法学至今已遭到学者的批判，其对国际贸易法律的确定性提出的一系列怀疑，将成为我们对国际贸易法律语言的模糊性进行认识的理论出发点。[1]

霍姆斯在《法律的道路》中的一段话很典型地体现了他们对概念法学派的批评："这种观念（形式三段论）认为一套特定的制度，譬如我们的法律制度，能够像数学依据一般公理的指导一样来设计。这种错误是经院派的天性。"[2]这是因为："逻辑的方法和形式满足了植根于每个人心中对确定与和谐的追求。但是，确定性常常是一个幻想，而和谐也并非人类的命运，在形式的背后存在相互竞争的各种立法理由的相关价值和重要性的判断，它常常是含糊不清和无意识的判断，这千真万确。它是整个诉讼的基础。你可以赋予任何结论以逻辑形式。你总是能够在契约中暗示某一条件，为什么要暗示它呢？因为你有对某一共同体或阶级实践的信仰，或者因为你对政策所持的观点，简言之，是因为你对不能用数量确切衡量的，因而无法找到逻辑结论的事物所持的态度。这些事物实际上是一个战场，在这儿不存在一劳永逸地解决问题的定论，这里的决定只是表明特定机构在特定时间特定地点下的偏好。"哈特也对法律形式主义进行了猛烈的抨击："他们都试图掩饰或贬低一般规则被规定下来之后做出这种选择的需要。他们这样做的方法之一是凝固规

[1] Paul Przemyslaw Polanski, "Convention on Contracting: The Rise of International Law of Electronic eCommerce?", 19th Bled Econference eValues Bled, S lovenia.

[2] [美] 霍姆斯著，汪庆华译：《法律的道路》，载法律思想网：www. law - thinker. com. 访问时间：2001 年 9 月 16 日。

则的意义，以便该规则的普通术语在规则适用的每一场合均有同样的意义。”[1]为此，“我们得抓住显现在平常案件中的某些特征，并主张把具有这些特征的任何案件置于该规则范围内是必需的和充足的，而不管它还有无其他什么特征，以及以这种方式适用规则可能出现的社会影响……我们分类的严格性会与我们制定或维护规则的目的对立。这一过程的终结将会是法律家的‘概念天国’，当一个一般词语不仅在单个规则的每一次适用中，而且在它出现于法律体系的任一规则中，都被赋予同一的意义时，就到达了天国。人们无需做出任何努力，只需根据词语不断复现时的不同具体问题来解释该词语。”[2]随着对概念法学及法律形式主义的批判，我们认识到法律的确定性以及完备性受到了前所未有的挑战，准确严密的国际贸易法律语言观也受到质疑。为了满足国际贸易法律确定性的体系化需求，保证国际贸易法律语言的准确性是立法的主要标准之一。然而事实上，国际贸易法律语言并不是完全高度精确的，国际贸易法律语言的精确性只是相对存在的。国际贸易法律语言存在着模糊性，从立法阶段开始，国际贸易法律语言的模糊性就是难以消除的现象，模糊性贯穿于法律活动的整个过程。在汉语中，抽象模糊是指词语的概括意义是模糊的，具体模糊是指词语在特定言语环境中的具体意义是模糊的。有的语意模糊表现为质的模糊，有的表现为量的模糊，比如“远、近”模糊性表现为难以确定数量界限，表现为量的模糊，“人才”也是一个模糊用

---

〔1〕［英］哈特著，张文显、郑成良等译：《法律的概念》，中国大百科全书出版社 1996 年版，第 129～130 页。

〔2〕［英］哈特著，张文显、郑成良等译：《法律的概念》，中国大百科全书出版社 1996 年版，第 129～130 页。

语，衡量是不是人才的标准很复杂，有很多方面，这种模糊就是质的模糊。有的模糊表现为上限模糊或下限模糊，这又可以分为上下限都模糊、仅上限模糊、仅下限模糊，比如“左右”、“大约”就表现为上下限都模糊，“六十出头”一般表现为上限模糊，下限明确。“将近六十岁”的上限是六十岁，是明确的，但下限是模糊的。了解了语义的模糊性，才能更好地把握法律语言中的模糊现象。

3.3.1.3 国际贸易法律语言模糊性的分类

法律语言的模糊在现实中一般可以分为以下几种情况：

1. 附加模糊词。附加模糊词指的是将模糊词语附加在明确的范畴之前或之后，使得本来意义确切的概念变得模糊不清。比如 UCP290 第 6 条 d 款规定：“除非信用证条款特别禁止，否则银行对于货运单据上经加盖印戳或以其他方法批注运费以外之附加，如装货、卸货或类似作业之有关费用者，将予接受。”中的“其他方法”和“有关费用者”都是模糊词语。

2. 模糊概念，即不确定概念。国际贸易法律概念以语义是否确定为标准，可分为确定的国际贸易法律概念和不确定的国际贸易法律概念。确定的国际贸易法律概念定义清楚，外延明确。而不确定概念内涵不确定，有的外延是封闭的，比如 UCP290 第 19 条“运输行所发出的提单”中的“运输行”就是模糊概念，因为这里的“运输行”概念不清，因为作为货物的运输一方，可以是轮船公司，也可以是航空公司，还可以是铁路运输公司，同时也可以是汽车运输公司，那么，我们认为这里的“运输行”指代不明确，应考虑为模糊概念。国际贸易法律概念的模糊性是客观存在的。

3. 根据模糊词性的不同，国际贸易法律语言的模糊性可以分为名词模糊、动词模糊、形容词模糊、副词模糊、模糊介词等。模糊名词，比如《联合国国际货物销售合同公约》第1条第2款："当事人营业地在不同国家的事实，如果从订立合同前任何时候或订立合同时，当事人之间的任何交易或当事人透露的情报均看不出，应不予考虑。"这其中的"当事人"就是一个"模糊名词"，这里的"当事人"指代不明确。可以包括很多方面的人。

模糊动词，比如UCP600中的"议付"，是由UCP500中的"承付"修改而成的，而"承付"就是一个模糊动词，它不能说明银行见单即付的这个特点和义务，但是"议付"却恰恰说明了银行的责任和义务，或者说银行的责任和义务更明确了。这类词属于动词。[1]

模糊形容词有哪些呢？比如，UCP500中的"reasonable"词语，到了UCP600就被删除了。如：合理关注（reasonable care）、合理时间（reasonable time）中的"合理"，其实就是"合理的"，这类词属于形容词。

模糊副词，副词表示程度、范围、方式、频率等，常用来修饰动词、形容词，模糊副词在法律语言中也偶有出现，比如，在UCP290中的"迅速（prompt）"、"立即（immediately）"、"尽速（as soon as possible）"则属于副词，由于这些词的模糊性，银行均可把它们当做"发出信用证通知之日起30天内装运。"如果银行不这样做出具体规定的话，将会引起混乱，据考证，当时因为这些惯例中模糊用语的使用导致银行与商户之间经常发生纠纷。

模糊介词，比如，《1933商业跟单信用证82号》第34条D

---

〔1〕苏丽萍："信用证新国际惯例——UCP600"，载《国际商务—对外经济贸易大学学报》2009年第1期。

款中的："关于"、"大约"和类似词语（"about"、"circa" or "similar terms" 属于介词的范畴）。而且，其中的 "circa（大约)" 这个词是一个拉丁文。这里再次体现了国际贸易法律文本的模糊性和费解性。国际贸易法律语言的模糊性是法律规制适应现实生活的需要，国际贸易法律语言的精确性是立法者的追求，但国际贸易法律语言中的模糊语言也具有不可忽视的功能。

3.3.1.4 国际贸易法律语言模糊性的功能

国际贸易法律语言模糊性的功能是指法律语言具有较强的概括性，表意完备和周全，可以弥补法律语言局限性的缺陷。

1. 概括功能。概括功能是指国际贸易法律语言的表意除了准确之外而具备周全和完备的功能，使得国际贸易法律语言具有较强的概括性。而国际贸易法律语言中模糊语的使用，如"其他"、"任何"、"等"，能够使国际贸易法律概念的外延扩大到国际贸易法律所需要的范围，国际贸易法律语言中模糊语的概括功能可以使法律疏而不漏，增强国际贸易法律语言的灵活性，使国际贸易法律更具适用性，也使国际贸易法律概念具有伸缩性，从而表现出国际贸易法律语言的开放性和张力。比如，《联合国国际货物销售合同公约》中第 9 条第 2 款规定，"除非另有协议，双方当事人应视为已默示地同意对他们的合同或合同的订立适用双方当事人已知道或理应知道的惯例，而这种惯例，在国际贸易上，已为有关特定贸易所涉同类合同的当事人所广泛知道并为他们所经常遵守。" 这是一个模糊语言，但"已知道或理应知道的惯例"和"所广泛知道并为他们所经常遵守"都属于宽泛的概念，国际贸易法律不可能也没有必要对每项"已知道或理应知道的惯例"以及"广泛知道并为他们所经常遵守"予以明确列举。用"已知道或理应知道的惯例"和"广泛知道并为他们所经常遵守”就可以概括出许许多多的国际贸易法律及其惯例，例如本课题常常引用的《跟单信用证统一惯例》（从 UCP290 到 UCP600），《托收统一规则》等国际贸易界人人皆知的诸多惯例和法律等内容。又如《跟单信用证统一惯例（UCP600）》第 5 条规定，“银行处理的是单据，而不是单据所涉及的货物、服务或其他行为。”这里的“单据”则概括了信用证项下所要求的所有的单据，比如：发票、提单、装箱单、原产地证书、商检单、报关单等等各种重要的单据。又如，《跟单信用证统一惯例（UCP500）》第 46 条 A 款除非信用证另有规定，用于规定最早或最迟装运日期的“装运”一词的意义，应理解为包括诸如“装船”、“发运”、“接收备运”、“邮政收据日”、“取件日”等类似表示。由此可见，“装运”一词是概括许多其他意义的词的总称，体现了国际贸易法律语言的模糊性。

2. 补充成文国际贸易法律局限性的功能，也称为国际贸易法律语言的补充功能，是指可以弥补国际贸易法律语言的缺欠，克服国际贸易法律不周全的局限性的功能。国际贸易法律语言模糊性的补充功能可以使国际贸易法律具有很强的适用性，模糊功能使有些法律概念的外延不确定，可以增强国际贸易法律语言的灵活性、弹性，弥补正常的法律漏洞，以应付立法者认识能力的有限性与认识对象极端复杂性的矛盾。比如，《跟单信用证统一惯例（UCP500）》第 15 条“单据有效性的免责”就是一个模糊概念，而“单据”指的就是“银行对任何单据的形式、完整性、准确性、真实性、虚假性或法律效力，或对于单据中载明或附加的一般及/或特殊条件，概不负责；银行对任何单据中有关货物的描述、数量、重量、品质、状况、包装、交货、价值或存在，或对其他任何人的诚信或行为及/或疏忽、清偿能力、行为能力或自信状况，概不负责。”从而克服了国际贸易法律不周全的一些局限性。[1]

3. 适应当事人需要的功能。国际贸易法律语言模糊性的适应功能是指在国际贸易法律语言中，模糊语言的使用能给当事人更多的自由空间，使其可以根据需要安排自己的行为，也是适应当事人需要的功能。比如，《跟单信用证统一惯例(UCP500)》第47条规定，“装运期的日期用语”D款中，‘月初’、‘月中’、‘月末’应分别解释为每月一至十五日或十六日至该月最后一天，起止两日均包括在内。但是，当事人可以在一至十五日中的任何一天，这十五天中是没有任何限制的。国际贸易法律这样规定的目的也是为了当事人发货方便。又如《跟单信用证统一惯例（UCP500)》第42条C款信用证有效期为‘一个月’、‘六个月’或类似规定，说明当事人发运货物以及拿着全套单据去银行议付的时间在这“一个月”或“六个月”中的任何一天都是可以的，银行都不得拒收单据，轮船公司都必须接受请求托运的委托。这样不做具体的规定，也是为了方便当事人发运和结汇。[2]

3.3.1.5　国际贸易法律语言模糊性的形成

国际贸易法律语言的模糊运用是不可避免的，自从有了成文法，便有了国际贸易法律解释，以解决包括“模糊”在内的因理解而产生的各种问题，国际贸易法律语言模糊性的问题，是立法者不愿承认但又不能回避的客观事实。古今中外国际贸

---

〔1〕 鲁晓：“浅论《跟单信用证统一惯例》对单证业务处理相关规则的发展与影响——从UCP400到UCP600的比较分析”，载《经济与法》2008年第10期，第63页。

〔2〕 曹一杭：“UCP600与UCP500的比较”，载《大经贸》2007年第9期，第68～69页。

易法律语言的不确定性一直存在，无法以完全的“精确化”取而代之，其原因在于：

1. 语言本身的模糊性。语言本身具有模糊性，语言是国际贸易法律的载体，是国际贸易法律最主要的表现方式，从立法到司法，从国际贸易法律文本到国际贸易法律的实施，人们无不运用着语言作为交流的中介。但“语言的非精确性，即模糊性是语言的本质属性之一”〔1〕。语言的模糊性是造成国际贸易法律模糊性的主要因素。首先，语言具有不确定性，语言具有多义性，在不同的语境中表现出不同的意义。尽管立法者力求使用精确词语，但仍不能避免多义词语的出现，而且是经常和大量的。例如：轻微、严重等用语在国际贸易法律文本中是经常出现的概念，但它们的含义却是难以明确界定的。其次，语言具有有限性，语言是思想的载体，但语言远没有思想丰富，人们即使倾尽世界上所有的语言也不可能完全表达复杂和丰富的思想。世界是无限的，而语言是有限的。语言还具有障碍性，语言是交流的方式之一，但语言不是表达思想的唯一方式，也不是交流的唯一方式，有时人与人之间的交流，从根本上来说不是语言的交流，在某些情况下，语言对交流来说显得多余，“此时无声胜有声”就表明语言的障碍性。

比如，UCP290 第 40 条（b）款规定：“expressions such as ‘prompt’, ‘immediately’, ‘as soon as possible’ and the like should not be used.” 此条款中的“prompt（迅速地）”、“immediately（立即）”、“as soon as possible（尽快地）”，它们都是模糊语言，国际商会在制定本惯例时，也意识到这些模糊词语的

〔1〕 卢秋帆：“法律语言的模糊性分析”，载《法学评论》2010 年第 2 期。

使用将会产生歧义，因此，在条款中又加上了后面几句话："如果使用了这些词汇，通知银行将要求受益人在 30 日内发运货物。"这样就明确了模糊的范围是"30 天"，表示"迅速地发货的时间"。但是如果不写上这些模糊词语，又担心受益人不能尽快发货，在此也必然要使用模糊语言。

2. 国际贸易法律语言本身的特点。许多国际贸易法律术语缺乏具体的"语词对象"，某些国际贸易法律语词不仅抽象模糊，而且缺乏明确可指的"语言对象"。或者说，正因为缺少了相应的"语词对象"，国际贸易法律语言才具有了模糊与抽象的特性。比如，当我们使用语言符号"汽车"、"小狗"，那么这一语言符号就在客观上代表了一个明确可指的"语词对象"。然而当我们使用国际贸易法律术语权利、义务、公正、自由时就不存在明确可指的"词语对象"，而对这些词语规定涵义时，就必须要借助其他模糊抽象的概念，但这些模糊词语本身也需要语义上的阐释。另外，国际贸易法律语言中存在不少定义不统一的术语，这也导致了国际贸易法律语言的模糊性。比如，《联合国国际货物销售合同公约》第 86 条规定，"他必须按情况采取合理措施，以保全货物。他有权保有这些货物，直至卖方把他所付的合理费用偿还给他为止。"其中的"合理措施"和"合理费用"都是模糊用语。另外，还有第 86 条规定，"除非他这样做需要支付价款而且会使他不遭受不合理的不便或承担不合理的费用。"这其中的"不合理"也是模糊用语。又比如，《跟单信用证统一惯例（UCP400）》第 20 条 b 款规定，"一流的,著名的，合格的，独立的，正式的或官方的等类用语，不应用来说明信用证项下及类似词语来描述信用证项应提交的任何单据的出单人。如信用证条款加注了此类词语，只要提交的有关单据表面上符合信用证其他条款，银行将照予接受。”其中“一流的，著名的，合格的，独立的，正式的或官方的”全部都是模糊词语，该条款到了UCP500就被修改了。因为在当时给买卖双方以及银行方面造成了许多的纠纷，国际商会决定在后来的版本里修改此条款。[1]

3. 国际贸易法律规范生活的需要。一方面，面对无穷无尽的现象，法律要进行抽象、概括，制定具有普遍指导意义的法律条文，就必须借助概括性强的模糊语言。比如《国际商会托收统一规则》第9条中的“银行将以善意和合理的谨慎办理业务”就是一个模糊用语，因为“善意和合理的谨慎”有多种表现形式，这一概括性的词语可以涵盖很多种情况。生活事实是复杂多样的，立法者预见能力的局限性使得规则永远不可能完全涵盖生活事实的复杂性、多样性，这样规则的表述必须具有抽象性和概括性，国际贸易法律语言的模糊性能够适应生活的多样性。另一方面，国际贸易法律规范的稳定性是法律的基本要求，否则人们将没有一个确定的、普遍遵守的行为标准。[2]但是生活事实不仅复杂多样，而且一直处于变化发展之中，于是国际贸易法律的稳定性与社会的多变性之间产生了矛盾。国际贸易法律规则中语言的模糊性则可以使法律规则在保持不变的情况下适应变化的需要，从而解决这种矛盾。

3.3.1.6 国际贸易法律语言模糊性的弊端

国际贸易法律语言中的模糊语言具有适应生活需要的功能，

---

〔1〕陈近隆：“新的《跟单信用证统一惯例》UCP《500》答问”，载《河北财经学院学报》1994年第3期，第38~43页。

〔2〕［德］伯恩·魏德士：《法理学》，吴越、丁小春译，法律出版社2003年版，第73~75页。

而且由于生活的复杂多变，国际贸易法律语言的模糊性也是无法避免的现象，但模糊语言表现出优点的同时，也显露出一些不利，如果使用了太多的国际贸易法律模糊语言，其社会的负面影响也是显而易见的，具体表现在以下几个方面：

1. 当事人不恰当地使用模糊词语，容易产生纷争，会导致权利义务无法明确。国际贸易法律是调整人类国际贸易中当事人关系的一种工具，因此必须明确每一国际贸易法律关系各方具体的权利义务，才能起到“定纷止争”的作用。国际贸易法律语言的表达必须是明确清晰的，如果表述模糊不清，人们就无法确定其含义，从而引起国际贸易法律纠纷。比如，《联合国国际货物销售合同公约》第33条的C款：“在其他情况下，应在订立合同后<u>一段合理时间内</u>交货。”此时“一段合理时间内”是模糊词语，又如，第34条规定：“此一权利的行使不得使买方遭受不合理的不便或承担不合理的开支。”这里的“不合理的不便”和“不合理的开支”都是模糊用语。再如，第49条第3款：“规定的<u>任何额外时间</u>满期后，或在卖方声明他将不在这一<u>额外时间</u>履行义务后一段<u>合理时间</u>内这样做。”又比如，第64条第1款中“他在<u>已知道或理应知道</u>这种违反合同后<u>一段合理时间内</u>这样做”。这些带有下划线的词语都没有确定的标准，很容易成为纠纷的起因。

2. 模糊语言容易导致司法不公正。公正是国际贸易法律的首要价值，“在历史长河中，从人类有道德上的是非观念以来，社会就产生了正义的观念”[1]。国际贸易法律惯例的实施初衷是为了使全世界的商人在从事国际贸易时都能够得到公正的对

[1] 卓泽源：《法的价值论》，法律出版社1999年版，第507页。

待，大家还推举国际商会作为世界公认的体现国际贸易公正合理的机构，国际商会的仲裁机构具有最大的权威性。公平就是要求同样的事情同样对待，但大量存在的模糊性法律语言充斥于国际贸易法律文本之中，使法官在司法时有了一定的自由裁量权。这虽然便于灵活处理案件，可法官的自由裁量权却是一把双刃剑，如果运用得当，就能发挥模糊语言的优势，合理地实现个案公正；但如果行使不当或滥用，就可能在自由裁量权的名义下，为了私利或某个国家的利益而歪曲国际贸易法律的精神，损害国际贸易法律的公正价值。

3. 模糊语言不利于国家法律的协调统一和正确实施。为了实现国际贸易法律的正确实施，在世界范围内国际贸易法律体系之中，同一国际贸易法律或不同国际贸易法律中所用同一词语的意义应是一致的，体现国际贸易法律内部及各种部门法之间的协调，这样世界公众才能理解，并预见行为的后果。比如，对于“清洁提单”这样一个词语，在《美国对外贸易定义 1941 年修订本》和《跟单信用证统一惯例（UCP500)》都有规定，但是在《美国对外贸易定义 1941 年修订本》中是这样描述的：“提供清洁的码头收据或轮船收据”，另外，在这个修订本中也从未对这种收据进行过定义。而在《跟单信用证统一惯例(UCP500)》中第 32 条则将其定义为：“清洁运输单据是指单据上并未明确宣称货物及/或包装有缺陷的条文或批注的运输单据。”由此看来，两个文本中对“清洁提单”的描述应该是一致的，也就是说两者的概念应该明确一致，才能使当事人明确自己行为的国际贸易法律效果。还有一些国际贸易法律在这方面做得也不好，比如：《中华人民共和国对外贸易法》第 11 条中规定的“根据我国缔结或者参加的国际条约、协定的规定，其他需要限制或者禁止进口或者出口的”中只提到了“国际条约、协定”，但是，国际上目前广泛使用的许多“国际贸易惯例”算不算在其中呢？司法机关能否正确做出判断呢？这就容易在实践中出现歧义。〔1〕

3.3.1.7 国际贸易法律语言模糊性的消除及弊端的规避

国际贸易法律语言具有不可避免的模糊性，然而，“只有具备语言上的精确性，法学才完成其在国家和社会中的使命”，国际贸易法律语言追求的目标是精确化，立法者在制定法规时要最大可能地做到精确，以期减少甚至消除法律语言的不完整性与模糊性。国际贸易法律语言的精确化是否可能？国际贸易对法律语言进行精确化的努力，法学家曾经是用了两种方法：一是“借助人造语言实现精确化”〔2〕，通过人工语言的使用，把国际贸易法律语言形式化、符号化来达至精确；二是通过定义达至精确，即通过使用抽象的语言规则，用尽量精确化的国际贸易法律语言来概括多样化的生活事实。所谓借助人造语言实现精确化，是以自然科学为学习榜样，用特定的符号语言来作为更精确的国际贸易法律语言手段。然而，国际贸易法律语言与自然科学的专业语言是不同的，它们适用的领域不同，国际贸易法律肩负着特殊的使命，在法学中能否使用人造的符号语言值得商榷。国际贸易法律规范的任务是调整人们的行为，因此必须以一般人能够获得最低限度的理解的方式表达出来。而在自然科学领域，专业术语只要为国际贸易行业内

---

〔1〕 周健翔、林姗姗：“《跟单信用证统一惯例》最新修订对受益人利益影响分析”，载《经济师》，2009年第10期。

〔2〕 ［德］伯恩·魏德士：《法理学》，吴越、丁小春译，法律出版社2003年版，第90～93页。

部的专业人士理解即可，在这个意义上，自然科学的语言可以根据理想的实验条件进行孤立地表达，而国际贸易法律语言必须面对社会的全部现实，调整一切需要调整的利益冲突，并且以成文或不成文的方式提供有效的可以为大众理解的解决方法。在数学或逻辑学中，人造语言的符号有助于简化地表达概念之间的逻辑关系，但在法学中却并非如此。国际贸易法律语言与日常语言二者必须相互接近，从而使国际贸易法律规范不会与日常的生活事实相割裂，也使表达国际贸易法律规范的国际贸易法律语言能够为全世界人民所认识和理解。否则，“就如温弗里德·哈斯默尔所说，一个法律的语言及法律解释形式性只有当法律规范在其语法学及语义学的观点中，被翻译成一种象征性的符号语言，才有可能”，〔1〕而这时所制定出来的法律，“绝对没有考虑到具体及历史的情景，以及个别性，一个瞎眼者的漫画图像，一个没有看到‘个别个人’的正义女神，一种没有历史及非个人的法律”。〔2〕所以电脑化或符号化的国际贸易法律语言把国际贸易法律变得难以理解，这种国际贸易法律语言因无法理解而失去生命，从而最终违背对国际贸易法律进行精确化的努力初衷。当然，在一定范围内，比如一些程序化的工作中，将国际贸易法律语言进行形式化，避免不必要的人为因素，对提高法律工作者的工作效率，对当事人做到形式上的同等对待，还是有积极意义的。另外，通过定义是否能使模糊性的国际贸易法律语言达至精确？为实现对国际贸易法

〔1〕［德］A. 考夫曼著，刘幸义等译：《法律哲学》，五南图书出版公司2000年版，第121～123页。

〔2〕［德］A. 考夫曼著，刘幸义等译：《法律哲学》，五南图书出版公司2000年版，第121～123页。

律概念的准确适用，就必须对这些概念进行准确定义。让国际贸易法律规则和概念呈现人为的严密性，这种严密性可以最大限度地减少对逻辑演绎以外的事物的需求。通过给定某些要素来固定国际贸易法律规则或概念意思，并坚持如果具备这些要素的话就能够在规则的范围内导致某些后果，而不管案件可能会具备其他什么特征。这样，实际上我们可能预先决定了未来一系列案件的判决，虽然我们对这些案件的内容一无所知。可是只有当我们对产生这些问题的情势了解之后，这些问题才能得到合理的解决。“这一恶习被英国和美国的法律人认定为司法过程中的概念主义，它与耶林在喜好理论的法学家的著作中指出的恶习在实质上是同一回事，这些法学家自得于冷落司法过程和法律实务者的工作。”[1]概念法学派或者形式主义者努力“凝固规则的意义，以便该规则的普通术语在规则适用的每一场合均有同样的意义”。这种努力的结果就是法律家构建的“概念天国”[2]；“当一个一般词语不仅在单个规则的每一次适用中，而且在它出现于法律体系的任一规则中，都被赋予同一的意义时，就到达了天国。”[3]这种努力最终要归于失败，随着19世纪理性主义的绝对性受到怀疑，人们认识到完全精确化、单义化的国际贸易法律语言的理想是不可能达到的，这个理想永远只是“立法者的乌托邦”。完全精确单义化的国际贸易法律语言仅在最高的抽象化时才可以达到，而此时将排除任何真实

---

〔1〕［德］A. 考夫曼著，刘幸义等译：《法律哲学》，五南图书出版公司2000年版，第121～123页。

〔2〕［德］H. L. A. 哈特“耶林的概念天国与现代分析法学”，载公法论：www. gongfa. com。

〔3〕［德］H. L. A. 哈特“耶林的概念天国与现代分析法学”，载公法论：www. gongfa. com。

性的生活关系，可国际贸易法律是要适用于生活的，作为与国际贸易活动密切联系的国际贸易法律语言不应该只以单义性精确性为主。〔1〕因为国际贸易法律语言必须是一种活生生的既要求科学精确性又要面向生活真实性的语言，它不能与国际贸易实践中使用的语言任意远离，否则它将无法保持生命力和自我创新能力，也将因脱离生活而变成法学家预设的文字游戏。〔2〕

其实，在实践中，我们并非在国际贸易法律语言模糊性面前无能为力，我们可以在一定范围一定程度上消除国际贸易法律语言的模糊性带来的弊端。

1. 尽量减少国际贸易法律语言中模糊词语的模糊度，虽然模糊词语在法律活动领域中具有无可取代的作用，但对模糊表达和模糊词语的使用也要注重模糊度，模糊度是指模糊词语本欲表达的核心信息的范围，如果词语的模糊性超出了这个范围，就叫做越过了模糊度。比如，我国在1997年刑法修改前，就曾规定了流氓罪，可什么是流氓罪，立法上难以讲清楚，实践执行中也难于把握，以至于有学者戏称流氓罪是个筐，什么罪都可以往里放，语义越过法律语言所允许的模糊度，以致破坏法律语言的严肃性，并严重破坏了法律的可预见性。这是立法语言不允许的模糊词语。

2. 不能使用歧义词。歧义词是指那些具有不确定意义的词。国际贸易法律语言中，适当使用模糊词语是允许的，有时也是必要的，但在运用过程中，要区分模糊词语与词语语义的歧义，

---

〔1〕 王人博、程燎原：《法治论》，山东人民出版社1989年版，第143～145页。

〔2〕 徐国栋：《诚实信用原则研究》，中国人民大学出版社2002年版，第28～29页。

防止混淆二者的区别。模糊词反映了人的思维方式，在一定条件下，它的高度概括性可以起到更全面和更准确的作用，模糊词语在法律语言中的正确运用有其必要性，但是在国际贸易法律语言中，因为语义模棱两可而引起的歧义性是要绝对避免的。语义上的模棱两可只能是不周密和不严谨的表现，从语法上讲，这是一种病句类型，极有可能改变当事人各方利益的划分和权利义务的归属，因此会影响国际贸易法律本身的准确性和庄重性。

3. 要使用程式化语篇。程式化语篇是指法律文本所要求的具有规范性和固定性格式的语篇。比如从总则到条款，从重要条款到次要条款，从描写性内容到规定性内容等。[1]这样可以保持法律规范的庄严性及其内容的严谨合理和准确规范，能使国际贸易法律规范的内涵得到最充分的体现，并可以给所涉及的国际贸易法律条文、专业术语和概括性词语设定具体的阐释语境，在具体的国际贸易法律解释中可以进行体系化的理解。

4. 使用类义词。类义词指意义上属于同一类义的词，类义词的使用是保证国际贸易法律语言用词准确、严密的重要手段之一。比如《跟单信用证统一惯例（UCP600）》第3条规定，“诸如‘第一流’、‘著名’、‘合格’、‘独立’、‘正式’、‘有资格’、‘当地’等用语用于描述单据出单人的身份时，单据的出单人可以是除受益人以外的任何人。”这里的“著名”和“第一流”就是类义词，又比如本惯例中规定，“除非确需在单据中使用，银行对诸如‘迅速’、‘立即’、‘尽快’之类词语将不予

---

〔1〕 王人博、程燎原：《法治论》，山东人民出版社1989年版，第143～145页。

置理。”其中的“迅速”、“立即”、“尽快”就是类义词。再比如，本惯例第36条中规定，“银行对由于天灾、暴动、骚乱、叛乱、战争、恐怖主义行为或任何罢工、停工或其无法控制的任何其他原因导致的营业中断的后果，概不负责。”其中的“天灾、暴动、骚乱、叛乱、战争、恐怖主义行为”、“任何罢工”、“停工”等即为类义词。[1]

最后，国际贸易法律语言的模糊是客观存在的，面对模糊的法律语言，执法者要更加清醒、更加严格，执法不能模糊。

3.3.2 从立法语言的历时比较分析法律语言的精确性和模糊性

本书主要以《跟单信用证统一惯例》为主要版本，笔者拥有它的最早版本直到最后的一个文本。笔者在对国际贸易法律文本进行分析时发现，法律语言的精确性和模糊性是普遍存在于每个文本之中的，而且法律语言的模糊性和精确性还是可以互相转化的，即：在某一时期的模糊语言，经过了很长一段时间的社会实践活动，就会变成精确的语言，也就是说，它的模糊性由精确性所替代，或者精确性由模糊性所替代，这是一对相互对立又统一的矛盾统一体。朱晓芳在她的《小议UCP600的修改》一文中对UCP 600中出现的模糊语言现象进行了描述。[2]如在这八个《跟单信用证统一惯例》中的早期几个版本中，“对开征审单实践中‘合理时间’没有明确的界定和规定；在UCP222号出版物和UCP290号出版物中均没有规定天数。到

〔1〕 蔡鸳鸯：“浅析信用证审单标准”，载《法制与社会》2008年第6期，第108～109页。

〔2〕 朱晓芳：“小议UCP600的修改”，载《法制社会》2007年第9期。

了 UCP500 最终规定了一个最长的时间，是 7 个营业日”。到了 UCP600 中将“合理时间”改为了“最多为收单翌日起第 5 个工作日”。早期的版本对“单据处理的天数”的时间规定上，采用的是模糊语言，但经过很长时间的贸易实践，发现没有对时间明确的界定，将会给操作者带来诸多不便，同时，也容易由此而产生纠纷，到了 UCP500 就对“单据处理的天数”规定了具体而准确的天数，即 5 个工作日。到了 UCP600，又进一步精确了这一概念，变为“7 个营业日”。这里面有两个变化：一个是“5”变成了“7”，另一个变化是“工作日”变成了“营业日”。“5”和“7”属于数字的范畴，“工作日”和“营业日”是有区别的。“工作”比“营业”的范围要广，概念比较宽泛，不确定，意义表达不明确，具有模糊的概念，经常使人们在实际操作中产生很多摩擦，出现纠纷后，提请法院裁决。又如陈近隆在他的《新的“跟单信用证统一惯例”UCP500 答问》中指出：UCP500 中使用了“about”“circa”或“approximately”，它们的中文意思都是“大概”的意思，只要看到信用证中有上述词组，可按有 10% 增减幅度掌握。语言的模糊性也同样让我们感到了它的魅力和独特的表达方式。

再如：陈黔在所著的“新旧《跟单信用证统一惯例》的比较分析”一文中写道：“‘关于合格单据’，UCP600 新规则建立了新的审单标准，值得受益人密切关注，即单内一致、单单一致、单证一致，还明确了审核单据的依据是信用证，单据本身以及国际标准银行实务中，由于不少银行提出的不符是单证之间的内容不完全一样，甚至格式的不同，因此国际商会再次通过本条款明确并不要求单据内容与信用证的规定或其他单据完全统一，只要不互相抵触即可，其具体措辞从最初的‘consistency（一致性）’到‘ont contradiction（不矛盾）’，再到如今的‘not conflict（不冲突）’的变化，大大减少了不必要的误解。”[1]梅清豪的《跟单信用证统一惯例的新发展》一文中[2]就词汇方面的修改是这样描述的：“对日期条款明确规定：‘从(from)’将包括所述日期，而‘以后（after)’不包括所述日期。这种规定遭到英国银行委员会的竭力反对。英国认为从英词的含义看，‘from’与‘after’完全一样，例如，‘见票后一天’，‘I day from sight’或‘I day after sight’，但按UCP400的解释，如果开立为当天的下班时，‘I day after sight ’则是指第二天。但是，由于英国与英联邦各国是资本主义国家中最后采用《跟单信用证统一惯例》的国家，欧洲其他国家对英国的这一修改建议持否定态度，英国无奈只得致函各国银行委员会，建议到英国的信用证不用‘from’一词。在UCP500的修改稿中，国际商会银行委员会采取实事求是的态度，接受英国建议，把‘from’与‘after ’视作同一含义，即不包括所述日期。”[3]

再如：张明洲所著的“《跟单信用证统一惯例》的重要变动及其对当事人的影响”一文中指出，在UCP500中使用了模糊语言“合理小心”，到了UCP600删除了这种弹性条款，改成了：“单据中内容的描述不必与信用证、信用证对该项单据的描述以及国际标准银行实务完全一致，但不得与该项单据中的内容、

[1] 陈黔：“新旧《跟单信用证统一惯例》的比较分析”，载《上海商业》2007年第9期。

[2] 乐琴、王艳燕：“法律语言的模糊性及翻译策略”，载《今日南国》2009年第2期。

[3] 梅清豪：“UCP500——《跟单信用证统一惯例》的变化与发展”，载《机电国际市场》1994年第10期。

其他规定的单据或信用证相冲突"[1][2]。在笔者对这些文献进行归纳整理时，还发现一个立法语言所有的现象，现引用周汉民的《国际商会对"290 版本"征询问题的决定》一文中的一个例子来说明这个特点，即：文字描述可以对应具体的数字：如，一旦信用证使用了"迅速（prompt）"、"立即（immediately）"、"尽速（as soon as possible）"的类似词语，银行均可把它们当做"发出信用证通知之日起 30 天内装运。"这一特点也是区别于普通老百姓语言的，是法律语言特定的表达形式之一。[3]

3.3.3 法律语言词汇中体现的精确性和模糊性

国际贸易法律文本的使用语言是英语，因此，在分析词法词汇中的精确性和模糊性问题时，肯定离不开对法律英语的研究，结合到本课题的研究，笔者的研究重点也就是国际贸易法律英语。

3.3.3.1 英文文本词汇中体现出来的精确性

国际贸易法律英文文本中使用的语言，即国际贸易法律英语是一种具有规约性的语言的分支，自身有其独特的语言风格，而其中最重要、最本质的特点就是它的准确性。根据严格解释原则，在适用国际贸易法律时，书面文字是法官解释法律文件的唯一依据，作为一个国际贸易法律文本，在任何情况下国际贸易法律语言的使用必须具有权威性和严肃性，它的表达方式应该是把准确性作为基本准则和要求的。正是由于这种准确性，

---

〔1〕 张明洲："《跟单信用证统一惯例》的重要变动及其对当事人的影响"，载《福建信息技术教育》2007 年第 4 期。

〔2〕 第 14 条 d 款。

〔3〕 周汉民："国际商会对'290 版本'征询问题的决定"，载《国际商务研究》1982 年第 3 期。

从而使国际贸易法律具备了“说一不二”的权威性，也才使得国际贸易法律对它所规范的内容和领域有了绝对的保障，由此可以让国际贸易法律的效力充分地发挥。国际贸易法律语言的用词造句是十分准确的，国际贸易法律语言是立法语言中较少运用描绘性形容词，同时其对表示程度、范围、时间等副词的使用及其严格，用的数量极少，有的国际贸易法规通篇没有发现一处使用了上述词语，这主要是为了避免不必要的歧义。国际贸易法律文本所要阐明的主要就是权利和义务，为了维护国际贸易法律的尊严，不至于产生语义上的分歧而发生纠纷，一词一句都应力求无懈可击。为了确保国际贸易法律条文的准确性，国际贸易法律语言中代词的使用非常谨慎，尽可能少用代词。如果要确切说明是“什么”、“谁”等，则大多重复使用名词而不用代词。例如：《联合国国际货物销售合同公约》第 59 条，“买方必须按合同和本公约规定的日期或从合同和本公约可以确定的日期支付价款，而无需卖方提出任何要求或办理任何手续”，在这句话中“合同和本公约”重复了两次，但是并没有使用代词。又如第 16 条规定，“如果合同被宣告无效，而货物又有时价，要求损害赔偿的一方，如果没有根据第 75 条规定进行购买或转卖，则可以取得合同规定的价格和宣告合同无效时的时价之间的差额以及按照第 74 条规定可以取得的任何其他损害赔偿。但是，如果要求损害赔偿的一方在接收货物之后宣告合同无效，则适用接收货物时的时价，而不是用宣告无效的时价。”在这个条款中“要求损害赔偿的一方”使用了两次，完全可以用代词，但是却没有使用。“宣告合同无效”使用了 3 次，在一般情况下也是可以用代词来代表的，但是，为了显示国际贸易法律语言的准确性，该条款宁肯多次重复使用名词，也绝不随便使用代词。总之，在国际贸易法律英文文本中应尽量多用名词，少用代词。一切法律、行政法规和地方法规都不得同宪法相抵触（No law or administrative or local rules and regulations shall contravene the constitution.）。这则条款中的情态动词 shall 就使用得非常准确。“Shall”在国际贸易法律英语中表示当事人的义务或必须遵守的法规或程序，带有指令性和强制性，同时也体现法律文件的权威性和约束性。“Shall”通常译为“应、应当”，而“Shall”的否定式“shall not”则翻译为“不得”。又如，《跟单信用证统一惯例（UCP600）》第 1 条中规定：“本惯例对一切有关当事人均具有约束力”。再比如《联合国国际货物销售合同公约》第 26 条规定为，“宣告合同无效的声明，必须向另一方当事人发出通知，方始有效。”又如第 80 条中规定“一方当事人因其行为或不行为而使得另一方当事人不履行义务时，不得声称该另一方当事人不履行义务。”这些条款都是带有指令和强制性的，必须是准确无误的。国际贸易法律文本所要阐明的就是权利和义务，为了维护国际贸易法律的尊严，不至于产生语义上的分歧而发生纠纷，一词一句都应力求无懈可击。某一民间借款协议中写道：“I will pay back in a year.”这种表达方式在法律英语中绝不能出现，因为它可能使双方当事人对“in”产生不同理解，一方认为是“within”之意（在……之内），另一方则认为是“after”之意（在……这后）。

而国际贸易法律英语中的用词必须绝对准确无误，如《欧共体条约》第 189 条规定：“In accordance with the provisions of this treaty, the council and the commission shall make regulations, issue directives, take decisions, make recommendations and deliver opinions. It shall be binding in its entirely and directly applicable to all member states.（理事会和委员会应按照本条约的规定制定条例、发布指令、做出决定、提供建议或意见。条例具有一般适用性，它具有完全的效力并直接适用于所有成员国。)”在该条文中，“entirely”，“directly”，“all”三个词语进一步说明了该条例的一般适用性，使表达更加严密准确。为了确保国际贸易法律条文的准确性，国际贸易法律英语中代词的使用非常谨慎，尽可能少用。如果要确切说明是“谁”，“什么”，大多重复使用名词而不用代词。“Where all the parties to a maritime dispute are aliens stateless persons, foreign enterprises or organizations and have agreed in writing to be subject to the jurisdiction of a maritime court of the People's Republic of China, not withstanding that the place that is actually related to the dispute is not within the territory of the People's Republic of China, the said maritime court of the People's Republic of China shall have jurisdiction of the dispute.”该例中“the People's Republic of China”重复了3次，为了避免歧义，该条例的英语专家们宁愿不厌其烦地多次重复，以达到立法者在遣词造句上的严谨、细心和经得起推敲。国际贸易法律条文中还常用“the said”（上述的）来注明某一名词，上文中已经提及，还有“he said”在此的含义相当于“this”或“the”，是古词，以提高语体的准确程度。

3.3.3.2 国际贸易法律文本中的模糊词语

国际贸易法律语言的模糊性，是指某些国际贸易法律条文或国际贸易法律表述在语义上不能确指，即内涵无定指，外延不确定。

一般用于涉及国际贸易法律事实的性质、范围、程度、数量无法明确的情况。如表示程度的术语有：appropriate, take appropriate action（采取适当的行动），怎样才是适当的行动？reasonable time（合理的时间），什么时候才是合理时间？这种不能精确表达的词句，在人类的思维中经常起着重要的作用，在国际贸易法律英文文本中也经常出现，如："more than，less than，not more than"等，但这与准确性并不矛盾。之所以使用含义模糊的词汇或表达方式，是为了让意思表达更充分、完整，给执行国际贸易法律留下足够的空间，以进退自如。视具体情况而定，国际贸易法律文献无法把每一种可能都列举出来。国际贸易法律英文文本中含义模糊的词汇或表达方式是为了让意思更充分而"故意"使用的，它完全不同于意思含混。如下例："Whoever conceals，destroys or unlawfully opens another person's letter，thereby infringing upon the citizen's right to freedom of correspondence，if the circumstances are serious，shall be sentenced to fixed－term imprisonment of not more than one year or criminal detention. 隐匿、毁弃或者非法开拆他人信件，侵犯公民通信自由权利，情节严重的，处一年以下有期徒刑或者拘役。""serious（严重的）"严重到什么程度，没有说明，这里用的就是模糊的表达方式。如：UCP500 第五章杂项第 39 条规定信用证金额、数量与单价的伸缩度中第 1 条规定：凡"约"、"近似"、"大约"或类似意义的词语用于信用证金额或信用证所列的数量或单价时，应解释为有关金额或数量或单价不超过 10% 的增减幅度。从这一点可以看出，汉语的词汇在 UCP 中明确了它的数量，找到了词和量的对应关系，使语言真正达到了精确化和专业化的程度。本文将对国际贸易法律语言的精确与模糊性进行重点分析。潜藏于法律人思想中的依法治国理念要求法律必须具有确定性和完备性，这就要求作为国际贸易法律规范建构手段与表达形式的国际贸易法律语言具备逻辑上的精确严密以及形式上的简明凝练，从而满足国际贸易法律判决的体系化需要。[1]然而，国际贸易法律语言的这种高度逻辑性及完全形式化的特征在现实中不能完全实现，由于国际贸易法律实践的复杂，国际贸易法律语言的模糊性是难以避免的。笔者将探讨国际贸易法律模糊语言的现象，包括模糊语义的相关理论，国际贸易法律语言中模糊现象产生的原因（如国际贸易法律语言本身的特点决定其具有模糊性，国际贸易法律规范的抽象概括与生活事实的复杂多样之间存在着矛盾，决定了国际贸易法律规则的表述必须具有抽象性和概括性，国际贸易法律规范的相对稳定与生活事实的变化发展之间存在着矛盾，决定了国际贸易法律规则的表述必须具有适应性），国际贸易法律语言中模糊现象的适用范围，国际贸易法律模糊语言的积极作用与消极作用，以及国际贸易法律模糊语言的弊端及怎样消除法律语言的模糊性。[2]作为立法语言，尽量使用哪些手段，比如，在 UCP 中给术语下的定义，单义词和多义词的选择，尽量选择单义词。如在 UCP500 第四章单据第 20 条对出单人的模糊用语中的第 1 款要求：不应使用诸如“当地的”、“有资格的”、“正式的”、“独立的”、“第一流的”、“著名的”、“合格的”，以及类似的词语来描述信用证项下应提交单据的出单人。另外，在 eUCP 中，“交单地点（place for presentation）”指一个“电子地址”。再比如，在 UCP500 中，“单证相符（compliance）”与“单单一致（con-

---

〔1〕 熊德米：“模糊性法律语言的认知与翻译”，载《重庆三峡学院学报》2008 年第 2 期，第 59～61 页。

〔2〕 乐琴、王艳燕：“法律语言的模糊性及翻译策略”，载《今日南国》2009 年第 2 期。

sistency)”的含义是截然不同的：“单证相符”是指所提交的单据符合信用证条款的要求，同时也符合 UCP 中适用于这些单据的规定。“单单一致”是在把一份单据上注明的有关信息（如重量、尺码、唛头）与另一份规定的单据的信息相比较时产生的。无论信用证或个别单据是否要求显示这些信息，这项原则都适用。又如，UCP600 在条款用语上体现了通俗化、简练化的特点，尤其删改了易造成误解的用语和表述，如：“合理时间（reasonable time)”条款的删除。关于 5% 溢短装条款的变化，UCP600 将以前版本的“about 5%”修订为“not to exceed 5%（不超过 5%)”，这样既消除了误解，又与关于 about 的规定相统一。由此可见，国际贸易法律文本中大量存在着词汇的精确表达和模糊词义的现象。对此问题应给予高度重视，以免造成歧义，给贸易实践带来不必要的麻烦。[1]

3.3.4 英文文本句法中体现出的精确性和模糊性

既然在国际贸易法律文本中存在着精确性和模糊性的问题，那么为了更好地了解句法中的精确性和模糊性问题，我们必须掌握国际贸易法律英文本中的句法特点。下面笔者将对文本中常用的几个英语句型做一分析和归纳，以全面把握其句法特点。[2]

3.3.4.1 国际贸易法律英文文本中的句法特点

为了更好地体现国际贸易法律语言的准确性，笔者对大量

---

〔1〕 杨绍江：“论 WTO 法律文本语言的准确性与模糊性”，载《政治与法律》2008 年第 6 期。

〔2〕 石伟伟：“法律英语的模糊性及其翻译”，载《经济与法》2008 年第 8 期，第 131 ~133 页。

文本进行深入研究发现，国际贸易法律文本中的句子结构与普通的句子结构存在着差异，主要表现在以下几个方面：

1. 使用条件句。在国际贸易法律文本中，“if（如果）”、“unless（除非）”等词引导的条件状语从句被大量使用。强调条件，也就是强调了客观事实，这充分体现了国际贸易法律语言具有精确性。如《1974 年约克—安特卫普规则》第 10 条规定，“在某一缔约国正在建造或已建造完毕的船舶不应在另一缔约国登记，除非前缔约国已签发证书，表明依据第 5 条登记的权利已撤销或船舶登记之日该种权利将被撤销。”其中“除非前缔约国已签发证书”为条件句，从而明确了一个缔约国在另一个缔约国登记的条件。又如，《国际商会托收统一规则》第 19 款中规定，“In respect of documentary collection, partial payments will only be accepted if specifically authorized in the collection instruction. However, unless otherwise instructed, the presenting bank will release the documents to the drawee only after full payment has been received, and the presenting bank will not be responsible for any consequence arising out of any delay in the delivery of documents.”中文意思是：“在跟单托收中，只有在托收指示有特别授权的情况下，才能接受分期付款。然而，除非另有指示，提示行只能在全部货款已收妥后才能将单据交付给付款人。”其中的“只有在托收指示有特别授权的情况下”和“除非另有指示”都是条件句。

又如，《跟单信用证统一惯例（UCP600）》第 14 条规定：“A transport document may be issued by any party other than a carrier, owner, master or charterer provided that the transport document meets the requirements of articles 19, 20, 21, 22, 23 or 24 of these rules.”其中的“provided that”引导的是一个条件状语从句，说明“假如运输单据能够满足本惯例第19、20、21、22、23或24条的要求，则运输单据可以由承运人、船东、船长或租船人以外的任何一方出具。”

再如《联合国国际货物销售合同公约》中第46款规定，“If the goods do not conform with the contract, the buyer may require the seller to remedy the lack of conformity by repair, unless this is unreasonable having regard to all the circumstances.”其中If引导的条件状语从句明确了：如果货物不符合合同，买方可以要求卖方对合同不符合的地方做出补救。

以上这些条件句的使用，使得当事人在某种具体情况或条件下的权利义务进一步明确化和具体化，充分表明国际贸易法律文本具有准确性的特点。

2. 使用被动语态。在国际贸易法律文本中被动语态的使用也是有的，虽然法律英语中多用主动语态，但也不排除被动语态。经笔者统计，在《联合国国际货物销售合同公约》原文10款条文中被动语态出现了105处之多；我国的《合同法》共346句，而被动语态占了156句之多，被动语态所占比例为45%。下面举几个句子说明。

如《联合国国际货物销售合同公约》第101条规定，“The denunciation takes effect on the first day of the month following the expiration of twelve months after the notification is received by the depositary. Where a longer period for the denunciation to take effect is specified in the notification, the denunciation takes effect upon the expiration of such longer period after the notification is received by the depositary.”在这一个条款中被动语态竟然出现了3处。国际贸

易法律文本中大量使用被动语态体现了国际贸易法律语言的准确性特征。

3. 使用复杂的句式。《联合国国际货物销售合同公约》第65条规定，“如果买方应根据合同规定订明货物的形状、大小或其他特征，而他在议定的日期或在收到卖方的要求后一段合理时间内没有订明这些规格，则卖方在不损害其可能享有的任何其他权利的情况下，可以依照他所知的买方的要求，自己订明规格。(If under the contract the buyer is to specify the form, measurement or other features of the goods and he fails to make such specification either on the date agreed upon or within a reasonable time after receipt of a request from the seller, the seller may, without prejudice to any other rights he may have, make the specification himself in accordance with the requirements of the buyer that may be known to him.)”本条款只有一句话，但是却包含了74个单词，首先用“if”引导了一个条件状语从句，对主句进行了限制，使用条件句对句中名词（measurement or other features of the goods）进行限制的现象在国际贸易法律文本中也比较普遍的。本句包括了条件从句、定语从句和非谓语动词的大量使用。这种复杂句式的使用可以使概念更加精确、表达更加严密和无懈可击，同时还能够充分体现出国际贸易法律文本的严谨性和准确性特征。使用这种复杂句，可以更加明确买方要求的货物规格更具体化。

4. 使用大量陈述句。国际贸易法律语言涉及句式比较多，其法律条文的陈述越客观，越能体现其确定性。如：《国际商会托收统一规则》第26条规定，“All advices of information from the collecting bank to the bank from which the collection instruction was received, must bear appropriate details including, in all cases, the

latter bank's reference as stated in the collection in struction.（代收行对向其发出托收指示的银行给予的所有通知和信息必须要有相应的详情，在任何情况下都应包括后者在托收指示中列明的银行业务编号。）”又如，“The collecting bank must send without delay advice of acceptance to the bank from which the collection instruction was received.（代收行必须无延误地对向其发出托收指示的银行寄送承兑通知）”；再如，《跟单信用证统一惯例（UCP600）》第2条规定，“Banking day means a day on which a bank is regularly open at the place at which an act subject to these rules is to be performed.（银行日意指银行在其营业地正常营业，按照本惯例行事的行为得以在银行履行的日子。）”“Beneficiary means the party in whose favour a credit is issued.（受益人意指信用证中受益一方。）”再如，第33条：“A bank has no obligation to accept a presentation outside of its banking hours.（银行在其营业时间外接受交单的免责。）”以上条款采用了比较客观的陈述句式，明确界定了“银行日”、“受益人”和“银行接受交单免责的时间”等概念，体现了国际贸易法律语言的准确性。

据笔者统计，在《跟单信用证统一惯例（UCP600）》中陈述句的使用率达80%以上。可见，国际贸易法律文本中的陈述句使用量是非常巨大的，从而显示出了国际贸易法律文本语言的精确性和肯定性，也显示出了法律语言所包含的公正性特点。

3.3.4.2 英文文本句法中体现出的精确性

国际贸易法律所涉及的内容主要有：国际惯例、国际公约、条约、国内法律、国际贸易法规、国际贸易司法解释、国际贸易判决书、国际贸易裁决书、国际贸易协议、国际贸易法学概念等，国际贸易法律的表达工具是语言，语言表述的内容是国际贸易法律，国际贸易法律语言同国际贸易法律互为依存，互相影响，互相依傍。

国际贸易法律文本的制定绝大多数使用语言是英语，国际贸易法律英语（International Trade Legal English）则是以英语共同语为基础，来表达国际贸易法律科学概念、诉讼及非诉讼国际贸易法律事务时所使用的语种或某一语种的部分用语，同时在国际贸易立法和司法等活动中形成和使用的具有国际贸易法律专业特点的语言。作为国际贸易法律的载体，国际贸易法律英语具有法律文本语言的准确性特征。而准确性是国际贸易法律语言的灵魂。准确是指内容表达清楚，用词十分准确，不会产生歧义，能经得起推敲，没有漏洞。国际贸易法律是严肃的，国际贸易法律语言也是非常严肃的。国际贸易法律文书、合同、法条、判决等书面文字，是国际贸易法律事务中重要的文字依据，也必须语意确切，论证必须周密，必须严格遵循准确原则。国际贸易法律的准确性主要体现在法律条文的准确性上，同时国际贸易法律条文的准确性则主要通过词汇和句子的准确性加以保证。

总之，国际贸易法律的内容主要涉及国际贸易法律法规、协议等，为了明确各方当事人的权利和义务，必须保证国际贸易法律语言的精确性，精确性是国际贸易法律语言的灵魂。

3.3.4.3 英文文本句法中体现出的模糊性

从国际贸易立法方面来看，立法者致力于实现国际贸易法律的准确性，但国际贸易法律的模糊性依然无处不在，而且难以消除，国际贸易法律的模糊性贯穿于国际贸易法律实践的每一个环节。国际贸易法律语言主要是在准确性和模糊性中求得平衡点。准确性和模糊性是辩证统一的矛盾统一体，因此，对国际贸易法律语言的模糊性应给予高度重视。

国际贸易法律语言的模糊性是人们运用国际贸易法律语言的结果，但并不全部是人为造成的，即并非全是主观因素，也具有其客观性。国际贸易法律语言模糊性的存在主要有下面几种情况：[1]

(1) 国际贸易立法原则的要求；

(2) 国际贸易语言自身的特点；

(3) 国际贸易交际的局限；

(4) 国际间各国文化的差异；

(5) 其他一些能产生国际贸易法律语言模糊性的因素。

国际贸易法律语言的模糊性表现在国际贸易法律语言的很多方面和诸多层次，例如：词汇、语法、概念、逻辑、文化等内容。因为大多数国际贸易法律文本都是用英文来起草的，要分析国际贸易法律文本中句法方面体现出来的模糊性问题，研究国际贸易法律英文句法的模糊性就显得尤为重要。

使用有限的国际贸易法律语言去承载和传达无限的国际贸易法律信息，如果不使用模糊语言是做不到的。国际贸易法律语言的模糊性是一个非常普遍的现象，这种模糊性是指某些国际贸易法律条文或国际贸易法律表述的语义不确定，同时国际贸易法的类属边界和状态也不确定，另外，涉及国际贸易法律事实的性质、范围、程度和数量也无法明确。

国际贸易法律模糊语言则是指内涵不确定，同时外延也无明确指向的国际贸易法律语言。这种国际贸易法律模糊语言出现的根源是由于客观事物本身存在着模糊性以及人们对客观事物认识的不确定。

---

〔1〕 高现伟：“法律英语词汇的模糊性及其汉译策略”，载《怀化学院学报》2008 年第 5 期，第 103～105 页。

客观事物本身还存在着模糊性，这一现象既是自然的又是普遍的。模糊语义所表示的并不是模糊的客观事物或现象，而是这些事物和现象在人们头脑中的模糊反映。人类具有非常发达的思维能力，但是用于表达这种思维的语言却是相对很有限的，所以，国际贸易法律文本语言中的某些词汇部分和语法结构所传达的语义也具有了模糊性。具体到国际贸易方面，因为国际贸易实践活动纷繁复杂，瞬息万变，国际贸易法律文本中句子体现出的模糊性也是比较突出的。[1]

国际贸易法律文本语言的模糊性，能够十分有效地弥补精确性国际贸易法律语言的不足。在特定的国际贸易法律语境条件下，有意识地、正确地使用模糊性国际贸易法律语言，可以增强国际贸易法律语言表述的严谨性和逻辑性，可使表意严密，防止漏洞的产生，使有限的词语传递尽可能多的信息，从而增强语言的概括性和收缩性，提高语言的信息量，给使用国际贸易法律的人们提供更大的想象和发挥空间，同时也使这些国际贸易法律条文有更多的回旋余地。

另外，国际贸易法律语言上的模糊具有不分明、不清楚和不确定等含义。国际贸易法律语言上的模糊性和准确性是一对矛盾统一体，准确中有模糊，模糊中又有准确。有些国际贸易法律文本的立法者或者是法官们，对一些条款的具体实施及其运作或对案件中的某个具体行为把握不准的时候，常常会采用一些模糊不清的词或短语。可以肯定地说，一般使用模糊语言都是带有某种动机的，有礼貌上的，也有不愿意明确表示自己观点和态度的，更多的情况是为了让自己处于进退自如和能攻

---

〔1〕 卢秋帆:“法律语言的模糊性分析”，载《法学评论》2010年第2期。

能守的地位。

国际贸易法律模糊语言所拥有的语言魅力不但可以应付复杂多变的国际贸易法律现象，而且可以使国际贸易法律语言达到它应该达到的目的。[1]

比如，《跟单信用证统一惯例（UCP600）》第39条规定，“The fact that credit is not stated to be transferable shall not affect the right of the beneficiary to assign any proceeds to which it may be or may become entitled under the credit, in accordance with the provisions of applicable law.（信用证未表明可转让，并不影响受益人根据所适用的法律规定，将其在该信用证项下有权获得的款项让渡与他人的权利。）”此句中的“the provisions of applicable law（所适用的法律规定）”就是模糊语句，因此，此句所说的“法律规定”就不是特定的，也是不确切的，那么，整句话就是一个模糊句子。

第38条中的D款规定，“倘若信用证允许分批付款或分批装运，信用证可以被部分地转让给一个以上的第二受益人。（A credit may be transferred in parnet to more than one second beneficiary provided partial drawing or shipments are allowed.）”其中的“被部分地转让”和“一个以上”都属于模糊用语，被部分转让的数量没有指明，概念比较宽泛。

第8条D款规定，“如开证行授权或要求另一家银行对信用证加具保兑，而该银行不准备照办时，它必须不延误地告知开证行并仍可通知此未经加具保兑的信用证。（If a bank is authorized or requested by the issuing bank to confirm a credit but is not

---

〔1〕卢秋帆：“法律语言的模糊性分析”，载《法学评论》2010年第2期。

prepared to do so, it must inform the issuing bank without delay and may advise the credit without confirmation.)"[1]此句中的“不延误地（without delay)”就是模糊用语，没有了具体时间，从而给银行足够的时间去满足告知开证行的义务，只要不延误即可。

“通过通知信用证或修改，通知行即表明其认为信用证或修改的表面真实性得到满足，且通知准确地反映了所收到的信用证或修改的条款及条件。（By advising the credit or amendment, the advising bank signifies that it has satisfied itself as to the apparent authenticity of the credit or amendment and that the advice accurately reflects the terms and conditions of the credit or amendment received.)”其中的“表面真实性得到满足（it has satisfied itself as to the apparent authenticity)”和“准确地（accurately)”以及“条件（conditions)”，这三个短语都是模糊语言。因为，“表面真实性得到满足”并没有具体说明满足哪些表面的真实性，如果为了精确考虑，就要列明满足哪些方面的真实性。另外一个从句中的“准确地”也没表达清楚，还有“条件”两个字的内涵也不清楚。

“第16条（C）款中要求的通知必须以电讯方式发出，或者，如果不可能以电讯方式通知时，则以其他快捷方式通知，但不得迟于提示单据日期第二天起第五个银行工作日终了。(The notice required in sub-article (c) must be given by telecommunication or, if that is not possible, by other expeditious means no later than the close of the fifth banking day following the day of presentation.)”此句中的“以其他快捷方式通知”，还有“不得迟于提

〔1〕杜金榜：“从法律语言的模糊性到司法结果的确定性”，载《现代外语》2001年第3期，第307~309页。

示单据日”均为模糊短语，这里的模糊用语给了当事人很大的操作空间和宽泛的时间。

“银行对任何单据的形式、充分性、准确性、内容真实性、虚假性或法律效力，或对单据中规定或添加的一般或特殊条件，概不负责。(A bank assumes no liability or responsibility for the form, sufficiency, accuracy, genuineness, falsification or legal effect of any document, or for the general or particular conditions stipulated in a document or superimposed thereon;)”整个句子总共有八处模糊用语，即：“任何单据（any document）”、“充分性（sufficiency）”、“准确性（accuracy）”、“内容真实性（genuineness）”、“虚假性（falsification）”、“法律效力（legal）”、“一般（general）”、“特殊条件（particular conditions）”。

伍铁平在其《模糊语言学》中给语言的模糊性作出了解释：语言的模糊性是指语言界限的不确定性，如上述例子中所列，这些词汇都没有非常明显的界限。语言的模糊性反映在语言的语音、语意、句法、词汇和篇章等方面。伍铁平还指出：“模糊是指其界限不是泾渭分明地确定好了的类别。”通过以上例子可以得出结论：模糊性就是人们对于事物类属边界和性质状态方面的认识，也可以称作“中介过渡性”。模糊性也是语言的本质特征之一。国际贸易法律语言中广泛地存在着模糊性，国际贸易法律文本的句子中也大量存在着模糊语句。在具体操作时一定要认真分析，很好地把握这些模糊语句的内涵和外延，以免引起不必要的麻烦。[1]

---

〔1〕伍铁平：《模糊语言学》，上海外语教育出版社 1999 年版，第 132～133 页。

3.3.5 文本对模糊用语的有意使用

适当地使用模糊词语可以使语义更准确、精当，还可以确保国际贸易法律语言的周密性和严谨性，同时又增强了语言表达的灵活性，从而提高语言的表达效率。国际贸易立法中如何正确判断什么时候、什么场合必须表达精确的信息，何时何地使用模糊用语？笔者通过研究发现，可以用语境来掌控。模糊语言怎么用？把它放在语境中来把握即可。语境就是用来把握模糊度的最好标尺。

经过对国际贸易法律文本的研究和总结发现，国际贸易法律界人士通常在以下五种情形下使用模糊语言：

（1）不想把自己的立场和观点明确地表示出来时。如："请在10天之内将款付清，不然就有必要采取适当的行动。(Unless this account is paid within next ten days, it will be necessary to take appropriate action.)" 此句中的"采取适当的行动（take appropriate action)"是模糊词语，它代表的意义就是"采取诉讼的方式解决问题（start legal proceedings 或 bring suit)"，可是国际贸易法律界人士并没有这样写，主要是他们考虑到话不能说得太死或太肯定，那样还为时太早。[1]

（2）当需要表示礼貌和对他人的尊重时。

（3）当需要给自己一些空间，而不把自己的手脚捆绑住时。

（4）劝导对方时。

（5）缺少具体信息时。

在《反非公正竞争法》中，就是使用了这样的词句："非公

〔1〕 邱实：《法律语言》，中国展望出版社1989年版，第1~2页。

正竞争方法（unfair methods of competition）”，可是究竟什么样的方法才算得上是“非公正竞争”，在此也没有给出十分明确的定义。美国联邦贸易委员会之所以这样来制定法律，也是为了自己争取更多的主动。

在《美国统一商法（UCC）》中也可以发现这样的词语：“合理时间（reasonable time）”，这种词语在UCP各个文本中都可以找到，那么，这个“合理时间”究竟有多长呢？在文本中并没有指明，同时也不给十分肯定的答案。

再如，《国际商会托收统一规则》第5条中规定，“提示是表示银行按照指示使单据对付款人发生有效用的程序”。这里的“有效用”就是模糊词语，这句话就是对付款人的一个保护。也就是说，这份提单只要付款人可以提货，则付款人就去银行付款给受益人，否则，付款人就可以找借口不付款，因为这份提单对他没有效用，他不能提货。

《国际商会托收统一规则》第12条中规定，“如果发现任何单据有短缺或非托收指示所列，银行必须以电讯方式，如电讯不可能时，以其他快捷的方式通知从其收到指示的一方，不得延误”。这其中的“以其他快捷的方式”就是运用了模糊语言。这里使用了模糊语言只能是对银行有利，扩大了银行可以采用的通讯方式，给工作带来便利。

在国际贸易法律文本中适当地使用模糊语言对国际贸易实践十分有利，关键是要把握好这个度。上述情况下采用模糊表达可以起到积极和良好的作用，也可以更好地促进国际贸易的发展，提高效率和灵活度，但一定要把握好模糊语言的真实含义。

3.4 国际贸易法律文本的语言文化特点

语言与文化有着密切的联系，语言与文化都与法律有关。语言深深地打上了文化的烙印，甚至有学者认为语言本身就是一种社会文化系统，主宰着人类的发展模式。国际贸易法律语言的发展，从某种意义上讲就是一部法律文化史，研究国际贸易法律语言，很有必要从国际贸易法律文化的角度分析特定语境下人们的思维方式和国际贸易法律知识。[1]法律也有自己的文化，我们通常称之为法律文化。

3.4.1 什么是文化

文化不是虚的东西，需要传承和传播。论语记载："文而化之，文质彬彬然后君子"。我认为"质"是"体"，是本质，也是性德。这个性是要通过长期的人类生活对经验的捕捉和体会的总结。然后，形成文字和表述。尽量地描述性的体性和性质。所以，"质"和"文"要相辅相成。这个质要通过一定的文字来表现。

文化之于人类社会意义重大，文化是人类文明进步的伟大结晶，也是推动人类社会前进的巨大动力，文化是维系国家统一和民族团结的精神纽带。但对于文化的内涵与概念，人们却是众说纷纭。到目前为止，学术界还没有统一公认的文化定义。英国学者威廉斯曾指出，"文化"一词是英语语言中最复杂的词汇之一。康德在其 1790 年的《判断力批判》中区分了"人的幸

---

〔1〕 卢秋帆："基于分型理论视角的河南文化产业发展研究"，载《中州学刊》2011 年第 5 期。

福”与“人的文化”，并在此基础上提出了自己的文化定义：“在一个有理性的存在者那里，产生一种达到任何自行抉择的目的能力，从而也就是产生一种使一个存在者自由地抉择其目的之能力的就是文化”。黑格尔对文化的理解与康德基本一致，他认为人类的特性体现于精神领域中，而精神形态发展的每一个阶段都有自己的特点形式，可以称之为文化，“文化是一种行而上的东西”，“任何一类的东西能够归属于文化的领域……就是属于思想的形式”。一般来说，学者认为、文化分为广义文化和狭义文化。广义上的文化是指人类社会在其发展过程中所创造出来的全部物质财富和精神财富的总和，包括人类社会的所有物质活动和精神活动过程及其创造物，涉及人类社会生活的方方面面。这种文化包含三类，物质文化、制度文化和精神文化。狭义文化观认为文化是指在一定物质生产方式基础上发展起来的，相对于经济和政治而言的社会精神生活领域，主要指观念和精神领域的社会现象，包括社会意识形态及与之相适应的社会现象，如社会教育、科学、文学、哲学、道德、法律、宗教及思想、信念、意志等。

文化就是“一个复杂的整体，包括知识、信仰、艺术、道德、法律、习俗以及作为社会成员的个人而获得的任何能力和习惯”[1]。

3.4.2 语言与文化的关系

语言和文化关系密切，语言本身就是一种文化现象，它体现着语言使用者的习惯和信念。语言的萌芽是人类创造文化的开端，

---

〔1〕 黄力之：《先进文化论》，上海三联书店2002年版，第8页。

语言的发展从根本上看是人类文化发展的结果，尽管语言有自身的发展规律。人类学家爱德华·萨王尔就非常精辟地概括了语言和文化之间的关系，“我们不得不相信语言是人类极古老的遗产，不管一切语言形式在历史上是否都是从一个单一的根本形式萌芽的。人类的其他文化遗产，即便是钻木取火或打制石器的技艺，是不是比语言更为古老些，都值得怀疑。我倒是相信，语言甚至比物质文化的最低级发展还早；在语言这种表达意义的工具形成以前，那些文化发展事实上不见得是一定可能的。”“语言也不脱离文化而存在，就是说，不能脱离社会流传下来的、决定我们生活面貌的风俗和信仰的总体。”从文化角度分析，任何一种语言都是它所属文化的载体，语言与文化之间有着不可分割的关系。而我们所指的文化，不仅仅指表面的文化现象，各个民族文化的差别更多的是深层次的逻辑思维方法、信念、世界观等抽象的思想差别，人们表达思想最常用的方法是借助语言，包括书面语、口语或肢体语言，语言是表达感情最恰当的工具和渠道，文化上的差别决定着语言表达的差异，而语言结构、语义组织的差异也影响和反映着各个民族文化的差异。

由于历史、地理、经济、宗教、气候、政体及其他错综复杂的原因，不同的民族形成了千差万别的文化，不同的文化形成了自己独特的体系。语言与文化的密切联系，在缺乏文化背景的情形下，对语言的理解就难以透彻。对国际贸易法律语言的理解也必须深入考察各国各民族的国际贸易法律文化。

文化是人类生活经验的总结，也是自从有人类以来对自身的体会，对生活的体会。然后用语言和文字这种形式将它记载下来，并通过各种各样的形式把文化传承下来。文化不是谈虚说妙，而是经济生活中难以割舍的东西。文化的传承给人民带来了许多实际的利益。要传承文化就需要语言做载体。

因此，我认为语言与文化的关系应该是：语言是文化的载体，文化是语言的内涵。

3.5 国际贸易法律文本语言的规范化和通俗化

3.5.1 语言的规范化

语言的规范化是指人们之间使用规范的词汇、规范的语法以及规范的文字进行沟通和交流。

语言是交流的工具，规范的语言能够保证人们交流的畅通。语言的规范化一般体现在以下三个方面：

1. 文字的规范。文字的使用应尽量遵守国家有关规定。没有错别字、错用词是语言规范最基本的要求。文字规范还包括标点符号的规范。

2. 词汇的规范。在语言中，词汇没有语音、语法好规范，语言要在发展变化中去规范，在规范的约束下发展。语言工作者应在调查研究的基础上，掌握大量的语言事实，进而从理论和实践的结合上加以论证，制定出符合实际的词汇规范标准。

3. 语法的规范。语法是在长期的语言实践中成长起来的，语法是比较稳定的语言要素，它要求人们在实际运用中要遵循传统，不能轻易地在这方面标新立异。若允许人们随心所欲地运用语法变异、不规范地使用语法，在大众媒体的推动下这些变异就会蔓延开来，致使不规范的语法代替规范的语法，就会造成语法理论基础和实际运用的混乱。

语言规范化的这三个特点是紧密联系不可分割的，只有使用规范的词汇、语法和文字，才能够保证人们之间的正常交流，不产生歧义和误解。特别是在司法领域里，使用规范化的语言便于提高工作和生活效率，减少诉讼的概率，更好地促进和谐社会的发展。

3.5.2 国际贸易立法语言的规范化

国际贸易立法语言也就是制定国际贸易法律过程中所使用的语言，立法是最重要的法律活动之一，所以国际贸易立法语言也就是国际贸易法律语言的核心，国际贸易立法语言是国际贸易法律活动的正式官方语言，它要传达国际贸易立法者的意图和国际贸易立法目标，由此决定了国际贸易立法语言必须准确、简洁、中性。在这方面，德国著名法学家拉德布鲁赫有个形象的说法，他说道，“法律语言是冷峻的：放弃了每一种情感之声；它是生硬的：放弃了每一个论证；它是简洁的：放弃了每一种学究旨意”[1]。国际贸易立法语言是不带感情色彩的，要使用约定俗成的普通词汇或专业词汇，语言要简略、明白。

3.5.2.1 准确性

国际贸易立法语言是对法律概念、国际贸易法律规则及法律原则的叙述，如何清晰地表达法律的要求与行为模式，就成为国际贸易立法语言首先必须要完成的任务。一个不准确的国际贸易法律表述不仅难以具有美感，甚至连国际贸易立法技术的要求也不可能达到。国际贸易立法语言的准确性可以保证正确地表达国际贸易法律规则。比如，1962 Revision-Uniform Customs and Prac-

---

〔1〕［德］G. 拉德布鲁赫著，米健、朱林译：《法学导论》，中国大百科全书出版社 1997 年版，第 23～24 页。

tice for Documentary Credits（Brochure 222）第42条规定，“银行是没有义务在银行工作时间以外接受提交的单据的。（Banks are under no obligation to accept presentation of documents outside their banking hours.）”这个条款就非常明确地把银行只有在工作时间内接受单据这个义务表述得非常清楚。国际贸易立法语言要求表述界定必须准确，模棱两可就会造成司法中的先天不足；国际贸易立法语言表述的范围要清晰。作为国际贸易法律来说，其规范的时间、地域、事项和人等，要有一定的调整和管理范围，不然就会产生混乱。国际贸易立法语言对权利、义务的规定要完整。国际贸易法律的功能就是通过对有关法律行为中当事人的权利、义务作出规定，进行调整，从而稳定社会秩序。这是国际贸易立法的实质性问题，如果在这方面有了疏漏，国际贸易法律的效能就要大打折扣。

3.5.2.2 严谨性

国际贸易立法语言要严谨周密，在表达上要精确周密、合乎事理逻辑，使用词语要准确妥帖，不仅名实相符而且搭配合理，用于表述同一事物的概念名称统一、前后一致。比如1951 Revision-Uniform Customs and Practice for Commercial Documentary Credits（Brochure 151）第19条规定，“When Sea or Ocean Bills of Lading are required, the following may be accepted:‘Received for Shipment’,‘Alongside’,‘Shipped’or‘On Board’Bill of Lading.”这里使用了“Received for Shipment”、“Alongside”、“Shipped”和“On Board”，这几个词语是对“提单”的限制，规范十分严谨，具有很强的操作性。国际贸易立法语言规范内容要逻辑完整，做到布局合理、结构紧密、层次清楚，防止前后重复或矛盾。《跟单信用证统一惯例（UCP600）》第2条规定，“通知行意指应开证行要求通知信用证的银行”。这一表述对约定的范围、形式、适用条件规定周全严密，不会发生歧义。

3.5.2.3 简明性

国际贸易立法语言应该简约明了，以便让人们理解国际贸易法律的内容，从而遵守国际贸易法律的规定。德国学者魏德士就明确指出，“法律规范的任务是调整人们的行为，因此必须以一般人能够获得最低限度的理解方式表达出来”。[1]因此国际贸易立法语言应该质朴、平易。比如《跟单证信用证统一惯例（UCP600）》第2条规定，“受益人是指在信用证中受益的一方。”第28条规定，“如果保险单据表明其以多份正本出具，所有正本均须提交。”这些国际贸易立法用词质朴、语句平易，没有生僻的词语，能够为一般人所理解。国际贸易立法活动中，往往会出现一些不够严密或有缺陷的语言现象，也就是国际贸易立法语言的失范。其主要表现有以下几种：

（1）语言冲突。语言的矛盾和冲突体现在国际贸易立法活动的各个层面。不同的部门法之间，同一部门的不同法律之间，甚至一部法律之中，由于规范的内容不同，如果不能协调好，语言矛盾冲突就会出现。比如，在有的法律条文中“违法”、“非法”、“错误”就交替使用，界限不清，如“违法拘留或者违法采取限制公民人身自由的行政强制措施的”、“非法拘禁或者以其他方法非法剥夺公民人身自由的”、“对没有犯罪事实或者没有事实证明有犯罪重大嫌疑的人错误拘留的”等，几种表述方法同时存在，就是不规范的用法。

（2）语言逻辑问题。国际贸易立法语言的逻辑性，是语言学

---

〔1〕［德］伯恩·魏德士：《法理学》，吴越、丁小春译，法律出版社2003年版，第90~91页。

与逻辑学共同研究的问题。语言本身就是一种逻辑形式，同时又是逻辑思维的载体，逻辑问题虽然表现为语言物质形态的矛盾，但它的根源往往在于法律逻辑的不正确，不堪推敲的思想导致语言表述的逻辑错误。国际贸易立法活动中语言表述出现的障碍和问题，往往表现为逻辑关系的不明晰、不顺畅。

比如，“中华人民共和国公民有维护祖国的安全、荣誉和利益的义务，不得有危害祖国的安全、荣誉和利益的行为。”这里的“不得有”在逻辑上讲不通，任何公民一旦从事了危害社会或者国家的行为，他就永远“有了”这种行为，国家可以事后制裁他，但却不能改变他实施了这种行为的事实。

再比如，《跟单信用证统一惯例（UCP82）》第 35 条规定，“These terms to be construed as allowing a difference **not to exceed 10% more or less** applicable, according to their place in the instructions or letters of credit, to the amount of the credit, or to the quantity or unit price of the goods.”其中“not to exceed 10% more or less”的中文含义是“不超过 10% 左右”。明显不合数理，逻辑关系的数字只能是确定的一个数，不能再加上“左右”，这样会给读者造成歧义。

（3）语体风格问题。语言风格，就是人们为了适应特定的交际场合和达到某种交际目的时，使自己的语言产生的特殊语言气氛和语言格调。在不同的领域中，由于环境不同，对象不同，作用不同，有着不同的交际用语，就会形成不同的语言风格。

不同语体的语言有着不同的特色。国际贸易法律、国际贸易法令、国际贸易法律文书的语言属于公文语体。公文语体同文艺语体、科技语体、政论语体比较起来有着自身的特点，国际贸易法律主体尤其要重视其特殊的风格。“法律语言最好是确切的、简洁的、冷峻的和不为每一种激情行为所左右的。"[1]只有使用不带感情色彩的中性语言，才能更为确切地表达立法的意旨与规范的内涵。国际贸易法律文本风格问题不是一个孤立的问题，它与国际贸易立法理论的系列性问题密切相关，存在着一定的因果关系。国际贸易立法语言风格误区的具体体现主要是语义抽象及带有感情色彩。

比如，法律规定："一旦发生纠纷，应当本着互谅互让、团结协作的精神协商处理。"这里的"协商处理"是本着一种明晰权利义务关系的理智的法律行为，而"互谅互让、团结协作的精神"则与法律的明辨是非相抵触，要求相互让步以求团结，明显带有口号语言的成分，在一定程度上影响了立法表述的严肃性。

很早以前，我们的祖先就认识到语言规范的重要作用，并有意识地对语言进行规范。国际贸易立法语言的规范化对法律活动的正确开展非常重要。为使国际贸易立法语言规范化，要做到：

1. 用词准确。保证语言的准确是国际贸易法律语言的首要特征，是国际贸易立法语言的第一位要求。因为即使一字之差，也有可能影响到国际贸易法律的正确实施，造成不良后果。所以国际贸易法律语言是非常讲究准确性的，应加强立法语言的规范化建设，做到用词准确。

（1）认真斟酌，寻求最确切的词语。认真推敲就是对词语的锤炼，目的在于从纷繁的词汇里，寻求唯一的、完善的词语来准确表达自己的思想。国际贸易法律定义之所以具有高度的准确性，是许多关键性词语都经过认真推敲、修改更换的结果。比如，"补偿"和"赔偿"看起来类似，但两者的含义、使用的条件大有不同，赔偿是违法行为的结果，而补偿是合法行为的结果。为了找

---

〔1〕 王洁：《法律语言研究》，广东教育出版社1999年版，第2~3页。

到最确切的词语，就要认真辨析词义，特别要注意区别同义词、近义词在含义和用法上的细微差别，比如审问、讯问、询问、发问都有“问”的意思，但在使用中，由于提问人和被提问人的法律地位不同而有着严格的区别。讯问犯罪嫌疑人必须由人民检察院或者公安机关的侦查人员负责进行，讯问的时候，侦查人员不得少于二人。侦查人员询问证人，可以到证人的所在单位或者住处进行，但是必须出示人民检察院或者公安机关的证明文件，在必要的时候，也可以通知证人到人民检察院或者公安机关提供证言，询问证人应当个别进行。

有些近义词，粗看起来差别不大，仔细考究，含义却大不相同。

比如，对犯罪的从宽处罚有“从轻”和“减轻”，对犯罪从严处罚有“从重”和“加重”。“从轻”是在法定刑的限度内判处较轻的刑罚，“减轻”则应当在法定刑以下判处刑罚，“从重”是在法定刑的限度内判处较重的刑罚，“加重”则应当在法定刑以上判处刑罚。这些表面相似而实质不同的词语，使用时必须精心辨析，把词义搞准确，用在适合的地方。〔1〕

（2）用具有确切清晰含义的语言，尽量避免使用模糊词语。语言具有确切义和模糊义两方面的特点。确切义就是指词语概念的内涵和外延非常清晰明确，模糊义就是指词语概念的内涵和外延不够清晰明确。国际贸易法律使用模糊语言，主要是在特定场合，如国际贸易法律原则的使用，以使国际贸易法律规范适应复杂生活的需要。在司法工作中，凡属对国际贸易法律事实、法律行为的叙述说明和对具有法律意义内容的认定，都要清楚确定，不能含混不清，必须使用含有确切义的词语，不

〔1〕 裴显生、杜福磊、赵朝琴等：《法律文书写作教程》，高等教育出版社2006年版，第35～55页。

能使用模糊词语。在办案过程中，凡涉及具有国际贸易法律意义的时间、地点、情节、财物数额等的都必须交代明确的因素，如果含混模糊，整个案情就不会清晰明确，难以准确认定。在立法工作中，要更多地使用确切词语。[1]如果在国际贸易法律条文中不能说得很精确，则需要由有关部门作出补充解释，比如，国际商会出版了《跟单信用证统一惯例》之后，国际商会银行委员会随即出台一些“银行委员会关于 UCP500、UCP400 的意见汇编”，这些银行意见汇编就是对《跟单信用证统一惯例》的一些条款所做的解释。

比如，UCP82 第 14 条规定：“The principal (purchaser) is responsible to the banks for all obligations imposed upon the latter by foreign laws and customs.”其中的“principal”在 UCP151 中变成了“applicant”，因为“applicant”的本意就是“申请人”，而“principal”的本意是“委托人”，这个条款的大意是指“信用证的申请人对于后者国家的法律和惯例也有义务执行”。因此，在本句中使用“applicant”要比使用“principal”更加准确。

2. 表达周密。表达周密也是国际贸易法律语言的主要特色和主要要求之一。表达周密，就是指说明事理时，要注意客观地、全面地、深入地阐明问题的性质、特征，注意区别事物的一般情况和特殊情况，以及某一事物与其他事物的联系等，做到逻辑清晰，没有漏洞。

（1）避免语义出现歧义。国际贸易法律语言的解释是单一的，每个词语，每个句子都只能有一种解释，不能有歧义。如果可以这样解释，也可以那样解释，双方各执一词，就会给认

〔1〕 卢秋帆：“法律语言的模糊性分析”，载《法学评论》2010 年第 2 期。

定和执行带来困难，甚至造成不良后果。比如，我国《合同法》第116条规定，当事人既约定违约金，又约定定金的，一方违约时，对方可以选择适用违约金或者定金条款。这样在违约时，有权选择适用违约金或者定金条款的当事人就限定为了违约方的对方，即守约方。

（2）不能自相矛盾。在国际贸易立法文件中，同一个国际贸易法律概念前后要保持一致，这是正确思维最基本的要求，如果自相矛盾，就不可能有准确的行为模式的界定，当然也就做不到正确的判决。

（3）关键词语，应有必要的限制，避免笼统宽泛。在国际贸易立法中，对于具有国际贸易法律意义的词语，一定要加以必要的限制，写清楚它的具体特征，如果笼统宽泛，含义模糊，就会因认定不一致而引起争执。比如，《公司法》多次使用了高级管理人员、控股股东、实际控制人、关联关系等词语，但什么是高级管理人员、控股股东、实际控制人、关联关系，在学术研究中经常讨论，学界各有见解，如果泛泛使用，就容易出现认定不一致。对此，《公司法》第217条规定，本法下列用语的含义为：①高级管理人员，是指公司的经理、副经理、财务负责人，上市公司董事会秘书和公司章程规定的其他人员。②控股股东，是指其出资额占有限责任公司资本总额50%以上或者其持有的股份占股份有限公司股本总额50%以上的股东；出资额或者持有股份的比例虽然不足50%，但依其出资额或者持有的股份所享有的表决权已足以对股东会、股东大会的决议产生重大影响的股东。③实际控制人，是指虽不是公司的股东，但通过投资关系、协议或者其他安排，能够实际支配公司行为的人。④关联关系，是指公司控股股东、实际控制人、董事、监事、高级管理人员与其直接或者间接控制的企业之间的关系，以及可能导致公司利益转移的其他关系。公司法专门对关键词语加以限定，就保证了含义的准确。

3. 逻辑要严谨周密，不能出现法律漏洞。比如，在人身保险的死亡险实践中，为防止投保人投了死亡险又加害被保险人以谋求保险金，《保险法》就设定了许多措施，其第55条第1款规定，"投保人不得为无民事行为能力人投保以死亡为给付保险金条件的人身保险，保险人也不得承保。在被保险人可以自己作出判断时，要经过被保险人书面同意"，《保险法》第56条规定，"以死亡为给付保险金条件的合同，未经被保险人书面同意并认可保险金额的，合同无效。"但日常生活中，未成年人怎么设保？对此，《保险法》第55条第2款规定，父母为其未成年子女投保的人身保险，不受前款规定限制；但为了防止父母在高额保险金面前也经不住诱惑犯罪，保险法又规定，父母为其未成年子女投保的死亡给付保险金额总和不得超过保险监督管理机构规定的限额。这样既照顾了实践需要，又做到了尽可能的周密。

4. 语言简练。简练就是避免语言繁琐，用最少的文字表达出尽量多的内容。国际贸易法律语言比其他语体的语言更讲究简练。立法机关在制定国际贸易法律时，除了要求准确严密外，还要做到简练，要删繁就简，节约用字。删繁，就是把多余的冗赘的字删去，这是使语言简练的重要手段。许多文学大师都强调语言简练的重要性，比如契诃夫认为，写得好的本领，就是删去写得不好地方的本领。[1]国际贸易法律语言要求简练，

---

〔1〕 季益广："从简明法律语言原则看法律英译"，载《中国科技翻译》2005年第1期。

凡是本身意义明确的，就不必加上多余的词语。

比如，UCP151 第 22 条规定，“When shipment by steamship is required, banks may consider themselves authorized to accept Bill of Lading for shipment by motor vessels or **vice－versa**.”本句中使用了“vice－versa（反之亦然，反过来也是这样）”这个词，这样就省略了几个句子，充分体现了国际贸易法律语言的简练性。

5. 语体庄重。国际贸易立法是重要的行使职权活动，国际贸易法律对国际秩序的建立、人权的保障、法治的运行至关重要，所以，国际贸易法律、国际贸易法令具有高度的严肃性，用词必须注意色彩的庄重，符合公文语体的要求。因为，不同的语体在词语配合方面都有各自不同的特点，正确使用带有语体色彩的词语，不仅可以确切表达自己的思想感情，而且可以制造和表达与内容相适应的语言气氛。国际贸易法律语言的庄重语体，要平易朴实，客观地、科学地如实反映事物情况，不像文艺语言那样铺饰、渲染，更不能用拟人、夸张等特殊修辞手法。国际贸易立法语言需要庄重朴实。要做到语体庄重，就要多使用精确的国际贸易法律术语，不能使用口语或方言土语及生活用语。要完全使用书面语言，特别是规范化的书面语言，这样才能体现国际贸易法律语言的庄重性。

3.5.3 国际贸易司法语言的规范化

3.5.3.1 司法语言

国际贸易司法语言是国际贸易法律语言系统中的一个重要的组成部分，它是指国际贸易执法和司法行为过程中的语言文字的表意系统，也即运用、适用国际贸易法律过程中所使用的语言。国际贸易司法语言相对于国际贸易立法语言来说，动态特征明显，同时又必须符合法定程序的要求，其总体特征表现为：

1. 程序性。程序是国际贸易法律公正的保障，是国际贸易法律行为的生命，国际贸易司法本身就是由程序构成的，国际贸易司法语言的程序性是其天然的属性。国际贸易法定程序中语言如何构成，基本上也是法定的。以诉讼文书为例，它既是推动诉讼活动有序进展的工具，也是诉讼活动的产物，在各项诉讼活动中都需要十分翔实的书面记录，有的属于引起某项诉讼活动的文书凭证，有的属于对诉讼活动的忠实记载，其中不少诉讼文书都具有承前启后的作用，其程序性非常明显。

2. 格式性。格式是指国际贸易司法语言有固定的模式，格式主要是因为执法司法程序中每一段过程都要落实在书面上，即使是口语形态的，多数也必须以文字的形式记录下来。书面的形式，都要有一个基本的格式，这种格式意味着行文的固定性、规定性及行文形式的完整性，不能随意安排表达形式。主要表现在有固定的称谓、固定的事项和固定的用语。

在文书中，当事人的称谓，根据文书的种类、性质，必须严格按照法律规定来写，比如起诉状中的原告、被告，一审刑事判决书中的公诉机关、被告人、辩护人、自诉人等，二审民事判决书中的上诉人、被上诉人、法定代理人、辩护人、抗诉机关等。司法文书中有固定的事项，而且不同文种的事项有不同的规定和要求。比如起诉状中的诉讼请求、事实与理由，对当事人基本情况的介绍，就必须有姓名、性别、年龄、民族、住址、职业的内容。文书的内容有固定的用语。比如，民事起诉状结尾的此致×××人民法院，再比如裁判文书中的案由、案件来源等。

3. 顺序性。国际贸易立法语言表现为静态的文本形式，过程性不明显。而国际贸易司法语言是在运用国际贸易法律，以司法文本为例，先写案件事实，再在案情事实的基础上写处理理由。如判决书的制作，大前提是法律依据，小前提是案情事实，推论是本案事实依据国际贸易法律是否犯罪、犯何罪，结论是法院的判决，充分显示了顺序性的特征。

3.5.3.2 国际贸易司法语言的分类

按其表达的方式，国际贸易司法语言可分为国际贸易司法叙述语言、国际贸易司法说理语言和国际贸易司法说明语言。

1. 司法中的叙述性语言，主要用于叙述案情事实，介绍案情发生、发展的过程及其重要情节，揭示其起因和各种复杂关系等。其最大特色是求实性，即客观地反映案情真相，如实地记叙案情的来龙去脉、发展过程，把因果关系交代清楚。比如行政判决书中关于事实的叙述使用的就是叙述语言，通常法院要求：事实部分应写明当事人行政争议的内容，以及经法院审理确认的事实和证据。这一部分的操作方法是：详细叙述被告实施具体行政行为的行政程序和具体行政行为的主要内容（包括认定的事实、适用的法律规范和处理结果），使需要进行合法性审查的“事实”得到充分展示。如被诉行政行为系非要式行为，可结合被告作出行政行为时的内部报告或庭审中双方认可的结论确定具体行政行为的内容。在被诉具体行政行为得到展示之后，随之需将被告主张被诉具体行政行为合法性的证据一一列举在后。列举的证据应写明证据的名称及内容，写明证据的证明目的（可以按被告举证顺序，归类概括证明目的；也可以根据案情，从法定职权、执法程序、认定事实、适用国际贸易法律等方面，分类列举有关证据和依据；还可以综合列举证据，略写无争议部分）。为体现被告必须在法定期限内向法院提供证据的要求，应当写明被告提供证据的时间。对于经法院批准延期提供证据的，应当予以说明。

2. 司法说理语言，主要用于表述处理理由和处理决定。说理语言在各类国际贸易司法文书中常常运用，要通过事实材料和逻辑的判断、推理来阐明观点。特别是在公诉词、辩护词、判决书中，如何运用好说理语言，是十分重要的。以判决书为例，判决要公正，就必须把事实证据和判处理由阐述清楚。以事实为依据，以法律为准绳，以理服人。法院要求，针对行政诉讼的特点，理由部分要根据查明的事实和有关国际贸易法律、法规和法学理论，就行政主体所作的具体行政行为是否合法、原告的诉讼请求是否有理进行分析论证，阐明判决的理由。

3. 司法说明性语言。说明是指对当事人的基本情况、经历、特征，对事物的形状、性质、特征、成因、关系等所作的说明和解释。文书中对当事人情况的介绍就是说明性语言。法院要求，原告是公民的，写明姓名、性别、出生年月日、民族、籍贯和住址，公民的住址应写住所地，住所地和经常居住地不一致的，写经常居住地。原告是法人的，写明法人的名称和所在地址，并另起一行列项写明法定代表人及其姓名、性别和职务等。原告是不具备法人资格的其他组织的，写明其名称或字号和所在地址，并另起一行写明诉讼代表人及其姓名、性别和职务。原告是个体工商户的，写明业主的姓名、性别、出生年月日、民族、籍贯、住址；起有字号的，在其姓名之后用括号注明“系……（字号）业主”。原告是无诉讼行为能力的公民，除写明原告本人的基本情况外，还应列项写明其法定代理人或指定代理人的姓名、性别、住址，及其与被代理人的关系，并在姓名后括注其与原告的关系。群体诉讼案件，推选或指定诉讼代表人的，在原告身份事项之后写明“原告暨诉讼代表人……”，并写明诉讼代表人的基本情况，格式与原告基本情况相同。如涉及原告人数众多的，可在首部仅列明诉讼代表人基本情况，原告名单及其基本身份情况可列入判决书附录部分。行政判决书中的被告，应写明被诉的行政主体名称、所在地址；另起一行列项写明法定代表人或诉讼代表人姓名、性别和职务；再起一行列写委托代理人的基本事项。有第三人参加诉讼的，第三人列在被告之后，第三人基本情况的写法同上。

3.5.3.3 国际贸易司法语言存在的不规范

1. 语体混杂。政治语体、道德教化语体、新闻语体等，都与司法语体较接近，也易与之相混。不同语体的形成，是它们所承载内容独立的标志。司法语言有独特的功能与内容，应完成自己的法定功能，不能混杂其他语体。比如在一起国际贸易案的审理中，法官在判决书中写道，“希望你们通过此案，今后要吸取教训，重新做人。”这显然加入了教化的色彩成分，削弱了国际贸易司法语言的纯粹性，造成形式与内容的不符，即表达的内容与其应有的语言体式不符。立法语体为表达严谨的法律内容，显示其庄重的风格，在句式上使用长句的频率比较高。而在国际贸易司法活动中，必须对国际贸易法律的行为主体和执行主体作明确的规定，如果在长句中对多层状语和限制性定语使用不当，也容易造成语体的混杂，导致语义不清。[1]

2. 语言异化。在国际贸易司法过程当中，语言异化表现为语言使用的不纯正、不规范，破坏了领域语言的行业属性。比

〔1〕 裴显生、杜福磊、赵朝琴等：《法律文书写作教程》，高等教育出版社2006年版，第35~55页。

如随意简化，滥借滥用，滥用方言语汇、外来语汇，引进混乱，语言格调低俗等，缺乏规范标准。有时语言使用者并非恶意，但长期被污染却极可能会形成恶习，致使语言整体质量下降。我国从20世纪50年代就开始了净化祖国语言的运动，虽然历经时代变迁，但其精神还是传承的，那就是反对语言污染，保持健康纯洁的民族语言。一些网络用语、外来用语，大量出现在口头语言中，如作秀、海选。与传统的语言不同的是，网络语言特别富有“不与众人同”的鲜明个性，网络语言富于主观色彩，随意性强，受传统语法约束小，表现出完全的主观随心所欲。这种主观化的突出表现就是经常出现反常搭配的情况，善于从常用词语中翻出新意，也是网络语言经常使用的手法，另外，许多网友在交流时表现出了强烈的自我意识，为满足自己输出速度或宣泄自己的情感而会自造一些词语，如果这些词语形象贴切或是符合大部分人的心理，可能就会被逐渐接受并广为流传。[1]

还有一些语言污染在现代汉语中也不时可见，但这些语言都存在不规范问题，把这类不雅不规范之词从现代法律活动中清除出去，是实现现代司法对人格尊严和人权的妥帖保护、迈向真正法治的重要步骤。一些口语词、俗语词和方言土语诸如偷东西、打官司、找碴打架等进入法律语体，亦是法律语言异化的重要原因，应转换为相应的书面语言如盗窃、上诉、寻衅滋事等，以保持这个行业语言表达的纯洁度，避免混乱。

3. 语言歧义。国际贸易法律语言最大的特点是要求术语准确，“对法律认知而言，有一个很重要的问题，如果词语内容不

〔1〕 卢秋帆：“我国法律语言教育问题研究”，载《河南省政法管理干部学院学报》2010年第5期。

清晰，词语、句子或文本的含义的准确性就会受到限制"[1]，所以，任何容易引起误解或错案出现的词语都应尽量避免。但实际上，国际贸易法律语言一经使用，必然会受到诸多非语言因素的影响，带有一定的模糊性，甚至出现歧义。而国际贸易法律语言一旦出现歧义，就会给办案人员或法律工作者带来不必要的麻烦，甚至可能影响国际贸易法律的正确运用。

比如，Uniform Regulations for Commercial Documentary Credits 1929 Draft 中："prompt, immediately, as soon as possible, etc. These terms, and others of similar import, are to be interpreted as a request for shipment and presentation of documents within thirty days from the notification to the beneficiary, unless a date has been stipulated." 其中的"prompt"，"immediately"，"as soon as possible"都是"迅速地"的意思，是带有一定模糊性的词汇，因此本条款中的后半句就对其进行了补充说明。说明这个"迅速地"的程度是要根据提单或其他运输单据的指示。后来，到了 UCP290 就不得不将这些模糊不清的词汇全部"套"在一个"套子"里了，这个套子就是"30 天之内"这样一个时间段，既具体化也明确化了。

又如"他搞来了一辆自行车"，句中的动词"搞"是个很关键的词，但它又是个多义词，有多种理解，可以理解为买、偷，也可以理解为借，还可以理解为抢等，这四种行为具有完全不同的法律性质。如果不弄清楚，法律工作者就无法判定行为人所实施的这一法律行为的性质，也就无从适用国际贸易法律。国际贸易法律语言中出现歧义的原因很多，比如术语混用。在国际贸易法律语言中，曾长期将"隐私"与"阴私"混同，

[1] 张明洲："《跟单信用证统一惯例》的重要变动及其对当事人的影响"，载《福建信息技术教育》2007 年第 4 期。

但两词实际上有严格的限定，前者指不愿公开的个人私事，隐私受法律保护；而后者指不可告人的不道德不合法的事。在实践中，“隐私”与“阴私”含义等同使用的现象，会导致公民的隐私权遭到忽视或践踏。

3.5.3.4 国际贸易司法语言的规范化

如何使国际贸易司法语言规范化，即国际贸易司法活动中语言应用的规范，就要着重解决国际贸易法律书面语言中容易出现和存在的问题。

1. 要准确使用国际贸易司法语言。准确无误是“法律语言的生命”，国际贸易立法语言的法律条文，从草拟到修改直至最后经法定程序颁布于世，经过多道程序，语言的使用一般是不会发生错误的。但在国际贸易司法语言中，司法文书每天都要制作，有时一天就要制作多份，情况就很不相同，语言的使用往往注意不够，容易出现错误，这都直接影响司法文书的规范性。司法文书语言使用容易出现的错误主要有以下情况：一是因字义相同或相近而误用，最主要的是同义词的误用。例如，“二”和“两”。“二”和“两”都是数词，表达的意思是一样的，但用法不同，不能互相代替。如“二只手”、“第两次”等，都是错用。三是乱用简化字，有的司法工作人员因为案卷多，为节省时间，加快书写速度就乱用简化字，比如将“另”与“零”通用，“零”表示无或整数后边有零头，“另”指另外、别的、以外，二者不可混用。还有的杜撰简化字，把“国”简化为“口”，等等。司法实践中还有更多类似的问题。这不仅影响法律语言的规范化，而且会产生歧义。[1]

---

〔1〕 潘庆云：《跨世纪的中国法律语言》，华东理工大学出版社1997年版，第56～57页。

2. 要正确运用语序。汉语里的词语都有一定的语序，每个词语在句子里都有一定的位置，表达一定的关系，语序不同，语意随之也跟着变化。语序是一种重要的修辞手段，在国际贸易法律语言里，语序的安排更应该予以足够的重视。如果稍有不慎，就会影响国际贸易法律实施的准确性。比如，法条规定，“为了犯罪准备工具、制造条件的，是犯罪预备。对于预备犯，可以比照既遂犯从轻、减轻处罚或者免除处罚。”此时，根据处罚的轻重，将从轻、减轻处罚或者免除处罚按顺序列举，便于适用。检察机关在提起公诉时，如果被告人是多数，就要按照他们在犯罪中所起的作用和所承担责任的轻重来排列。

3. 要正确运用修辞。国际贸易司法语言中的修辞根据国际贸易法律题旨情境的需要，选择、配置最佳语言形式，提高表达国际贸易法律含义的准确性，并借以增强表达效果。国际贸易司法语言的修辞要符合汉语的基本表达规律，要符合法律规范、语体规范。司法语言与其他语言不同的是有众多的特殊专业词汇及特殊的结构方式。但是国际贸易司法语言没有独立于语言之外的基本词汇和语法规则。其组词造句都必须遵循民族共同语的规则，在词语、句式的选择和使用上都必须符合民族共同语的规范，而且必须符合事理逻辑。国际贸易司法语言中的修辞还要符合法律规范，是指选词要符合国际贸易法律规定，尤其对国际贸易法律语言的选用必须与国际贸易法律规定一致。〔1〕

4. 国际贸易司法语言中的修辞要符合语体规范，切合语体。不同语体是运用不同的语言材料和表达手段形成的各具一定特

〔1〕 卢秋帆：“法律语言与现代法治文化”，载《河南司法警官职业学院学报》2009 年第 2 期。

点的语言综合体系。人们在不同领域中进行交际时，一般都应遵循相应的语体规范。国际贸易法律文书属于公文语体，公文语体以实用为目的，准确性、简明性、庄重性、平实性、程式化等是其最显著的特点。因此，国际贸易法律修辞选用词语以规范的书面语为主，词语要符合司法的惯例，使用术语要准确，使用模糊词语要得当。公文语体以通俗明晰为目标，语言必须是质朴平实，不能刻意追求语言的艺术效果，也不能使用感情色彩明显的词语。司法职责要求针对个案理性地理解、执行国际贸易法律，做出公正的裁决，其阐述并不要求有强烈的感情色彩。国际贸易司法只是对于具体国际贸易司法行为作出国际贸易法律上的评判，表现为对证据严密的逻辑分析，以认定事实、准确地理解适用国际贸易法律，通过国际贸易司法人员的理性追求社会的公正，这也要求国际贸易法律文书中尽可能地抛弃作为普通人的情感，增强作为国际贸易法律工作者的法律理性。

3.5.4 国际贸易法律文本语言的通俗化

语言的通俗化是指采用大众能够理解和接受的语言来表达和沟通。

无论自然科学、社会科学还是人文科学，都或多或少地存在着自己的专业术语，这些术语只有这个领域的专家才能解释明白。但语言从根本上讲是大众的，教育部、国家语委主持制定《第一批异形词整理表》时所依据的三条原则中第一条即是通用性原则，也说明通俗用词的重要性。所谓通俗，就是从读者的认知水平出发，用群众所熟悉的、喜闻乐见的语言形式来写作，这样，才能避免广大群众因对文章内容的理解所带来的困惑或不便。要通俗，就要朴实，要贴近实际、贴近生活、贴近群众，善于运用群众语言，汲取群众语言中的精华。著名作家赵树理在《语言小谈》中说得好："从群众的'话海'中汲取了丰富的养料，再经过我们充分的加工，把我们的语言锻炼得要说什么就能恰如其分地把什么说清楚，也就是能把自己要传达的思想感情百分之百地传达给读者，我们学习语言的目的就算达到了。人民群众的语言是丰富生动的。"〔1〕法律语言也是如此，但法律的生命在于实施，让大众百姓了解法，这就涉及法律语言的专业化与通俗化问题。"法律是一个国家制定的人们行为的规范和行为准则，是对允许做什么和不允许做什么的严格规定。其所使用的语言理应高度严谨、庄重、准确、明晰。为人们所理解和明了，以便于遵守执行。即使由于种种原因而不理解、不明了，或明知故犯，而受到处罚时，也懂得责罚有据，有法可依。因此，我主张立法的语言应在保持立法语言的严谨、庄重的前提下，力求做到通俗易懂、明晰畅达。而不应是通篇法言法语、生硬难懂，令人看过之后感到晦涩费解，望而生畏。"〔2〕法律语言的通俗化运动其实随着法律人士作为特权阶层活动的被批判在国外早已展开，"自 20 世纪 70 年代末期以降，英国等发达国家自民间开始发起了一场'简明英语运动'，这场方兴未艾的运动倡导使用'像水晶般明澈的语言'，其矛头所指是包括法律语言在内的所有的'冗繁费解'的行业性、专门性的语言。1993 年 Lawrence 所著《法官的语言》一书将简明

〔1〕 寿山松、王琦："新闻语言的时代感与通俗性"，载《新闻前哨》2003 年第 12 期，第 43 页。

〔2〕 宁致远：《法律文书与法律语言探微》，中国政法大学出版社 2003 年版，第 11 ~ 15 页。

国际贸易法律语言运动称为‘向法律语言发动的战争（The War Against Legal Language）’。这场战争的具体表现形式，有通过向决策机构施加实际压力的激烈的方式，也有学院派的法律语言机构以研究促进法律语言改革的温和方式。运动倡导者的主要理由是，几百年的传统造就的晦涩难懂的国际贸易法律语言，对律师来讲几乎都难以理解，更何况普通老百姓；简明国际贸易法律语言的运用会增进社会公众对国际贸易法律的理解，并提高国际间执法和公民守法的效率。”〔1〕

国际贸易法律语言的通俗化是指国际贸易法律条文尽量用大众语言来表达。

国际贸易法律语言的通俗化首先面临的就是通俗化与专业化问题。在国际贸易法律的通俗化与专门化之间，国际贸易立法者应作何种选择？有的学者建议我国民法典采用德国法系的模式，认为德国法的特点是着重法律的逻辑性和体系性，尽管这样的法典是为法官和律师准备的，不是为普通百姓准备的，但其突出的优点是易于保证裁判的公正性和统一性。有的学者提出不同意见，认为可以对德国民法典有借鉴，但决不能因其体系完整、严谨而照搬德国民法典的立法技术风格，而应以简明易懂为基本风格。国际贸易法律的通俗化、本土化及明了化，是现代国际贸易法律建设的基石，不应只为了概念体系的精确完整而舍弃其大众化目标，不应完全套用大陆法系民法中的术语。“我认为，国际贸易法律有自身的内在结构，需要用专门的、特定的词汇表述，其中的许多用语与日常用语的用法有很大的区别，在一些情况下，离开了这些特定的词汇，就难以准

〔1〕 卢秋帆：“我国法律语言规范化的思考”，载《河南省社会科学》2010 年第 3 期。

确地表达国际贸易法律的本意，难以保证裁判的统一和公正，也给世界法律界的对话、交流带来了困难。当然，国际贸易立法者不应有意把国际贸易法律搞得晦涩难懂，但也不应为通俗而影响法律的准确性。在具体国际贸易立法工作中，在通俗化与专门化的选择上，应在不影响法律表述准确的前提下，使国际贸易法律尽量通俗。同时，应注意国际贸易立法中不能使用口语，要避免把报告、讲话中的一些语言写到国际贸易法律中。”笔者也认为，通俗化与专业化要平衡好，要在保证法律语言准确性的基础上进行通俗化建设，也就是在必需使用专业词汇的时候，不能因为要追求通俗化而以口语、大众语等代替，在能够通俗化的时候不能故弄玄虚，使人难以理解，国际贸易法律语言要在两者之间进行平衡。UCP151 中第 4 条规定：“银行有权要求信用证里的受益人的名字作为发运人或背书人出现在提单上。（Banks have the right to require that the name of the beneficiary of the credit appears on the Bill of Lading as shipper or endorser.）”这里的“Bill of Lading”和“Beneficiary”都是专有名词，但是诸如“名字”、“出现”和“有权”等就是比较通俗的语言。[1]

可以说《跟单信用证统一惯例》是一部比较好的进行了国际贸易法律语言专业化与通俗化结合的国际贸易法律。正如有位学者所说，“非通俗化的法律语言的确在法律人外部精确地分配着利益、在法律人内部降低着交易成本，但这并非意味着‘通俗化运动’不值得提倡。恰恰相反，笔者坚定主张国际贸易法律语言应该尽可能地做到简明；大凡过时的、冗繁的、没有

〔1〕 Bell, Roger T., *translation and Translating*, *Theory and Practice*, Longman Group U.K. Limited, 1983, pp. 31 ~ 32.

实质国际贸易法律意义上的差别的生僻词汇和风格，理应抛弃；国际贸易法律语言的通俗化值得提倡，但此种运动应该有恰当的界限。这个界限就是：以不损及国际贸易法律的准确性为前提。”〔1〕

3.5.5 国际贸易法律文本语言的专业化

国际贸易法律语言的专业化，是指国际贸易法律条文要用专门术语来表达。

国际贸易法律语言的专业性是非常强的，专业词汇的使用也是它的一个特点。必须对这些法律条文中出现的专业词汇准确理解，否则，就会导致理解失误、甚至引起不必要的争端或分歧。比如：

“Customs Territory”（这是 WTO 条款中的一个词组）这个词语以前被翻译为“关税领土”，其实，这样翻译是不太合适的，而应该理解和翻译为“关税区”。因为，WTO 是一个全球性经济贸易组织，它的成员国可以是国家或单独关税区，比如，我国的香港、澳门和台湾等地区都是 WTO 的单独关税区成员。

国际贸易法律文本的语言主要是英语，在这些众多的国际贸易法律文本中也有大量的外来语、缩略语以及一些固定搭配等。国际贸易法律语言的专业性很强，掌握国际贸易法律语言的难度很大，甚至对母语为英语的人来说，国际贸易法律语言也如同一门外语，因为它既需要懂专业英语，又要懂国际贸易法律。就语言本身而言，掌握国际贸易法律语言难的原因之一是：国际贸易法律语言有一套相对完整、充分体现国际贸易法律专业的专业词汇。这些词汇有两类：一类是只能在国际贸易法律语言中使用的

---

〔1〕 陈东、巢志雄：“论诈欺和欺诈——兼议法律语言的通俗化”，载《学术研究》2005 年第 8 期，第 72 页。

专门法律术语，在其他场合是不使用的。如：alibi（不在犯罪现场的证据），bail（保释），appeal（上诉），due diligence（恪尽职守），judicial system（司法系统），tort（侵权），plaintiff（起诉人，原告）等。对国际贸易法律英语不了解或知之甚少的人，肯定会在阅读国际贸易法律文献时困难重重。另一类是含有国际贸易法律意义的普通词汇，这些词我们并不陌生，但这些普通词汇被用于国际贸易法律文件里，已不再是普通人理解的通常意义，而是属于国际贸易法律范畴的，意思和其原义大相径庭。如下面的一些常用词语，在国际贸易法律文件里只有法律专业人士才清楚：action（诉讼），avoid（取消），counterpart（副本），civil death（剥夺政治权利），negligence（过失），serve（送达），party（当事人），plead（向法庭陈述案情），satisfaction（补偿）等。为了使国际贸易法律语言更具权威性，排斥多义与歧义，这些普通词汇在这里有了更为明确的概念意义。[1]

3.6 本章小结

本章主要讲述的是国际贸易法律文本的语言特点，法律语言的一般特点主要有：准确性、规范性、严谨性、周密性、简明性、庄重性、正式性、模糊性和通俗性等。笔者就法律语言的模糊性和精确性进行了深入的研究和论证，反复对比，从国际贸易法律文本的历时变迁中找到一些模糊性和精确性的特点，总结出它们的使用规律，模糊性和精确性的关系是一对矛盾统一体，它们是

---

〔1〕 陈庆柏：《涉外经济法律英语》，法律出版社2007年版，第692~696页。

相互转化的。最后一节，笔者又从国际贸易法律文本的语言文化特点入手，分析其特点主要在于它的通俗化、规范化和专业化，并主要以《跟单信用证统一惯例》为例作为这些特点的佐证。这些研究成果对从事国际贸易法律的实践者、国际贸易的商人和对国际贸易具有立法权的机构或者个人，以及对推动国际贸易活动和国际贸易法律实践都具有很高的参考价值。

4 国际贸易法律汉译文本的语言研究

国际贸易法律文本的原文都是英文版的，这就涉及英译汉的问题。《跟单信用证统一惯例》的几个英文版本，全都是由国际商会中国国家委员会（ICC CHINA）组织翻译的，体现了它的统一性和权威性。当然，其中也不乏误译和错译的地方，但总的来讲，还是体现了原文精神的，而且也体现了国际贸易法律的规范性、严谨性、公正性、准确性等特性。这些中文译本是指导我国对外贸易实践和银行业务的理论文献和法律依据，对我国发展国际贸易非常有帮助。因此笔者认为有必要专门对国际贸易法律汉译本语言方面的问题做一下探讨。

4.1 国际贸易法律文本语言的国际化和民族化

国际贸易法律文本语言的国际化是指国际贸易法律文本的使用范围可以扩大到整个国际社会，即，世界各国在进行国际经济和贸易时，将使用国际贸易法律文本上规定的内容进行裁决。如目前的国际贸易法律文本使用的语言都是英语。

国际贸易法律文本是国际贸易活动使用的法律规范，国际贸易是全世界共同参与的国际性贸易活动，而参与的商人和银行又各自代表着自己的国家和利益，毋庸置疑，这些国际贸易法律文本又必须适合各个国家的国情，也就是有各国的可操作性，是共性和个性的统一。国际贸易法律文本语言的国际化和民族化是辩证统一的。[1]

4.1.1 国际贸易法律文本语言的国际化

笔者研究发现，几乎百分之百的国际贸易法律文本都是用英语起草的，但是，在国际贸易法律文本中却大量存在着外来语，如：拉丁语、拉丁语同源语、法语和德语。产生这种现象的原因主要是因为罗马法和大陆蛮族的法典都是用拉丁文写成的，还有教会法对盎格鲁—撒克逊法典的形成产生了不小的影响。另外，将近四个世纪，英国的法律文本和司法诉讼一直使用拉丁语，直到乔治二世统治时期（1727～1760）才开始禁止使用。后来在"诺曼征服"之后，威廉公爵强制使用诺曼－法兰西语言作为法

---

〔1〕卢秋帆："电子商务与税收管理权冲突问题研究"，载《时代经贸》2007年8月。

庭和王室法院的语言，可以肯定地说在英国的历史上又有了长达近两百年的“真正的法律法语时期”。18 世纪早期即爱德华三世时期，英国还在国际贸易法律文本中使用盎格鲁 - 诺曼语，直到 1733 年才被完全废除。可见，国际贸易法律文本一开始施行，就受到了西方国家，特别是欧美国家的拥护，而这些国家的经济都是比较发达的，可以对世界各国起到引领作用，而当时的世界也正是需要有一个统一的，作为全世界各国都可以接受的并愿意执行的国际贸易法律文本，因此，国际贸易法律文本从它诞生的那天起就已经具有了国际性。这一点笔者从大量的国际贸易法律文本中找到了答案，即，在国际贸易法律文本语言中外来语被广泛地采用。国际贸易法律文本，如，本文主要研究的版本——《跟单信用证统一惯例》已被世界上一百六十多个国家和地区采用，它的国际化程度非常高。

1. 实现国际贸易法律文本语言的国际化需要社会条件。实践证明，一个在世界上没有巨大影响力的国家是谈不上国际化的，而只能被国际化所淹没，国际贸易法律文本使用的语言是英语，而说英语的国家主要是欧美和大洋洲等比较发达的资本主义国家，他们目前还是这个世界的主宰，当然，世界的格局也正向着多极化发展，可是，目前美国的霸主地位依然无人可以替代。美国和英国的国语是英语，目前，英语几乎成为了世界统一语。英国在第二次世界大战之前被人们称作“日不落帝国”，它的殖民地遍布全球。所以，国际贸易法律语言的文本从出版到现在大多采用英语也是可以理解的。同时，笔者认为这也是国际贸易法律文本语言国际化的一个必要条件。[1]

---

〔1〕 吴玲娣：“法律英语用词特点的观察与分析”，载《宁波大学学报（人文科学版）》1999 年第 4 期。

2. 实现国际贸易法律文本语言国际化有客观需求。为了发展本国经济，国与国之间需要互通有无，要和其他国家进行贸易往来，各国之间的经济交往越来越频繁。发生贸易关系的第一步就必须签合同，随之而来的问题就是合同的语言采用哪国的，再接下来就是如果出现了贸易纠纷怎么解决，依照哪个国家的法律来处理纠纷。如果双方都站在自己的立场上，坚持用自己本国的语言，就会僵持不下，合同也就会付之东流，其导致的结果不是双赢，而是不欢而散，两败俱伤，也不能促进本国经济的发展，因此，必须选择一国的语言或者是世界公认的语言。目前，全世界公认的国际贸易法律文本采用的语言是英语，然而，普通日常英语与国际贸易法律英语有着天壤之别。对此进行深入研究，为世界人民更好地从事国际贸易交流和国际贸易活动服务，是当前国际形势的客观要求。

3. 实现国际贸易法律文本语言国际化有一定语言基础。要实现国际贸易法律文本语言的国际化，英语作为它的语言基础还是很有优势的。据统计，目前世界上使用最多的语言就是英语，而且英语也是联合国的工作语言之一，我们现在使用的许多国际贸易法律和惯例都是由联合国的下属分支机构起草的。从目前世界各地兴起的英语热可见，英语的国际化程度很高，没有任何一个国家的语言可以替代英语。从地球分布来看，北美洲的美国和加拿大的国语就是英语，虽说加拿大也有部分地区在使用法语，但是还是使用英语的人比较多，南半球的两个主要大国都讲英语。英语在欧洲畅通无阻，法国和德国坚持自己的民族语言，但在这两个国家用英语交流没有任何障碍。另外，还有一些曾经被英国占领的殖民地，如在我国香港特别行政区，居民的英语水平普遍高于大陆和台湾等使用汉语的居民。有类似情况的地区在世界各地还有很多，这就成了国际贸易法律文本国际化的一个条件，即：语言条件。

4.1.2 国际贸易法律文本语言的民族化

国际贸易法律文本语言的民族化是指国际贸易法律文本语言是带有各国特色的、能够被各国人民所理解的、符合各国人民生活习惯和文化特点的并且与各国的民族文化相融合的，同时也十分尊重各国的民族习惯和生活特点的。这是有利于各国参与国际经济和世界贸易活动的。

国际贸易法律文本的语言是英语，而不是汉语，国际贸易法律文本是一个全球范围内的共同的国际贸易准则和规范，这也是它的共性所在。但是任何事物都具有共性和个性，国际贸易法律文本的共性是它的国际化问题，而它的个性就是它的民族性问题，民族化和国际化是一对矛盾的统一体，只有处理好它们的关系才能真正使国际贸易法律为我所用，使我国在对外进行国际交往和国际贸易中游刃有余，不出现任何偏差和失误。

4.1.2.1 语言的民族化概述

在辞海中，“民族”就是具有共同语言、地域、经济生活及其表现于文化上的共同心理素质的稳定共同体，是人们在一定历史发展阶段形成的。语言的民族性是因为地理、气候、人文等诸多因素的自然积淀、无意折射，是一种刻意的追求和展示，民族化是一个带有政治色彩的概念，强调语言民族化富有意义。

语言的民族化与文化的民族化息息相关，语言民族化是文化民族化的一种折射。回顾一个多世纪以来中国历史上的几次文化转型及文化重建，中国文化始终在中西文化的冲突、反思、融合中变革、发展和更新。邓小平理论真正突破了简单化的中西两极对立的思维方式，强调东西方文化在与当代中国国情结合的基础上，全方位相互渗透、补充和融合，尤其要重视文化现代化过程中的“中国化”和“民族化”问题。“中国化”、“民族化”的提出与强调，表明邓小平理论开拓了马克思主义发展观，而语言的“民族化”、“中国化”就是追求语言在表达、表现生活时的民族形式、内容及民族欣赏和审美情趣，也就是对民族精神的追求，语言的民族化是为了保持和发扬本民族的优秀文化传统，弘扬民族文化精神。实际上，语言民族化的过程就是努力开发和体现民族精神、民族性内涵的语言创造过程。在近一个世纪的社会建设与发展中，随着时代的变迁与推进，我国人们的生活方式、风俗习惯、价值观念、社会生活形态都发生了深刻的变化或转型，但无论时代、社会生活怎样变化，那些铭刻着我们民族精神的独特品质、内涵、底蕴却在我们的语言文化创造中留下了深深的烙印。21 世纪以来，我们不可避免地进入了一个更为复杂的“全球化”世界格局之中，我们也强烈地感受到我们民族的语言文化受到了越来越强烈的世界文化冲击。如何在当前的文化背景下，正确、科学地理解语言的“民族化”，关系着中国语言文化发展的未来。在思考语言“民族化”的时候，通常会有这样两方面认识上的取向，一是有意拒斥西方语言文化精神的进入，以保持本民族语言文化自身的“纯度”，二是更多更广泛地参与到“全球化”潮涌中，不理智地消除不同民族语言文化内质上的根本差异，这两者都存在着理解和认识上的偏颇和狭隘。[1] 民族性、民族精神体现了民族语言的命运和一个民族的精神走向，我们应该确立新的、清醒而积极的民族语言观，并努力发掘我们民族语言丰厚的文化

〔1〕 蒙启红：“法律语言学学科建设的思考”，载《哈尔滨商业大学学报（社会科学版）》2009 年第 2 期，第 120～122 页。

底蕴，我们希望民族语言文化能够真正成为世界文化主体的一部分。“越是民族的就越是世界的”，通过自己的语言文化实践，超越西化和民族化的二元对立，解决民族化和现代化、世界化的矛盾，把握好民族精神与外来文化的辩证互动关系，关注这个多元的时代，就能创造出新的、现代的、世界性的民族语言文化。语言的民族性与世界性既不能等同，也不能截然分开，二者是互相联系又互相区别的一对矛盾的两个方面。一方面，要始终保持语言本民族的独特个性。如果全人类仅拥有一种世界性的语言样式、语言风格甚至表现内容，各民族语言都将失去本民族的特色，这也是人类社会的悲哀。世界语言文化的繁荣要求必须保持各民族语言的个性，语言的民族性本身也不是一种样式，而是百花齐放的。另一方面，保持语言的民族性不能无视其他民族的语言文化精华，吸收其他民族的精华也不是将民族个性消除。面对各民族语言的发展，应不断吸收他民族语言的精华，以完善和发展本民族语言，在世界的大舞台上，民族性才有意义，离开这个舞台不仅其语言的民族性将失去光彩，语言的世界性也不复存在。中西融合是为了吸收其他民族文化之营养，这种吸收和借鉴绝不是外表的摹仿、复制、克隆，而是为我所用，用以滋养我们的语言文化，发展我们自身的民族语言。我们今天吸收、借鉴其他民族语言文化的精华，必须明确其促进本民族语言发展的目的。随着科学技术的发展，世界变得越来越小，各民族语言的相互交流与影响也越来越多，在不同文化激烈碰撞的过程中，人类对于不同语言文化各自的价值有了更深刻的理解。尤其是第二次世界大战以后，以西方为中心的语言文化观受到普遍质疑，语言文化多元主义逐渐成为主流。民族化是多元化的前提，没有民族化就不存在多元化。不同民族之间对于各自相异的语言文化的内在价值，必须相互尊重。多元就是相异，每个民族都保持自己的语言文化特色才有相异，才有语言文化的多元。[1]因此，未来真正多元的人类语言，是由不同民族与国家各具特色的语言共同构成的有机体，同时人类语言文化的共同价值，需要通过所有民族对本土与异质语言文化共同的尊重才能构建完成。在世界文化走向多元共生的时代，能否保持自己民族的语言传统与民族特色，是一个民族在多元语言文化格局中有无生存空间的关键。我们要在借鉴各国语言优秀成分的基础上，挖掘发挥我国的语言文化特色，显示出中国语言文化的民族精神和个性，这是我们立足于世界语言文化的基础。

民族化就是指在与国际上进行经济和文化交流时，吸取外来文化或技术的先进成果，以丰富、补充中国国内的文化、经济技术，并在这个基础上建设新的经济和文化的过程。

从比较消极的方面来讲，民族化又容易成为一种只是坚持本民族的经济和文化而反对引进和吸收外来经济和文化的一种托词，尽管在各个历史时期这个问题可以有形式上的差异，但是，反对外来经济和文化的渗入，反对民族经济文化的变革，这一观点始终是一致的。

在国际化和民族化发生碰撞和冲突时，正常的、正确的和健全的心态会表现为自尊、自信、自重、谦虚谨慎和乐善好施。这是一个民族最根本的东西，更是那些处在比较落后时期的民族奋发有为、自强不息的基础。历史考验证明，能够真正获得这种健全的民族化心态不是一件容易的事。一个民族吸收外来语言文化的心态往往和这个国家当时所处的国势的强弱分不开，我们曾经

---

〔1〕 李新："英语缩略语简析"，载《国际关系学院学报》2004年第3期。

为“两汉胸襟和盛唐气象”而自豪不已，当时的人们那种睥睨寰宇的豪迈，以坦然之态对外来文化拿来我用，确实令当今的人们羡慕不已。那是一个“胡风大盛”的强盛时代，当时的人们不会计较“华夷之辨”。只是到了国势衰弱，又面临海外入侵的威胁之时，才真切感受到了“被发左衽”之恐怖，也才会面对外来的语言文化产生疑惧之感。

民族化的观念到了二十世纪五六十年代又被再次提出，那么什么是“民族化”所应该达到的标准呢？笔者认为民族化就是将外来的经济语言文化和方法加以引进，同时又加入中国的风格、中国的气派和底蕴。真正的民族化定义十分难下，就是你中有我，我中有你，共性之中存在着个性，而个性中又存在着共性。

4.1.2.2 法律语言的民族化问题分析

法律语言之所以要进行民族化建设，一方面是因为只有进行民族化建设，一国的法律语言才能保持自己的本色，成为法律大家庭的独特一员；另一方面是因为各国法律文化、法律传统不同，只有使用自己的民族化语言，才能更好地满足民族生活的需要。正如学者所说，“在建立和健全社会主义法制的过程中，法律民族化在一定程度上被忽视。然而法律必须民族化。因为如果法律要具有为人民必须遵奉的效力，就不能仅仅是形式上的规范体系，它还必须凝聚民族的文化精神，成为人民内心必须遵守的准则。中国几千年的历史与文化客观地存在于今日之中国。中国之社会、经济、政治、文化与世界各国千差万别，仅仅简单移植世界法律，而不对之加以某种程度的民族化，世界法律对于中国的不适应，或者说中国广大人民群众对世界法律的不适应就会成为必然。”〔1〕

---

〔1〕李忠、钟小惠：“关于法律民族化问题的思考”，载《沧桑》2006年第4期，第35~36页。

4.1.2.3 法律语言民族化建设面临的难题和对策

世界经济的一体化和全球化，各种跨国经济活动、跨国交易的更加普遍，要求规则的一体化，甚至术语的一体化，这样才便于交易贸易的展开。为适应这种需求，各国法律在规则上相互借鉴，在术语上相互通用，出现了法律国际化倾向，推进了法律国际化的进度。比如我国在1999年制订的《合同法》，对于合同的订立，在第13条规定，当事人订立合同，采取要约、承诺方式。该法第14条规定，要约是希望和他人订立合同的意思表示，该意思表示应当符合下列规定：[1]①内容具体确定。②表明经受要约人承诺，要约人即受该意思表示约束。该法第15条规定，要约邀请是希望他人向自己发出要约的意思表示。寄送的价目表、拍卖公告、招标公告、招股说明书、商业广告等为要约邀请。商业广告的内容符合要约规定的，视为要约。第16条规定，要约到达受要约人时生效。采用数据电文形式订立合同，收件人指定特定系统接收数据电文的，该数据电文进入该特定系统的时间，视为到达时间；未指定特定系统的，该数据电文进入收件人的任何系统的首次时间，视为到达时间。第21条规定，承诺是受要约人同意要约的意思表示。第22条规定，承诺应当以通知的方式做出，但根据交易习惯或者要约表明可以通过行为作出承诺的除外。第23条规定，承诺应当在要约确定的期限内到达要约人。要约没有确定承诺期限的，承诺应当依照下列规定到达：①要约以对话方式做出的，应当即时做出承诺，但当事人另有约定的除外；②要约以非对话方式做出的，承诺应当在合理期限内到达。整个合同订立，不仅在规

---

〔1〕 中顾法律网：www.9ask.cn.

则上与联合国国际货物买卖条约保持了一致，而且术语也大量借鉴了条约的用法。这是我国《合同法》适应国际交易需要的表现，但这也使合同法在内容与语言上失去了民族特色。国际贸易法律语言可能倾向于相互借鉴，但在体现一国民族特色的法制领域，学者也指出，“由于我国的法律建设起步较晚，在制定法律过程中参照一些其他国家的法律在所难免，也合情合理，但不宜生吞活剥，食而不化，乃至在语言运用上也是照抄照搬，‘拿来主义’。这就是我说的立法语言应该力求做到民族化和通俗化的意思”[1]。我们要在借鉴的同时保留自己的民族特色。对于如何进行民族化建设，就要在传统文化与现代国情之间进行结合，有学者指出，“法律不能割裂传统，而应继承中国法文化的合理成分。法律民族化的出发点是中国现实的国情，同时也涉及中国历史的发展。中国的现实存在不是一个孤立的现象，而是中国历史发展的一个结果。传统并不是已经过去的死的文化，而是与我们息息相关，仍然在起作用的文化，现代文化就是文化传统在现阶段的存在，所谓现代文化必然是在保存和发扬传统文化中的许多成分中形成的。”“民族化是指将我们所要实现的社会主义法的本质精神及世界先进法律与中国国情相结合，以马克思主义指导立法工作和司法实践，继承中国优秀法文化传统，使中国法律带有中国气派与作风，让公民了解法律，掌握法律。其中要点有两个，一是将国际贸易法律与当代中国之实际相结合；二是将国际贸易法律与时代特征相结合。将法律与当代中国之实际相结合，即依据当代中国之经济、社会实际情况，将法律与之紧密结合起来。”比如，我

---

〔1〕 邱实：《法律语言》，中国展望出版社 1989 年版，第 1 ~2 页。

国为了加大对外贸易的发展，结合国际上通用的国际贸易法律和惯例起草的《中华人民共和国对外贸易法》，与我国的经济体制紧密相连，与我国的文化传统密切相关，在本法的制定中，就大量使用了中国特有的法律语言。这些民族的法律语言是在中国特色社会主义条件下才有的，也只有这种特殊的民族化法律语言才能反映中国的对外贸易法律问题。我国的物权法也应有自己的特色，这种特色就包括法律语言的民族化。只要存在着和国际上的交流，国际化和民族化的矛盾就不会停息，要以正常的语言文化心态，自豪、自信和坦然地面对世界上的所有国家，平等地进行国际贸易，互通有无，互相交流，取长补短，将国际贸易法律文本正确无误地翻译过来，很好地理解它们，并照此国际贸易法律去规范我国的国际贸易实践活动。

4.2 国际贸易法律文本的可译性与不可译性

国际贸易法律文本的可译性是指一种国际贸易法律文本可以用另外一种语言表达出来，这就是翻译的可能性，也叫做可译性。

国际贸易法律文本的不可译性是指不同语言之间存在着各种差异，有的概念按常规翻译是不可能的，但是可以不用原文中现成的词语译出原文的词语，采用意译的方法也可以将原文的含义表达出来，我们称之为不可译性。

尤金·奈达（Eugene Nida）对可译与不可译问题做了更加深入的分析，他指出：“尽管人与人之间的绝对沟通是不可能的，但不管在同一语言区域或是不同语言区域之间，人们之间高度有效的沟通还是可能的，因为人们的思路、身体反应、文化经历和对别人行为方式作出调节的能力都是相似的。”他通过调查又得出这样的结论：“一种语言能说的话在另一种语言中也能相对精确地表达出来。”从而使翻译成为了可能。

虽然以上这些观点都强调了语言的可译性，但是国际贸易法律文本方面的翻译，确实困难重重。笔者在此引用彼得·纽马克（Peter Newmark）的话来说明这一观点：“任何事物在一定程度上都是可译的，但是往往伴随许多困难。”

国际贸易法律文本语言的可译性和不可译性与国际贸易法律文本语言的模糊性和精确性都是矛盾统一体。它们都存在于我们的翻译理论和实践当中。认清这一现实情况，对于我们准确地翻译国际贸易法律文本起着至关重要的作用。[1]

国际贸易法律文本语言是一种非常正式的文体，它具有许多自己独特的风格和特点。比如：用普通词汇表达国际贸易法律方面的意义、使用古旧词汇的现象依然很普遍、大量使用外来语和固定搭配的短语、广泛地使用专业术语、频繁使用比较正式的词汇、故意使用模糊词汇、近义词和同义词并列反复使用来表达单一的国际贸易法律含义、句子结构复杂以及缩略语的频繁使用等，体现法律语言的正式性、精确性、模糊性、庄重性、严肃性、严格性、权威性和专业性等特性。那么到底什么时候是可译的，什么时候是不可译的呢？笔者认为有以下几点可供参考。

1. 翻译国际贸易法律文本时笔者认为应该坚持活译，反对死译。比如，国际贸易法律英文文本中常出现这样重复的同义

---

〔1〕 申秀玲：“浅析国际贸易中信用证（L/C）语言的翻译”，载《科技情报开发与经济》2009 年第 32 期，第 89 ~91 页。

词或近义词：“acknowledge and confess”，译成中文就变成了“供认”，英文中的“acknowledge”和“confess”分别是“认识到”和“承认”的近义词。又如，“customs and usages”译成中文是“惯例”，但是其中“customs”是“习惯”的意思，“usages”也是“习惯用法”的意思，这是两个重复意思的词；又如“cease and desist”译成中文为“制止”，其中“cease”是“停止”的意思，而“desist”也是“停止”的意思；再如，“fixtures and fittings”译成中文为“附属物”，但其中“fixtures”是“设备”的意思，而“fittings”也是“配件和设备”的意思；又如，“full and final”译成中文为“完备的”，这其中的“full”是“完全的”的意思，“final”也是“完整的、到最后的”的意思；再如，“（import）duty and tax”译成中文即“（进口）税捐”，其中的“duty”是“税”的意思，而“tax”也是“税”的意思；又如，“null and void”译成中文即“无效”，其中的“null”是“等于零的”的意思，而“void”也是“空的”的意思；又如，“packing and wrapping（expenses）”译成中文为“包装费”，其中的“packing”是“包装”的意思，而“wrapping”也是“包裹起来”的意思；最后，“use and wont”译成中文即“习惯或惯例”，其中的“use”是“使用”，而“wont”是“惯常的活动”，等等。以上这些例子都是两个相似含义的词重复使用，而翻译成中文后却只取其一个共同的含义，这样就避免了重复，也避免了翻译的僵硬化，不是“死”译，而变成了“活”译。说明当我们遇到与我们文化有冲突时，还是可以找到合适的方法来避免的。

2. 遇到不可译的地方，采用省略的办法。在国际贸易法律文本中为了显示国际贸易法律的高雅华贵、庄重费解性，条款中大量使用古语词，如“hereby，whereafter，whereof，hereto”等词语，其实这些词已失去了它的本意，也不是实义词。笔者认为在翻译时可以完全省略它们，这样做根本不会影响到原文的任何表达。比如，“In witness whereof the undersigned plenipotentiaries，duly authorized，have signed this protocol.”译成中文应为：“下列全权代表经正式授权，已在本议定书上签字，特此为证。”此句中的“whereof”的英文含义为“of the fact that”，这个词的中文含义为“关于那事”，这个词的意思是：“关于那事、关于那人、关于那物”的意思。从上面的例子可以看出，在翻译古英语时，我们完全没有必要将这些古英语翻译成中文的古汉语，那样反而不能够准确地表达原文的真实含义。而且，我们也很难找到对应的古汉语去对应这些古英语词。[1]

因此，当我们遇到国际贸易法律文本的不可译原文时，要采用灵活的战略战术。结合以上例子可以看出，国际贸易法律文本的可译性和不可译性也是一对矛盾，也就是说，在一个地方不可以翻译的文本，换了一种方法或者思路就可以翻译了。随着我国加入WTO，国际贸易活动越来越多，与之相配套的一些法律方面的翻译也随之而来，如国际贸易法律条文的翻译、国际诉讼程序、国际贸易合同的签订、国际法庭的要求、WTO的一些法律和法规的翻译，等等。因此，我们一定要高度重视国际贸易法律文本的可译性与不可译性的研究，这对我们国家的国际贸易大发展具有非常深远的意义。

---

〔1〕 Edwin Gentzler，*Contemporary Translation Theories*，London & New York：Rouledge，1993，pp. 2～5.

4.3 国际贸易法律文本的汉译技巧

自古以来，东西方民族就在思维方式上有着极大的差别。东方民族的思维方式是“整体的”、“辩证的”、“具象的”、“主观的”和“模糊的”；但是西方人的思维方式却是“具体的”、“分析的”、“抽象的”、“客观的”和“精确的”。这两种不同的思维模式对两种语言的影响也是不同的。因此，进行国际贸易法律文本翻译时应注意下列问题：

1. 文本中的名词性从句是翻译的难点。应将其化解为一些简单句来翻译。

2. 模糊词语翻译要采用模糊对等直译的办法。

3. 中西方语言的结构不同，因此，要采用增添和省略的办法来翻译。

4. 法律文本翻译要求既“精确”又“准确”，要想做到这一点，就首先必须做到“信、达、雅”中的“信”，这一点很重要。[1]

5. 英语被动句可以翻译成汉语的主动句，英语的主动句可以翻译成被动句。而且在国际贸易法律文本中往往是将英文的被动语态翻译成汉语的主动语态。

在此引用《英汉法律词典》中的一段话：“由于各国的法律及制度是在本国特定的经济基础和其他条件下产生和发展的，因而一部分法律用语有各自特定的解释，加之长期以来我国翻

---

〔1〕 乐琴、王艳燕：“法律语言的模糊性及翻译策略”，载《今日南国》2009年第115期。

译界在翻译英美法和大陆法时缺乏规范的标准，往往一个用语存在多种译法，这就难免使读者在理解西方国家的法律时产生词义上甚至理论上的混淆。"[1]

4.3.1 《跟单信用证统一惯例》中的翻译问题

纵观国际贸易法律文本的汉文译本之间的变化可见，每个文本都反映当时的政治和经济情况。观察这些不同时期的文本可以发现：文本体现了立法过程当中反映的问题和法律语言方面思想的变迁。就拿《跟单信用证统一惯例》来看，如：在UCP实践中，本来词语"engagement"和"responsibility"分别有"义务"和"责任"的意思，但经过多年的使用，它们已经可以相互替代使用，都可以翻译成"义务或责任"，这是法律文本中的词汇在社会实践中发展变化的特点。

如，UCP400中第27条B款指明："已装船（loading on board）"必须同时具备三要素：①文字说明已经装船或装运于指明船只。②加注装船日期。③提单上有承运人或其代理人的签字或简签。

但是到了UCP500，它的第23条A（2）款则是按以下三种情况来处理的：①提单上预先印好"已装船"文字的，表示货物已经装上船，签单日期就是装船日期和装运日期。②假如提单上印的文字是："收妥备运（received for shipment），"则装上指明的船只，应由"已装船"和转船日期的批注来证明，该装船日期就表示装运日期。③假如提单上指明装运的船只是"预期船只（intended vessel），"就需加上批注已转船指示、装船日

---

〔1〕 夏登峻编著：《英汉法律词典》，法律出版社2008年版，第1~2页。

期和船名。

"UCP400"到"UCP500"针对"已装船"这个语义的含义就发生了很大的变化，这也是为了适应当时国际贸易的需要而为的。又如，在UCP400第30条C款中规定："如果信用证使用诸如：'迅速'、'立即'、'尽快'以及类似用语来规定装运日期时，就自开证之日起30天之内装运。"专家认为"迅速"这个词对时间期限的表述是不明确的。因此，到了UCP500的时期，国际商会就将UCP400中这一条款在UCP500第46条B款中改成了"不应使用诸如'迅速'、'立即'、'尽快'以及类似的词语，如果使用了这些词语，银行将不予置理"。[1]

在翻译方面我们要留意这种变化，在这几个文本中，还存在着许多类似的问题，有待我们去探索和发现。以上是笔者目前研究的主要内容，但目前对文本的某些方面研究还不够深入，以后还要再从其他方面去分析。

4.3.2 翻译国际贸易法律文本时需注意的几点

随着我国对外活动交往的增多，国际贸易法律翻译活动也不断增多。国际贸易法律语言与普通语言相比具有鲜明的特点，国际贸易法律翻译要遵循一定的语言运用原则与策略，才能发挥国际贸易法律翻译的应有功能。目前，我国对国际贸易法律语体翻译的研究还处于初始阶段，国际贸易文本翻译实践中还存在不少问题，学者专门作了总结，主要表现在以下几个方面：

第一，法律术语翻译错误。术语翻译的好坏、准确与否常常关系到翻译质量的好坏。

---

〔1〕冯雅芬："实施500号'跟单信用证统一惯例'的体会"，载《上海金融》1996年第3期。

第二，法律文体使用不当。法律英语结构严谨，用词考究，逻辑严密，文体较其他体裁更为正式、刻板，较多地使用被动语态，这是由于法律本身的特质决定的。但是，如果对法律英语的文体把握不当、认识不清，翻译中也可能会造成各种错误。

第三，省译、增译和误译。

第四，法律文化差异导致的误译。"语言上的障碍可以通过掌握语言知识来解决，而文化差异是翻译中的一大拦路虎。"[1]了解国际贸易法律文本语言的特点是做好国际贸易法律翻译的前提。具体来说，国际贸易法律语言的语义特征是：①语义的唯一性。一般情况下，国际贸易法律语言的含义单一而固定，一个国际贸易法律语言在一个特定的情形下只表达一个特定的国际贸易法律概念，人们对其的理解和阐释也具有同一性。国际贸易法律语言的唯一性特点可以极大地避免译者理解的偏差性，使其翻译文本更接近和忠实于原文本义。②语义的专业性。国际贸易法律语言中有一部分语汇具有极强的稳定性，其本身凸显的含义更具有国际贸易法律语言的特征，如"自然人"、"继承"、"共同财产"等。它们仅仅出现在国际贸易法律语体中，并使国际贸易法律语体与其他语体如文学作品、科技作品和新闻报道等相比有十分明显的区别。③语义的环境性。绝大多数国际贸易法律语言的含义具有确定性，但也有一部分国际贸易法律语言随着具体语言环境的变换，其含义会或多或少发生一定的变化。这样的情形会给翻译带来一定的难度，此时，要准确翻译出原语言的本义就需要结合当时的语境，深刻把握语者的真实意图，使译文最大程度地和原文保持一致。"国际贸易

---

〔1〕 苏燕萍："浅谈法律英语的特点及翻译"，载《山西师大学报（社会科学版）》2007 年第 6 期。

法律语言翻译是一项系统工作，必须遵循一定的原则，这是由国际贸易法律语言翻译的特殊性所决定的。这些原则既包括普通翻译的共同原则，也包括国际贸易法律语言翻译的特定原则。”〔1〕

准确性是国际贸易法律语言表达的首要特征，否则，就无法确保国际贸易法律适用的准确性，国际贸易法律翻译也要最大可能地再现原文本的所有国际贸易法律信息，不能歪曲、遗漏原文信息，也不能出现歧义，要保持国际贸易法律文本的语言特点，保证国际贸易法律指导当事人行为、作为案件裁判依据的功能发挥。确切来说，国际贸易法律翻译的准确性要求：

1. 译文必须符合法律语言的特征。译文的语言必须反映出目标语中国际贸易法律语言的特点。中文国际贸易法律语体的词汇表达简洁、易懂，有些中文词汇在法律语体中和日常语境中的运用并没有区别，但是与其对等的英语词汇可能带有明显的语体特征，翻译成国际贸易法律英语就必须体现国际贸易法律英语的特征。〔2〕

2. 译文必须符合目标文本的词汇表达习惯。译文在词汇的选择和表达形式上都必须符合目标语言的表达习惯，译文只有符合目标语国际贸易法律语言的词汇特征，才能在目标语的读者面前保持法律的庄严和权威性。

3. 力求目标文本词语与原文本词语的国际贸易法律内涵相等。并不是所有的国际贸易法律用语都能根据字面意义直接翻

---

〔1〕　李曼、柳明：“浅析法律语言翻译的基本原则”，载《南方论坛》2007年第12期。

〔2〕　张宏杰：“试论法律英语翻译之‘信’”，载《科学大众》2009年第4期，第104页。

译成目标语，如果贸然直译原国际贸易法律文本中的词汇，而译文表达的国际贸易法律概念却在目标国际贸易法律体系中根本不存在，或者恰巧和目标国际贸易法律体系的某个国际贸易法律表达吻合，但却表述完全不同的国际贸易法律概念，那么目标国际贸易法律文本的读者对译文产生困惑和误解则不可避免。解决这类问题的出路在于认真理解原国际贸易法律文本术语内在的国际贸易法律含义，用目标文本中带有相同国际贸易法律含义的法律术语翻译。“法律词汇的译文无疑是对原文准确度最高的再现。”[1]为保证翻译的准确性，翻译译文还要尽量传达原文的法律精神，比如立法文件中的立法目的。

法律翻译是一种跨文化的活动，为保证法律翻译在不同的文化背景下不致发生信息传递失误，国际贸易法律翻译要在遵循语义的前提下遵循各自的文化背景。比如要遵循语法规则，不能出现词语搭配不当、虚词误用等语法错误，而且还要合乎各自的表达习惯。“习惯包括三个层面：语言，文化和思维。国际贸易法律翻译在语言上不仅要符合译入语的语法规范，还必须遵守译入语语言规范化原则（standardized language），即使用官方认可的规范化语言或书面语，以避免使用方言和俚语。”[2]就文化层面而言，国际贸易法律翻译涉及不同的法律文化体系。有学者曾提出五类法系：大陆法系（又称罗马法系），普通法系（又称英美法系），印度法系，伊斯兰法系（又称阿拉伯法系），中国法系（又称中华法系）。国际贸易法律翻译必须忠实于不同法律体系的文化特征，例如英美法中的“juror”并不等同于我

---

〔1〕 江丹：“论法律术语的特征及翻译原则”，载《国际关系学院学报》2005年第3期，第63~64页。

〔2〕 http：//www. cnki. net.

国的“（人民）陪审员”，“alimony”并不等同于“赡养费”。国际贸易法律翻译还必须符合译入语的思维习惯，就汉英两种语言的思维习惯而言，其差异主要表现在整体思维与个体思维，悟性与理性，主体意识与非人称主语，对立与并举，具体与抽象，顺序与逆序六个方面。

如果不顾文化背景的差异，只顾字面意义进行翻译，就可能词不达意。〔1〕

另外，国际贸易法律翻译还要遵循简洁性原则，用最少的语词传递最准确的信息，简洁是立法者应遵循的一条原则，国际贸易法律翻译也就应做到删繁就简，避免繁冗拖沓。

4.4 国际贸易法律文本中同义词和近义词的翻译

在国际贸易法律文本中大量存在着同义词和近义词同时使用的现象，对此展开研究很有必要。如何准确地进行汉译，更是值得我们关注的问题，在翻译同义词和近义词时，不要为了使汉语与英语一一对应，去搜肠刮肚地找相似的汉语近义词，因为法律文本翻译要求的不是表面上的等价，而是内容上的等价。下面我们分几个方面分析国际贸易法律文本中同义词和近义词的汉译问题。

4.4.1 注意同义词和近义词的区分

与普通英语一样，针对某一概念而言，国际贸易法律除一

〔1〕 布莱恩·A. 加纳编：《牛津现代法律用语词典》，法律出版社2003年版，第9～10页。

般术语外，还有一些具有特殊和具体含义的术语，在翻译的过程中，我们应该注意区分它们之间的差异。比如，“decision”是一般术语，指“判决”、“裁决”。而“judgement”常常指“民事判决”，“sentence”常常指刑事判决的“量刑”，“ruling”经常表示“裁定”或“裁决”，但是“verdict”则表示“陪审团的裁决”。

4.4.2 同义词和近义词的并列使用问题

国际贸易法律英语中的用词特点还表现在同义词和近义词的同时使用上。法律英语中这种同义词和近义词的并列使用现象，恰恰说明法律英语对词义的要求必须是正确的，同时还刻意追求语意的确凿。通过这样的方法，才能使法律英语达到高度的严肃性和复杂难懂性，从而显示出法律英语的高贵和典雅性。

比如，“alien registration”，“green card”都表示“绿卡”，前者表示“已做过登记的外国人”，后者表示“绿色的卡”，它们都具有“绿卡”的含义，都可以表示一个外国人在另外一个国家取得一定身份的含义。

又如，“air piracy”，“hijacking”表示“绑架”。还有，“bail jumping”，“jump jail”表示“在保释中潜逃”，以上这些同义词中间用逗号将它们隔开。另外，还有一些同义词和近义词中间用 or 和 and 并列连词连接，使这些同义词和近义词可以表达更加全面和确切的内容。

如，consent order or consent decree 表示“判决”；

Cross-examination or direct-examination 表示“盘问”；

False oath and false swearing 表示“伪证”和“假证”；

Rights and interest 表示“权益”；

Terms and conditions 表示“条款”；

Complete and final understanding 表示“全部和最终的理解”；

Customs fees and duties 表示“关税”；

Losses and damages 表示“损坏”；

Ruil and void 表示“无效”；

Sign and issue 表示“签发”。

以上这些同义词和近义词的连用表示的是固定的意义，在翻译时不能随意拆开。

如，《跟单信用证统一惯例（UCP151）》总则中规定，“It is essential that instructions embodied in commercial documentary credits be complete and precise in every way and any attempt to include technical terms or cumbersome details should be discouraged in order to guard against the possibility of confusion and misunderstanding.”其中“confusion”的意思是“混淆”，而“misunderstanding”的含义是“误解”，二者基本近似，这里就可以将其合二为一翻译成：“误解”，而没有必要将这两个近义词都翻译出来。

4.4.3 同义词和近义词并用的语境翻译策略

翻译难就难在不但要克服语言和知识的困难，还要克服文化的差距，语言本身就是文化的载体，每个民族的语言都与其民族的文化有着密切的联系，离开了文化因素，要全面和准确地掌握一个民族的语言是不可能的。在翻译时，面对同义词和近义词的重复和并用现象，译者要做出一种取舍和选择。笔者认为意译是最好的方法。如果将各个词语都翻译出来，势必显得译文冗长和拖沓，而采用避开表面词义，对喻义进行意译，就可以达到译文简明扼要、言简意赅的效果了。比如，“goods and chattels”就可以将其翻译成“动产”，从而体现法律语言的简洁性。[1]

比如，《跟单信用证统一惯例（UCP290）》中第11条规定，“Banks assume no liability or responsibility for consequences arising out of the interruption of their business by Acts of God, riots, civil commotions, insurrections, wars or any other causes beyond their control or by any strikes or lockouts.”此句中的“liability”是“责任、义务”的意思，而“responsibility”也是“责任、义务”的意思，它们是同义词，翻译成汉语时为了简洁明了，翻译成“责任和义务”即可。

4.5 国际贸易法律文本复杂长句的翻译

国际贸易法律文本的另外一个特点就是句子不但复杂而且大部分是长句，这样就给我们的翻译工作带来了很大的麻烦。下面将要探讨这些句子的结构以及翻译的技巧问题，以便使我们更好地掌握国际贸易法律文本的内容，能够更好地服务于我国的国际贸易实践。

国际贸易法律文本使用的语言要求简练、精确同时还要表达非常丰富和准确的意义，特别是涉及国际贸易法律、法规、法条、规定和惯例的法律文件等，句子多是结构严谨、还要能说理逻辑清楚，同时用词要慎重，有时翻译的难点常常表现在

---

〔1〕 季益广：“法律词语的英译”，载《中国科技翻译》2006年第2期。

此。大部分以简单句为主的国际贸易法律文本比较少见，更多的是以大量的限定性和非限定性定语从句、短语、状语从句、词汇和并列短语和语序复杂多变为特点的复合长句。国际贸易法律英文文本的作用就是为了明确陈述和规定不同当事人在相关国际贸易实践活动中的权利和义务，从而减少国际贸易活动中的法律障碍，所以，国际贸易法律英文文本的句式绝大多数使用的是陈述句，而很少使用疑问句、祈使句和感叹句等。要想准确界定各种权利和义务，必须排除被误解的可能性，因此国际贸易法律英文文本中的句式大多采用的是完整句。法律内容涉及面广，主要是那些非常复杂的条款，也只有使用长句和复合句才能清楚地表达它们之间的各种关系。主谓宾结构组成了一个句子的核心框架，然后向外延伸与扩展，同时附上各种比较次要的结构，由此构成了一种比较复杂的葡萄型句型，形成了含有许多定语和状语从句的简单句或复合句。这些长句的特点是非常特殊的，不同于一般的英语句子。国际贸易法律英文文本中的从句和短语之间互相制约、相互依存，它们之间的结构是从句中有短语、短语里有从句、一个从句还包含着另一个从句。英语的基本句式为：主语 + 谓语 + 宾语 + 状语，定语如果较长则后置，状语的位置还算比较灵活；汉语的基本句式结构为：主语 + 状语 + 谓语 + 宾语，定语一般是需要前置的。由此可见，英语和汉语句式中，主谓宾的位置是相同的，但是，状语和定语的位置有着很大区别。〔1〕

其实，国际贸易法律英文文本中的较长复合句的翻译应该是翻译中的难点和重点之一。笔者认为有必要找到一些行之有效的方法。

〔1〕 季益广："从简明法律语言原则看法律英译"，载《中国科技翻译》2005年第1期，第8~11页。

经过笔者对大量的文本资料的分析发现：虽然中英文的语言翻译有其复杂性和对语义的不同要求，但是它的基本结构仍然是英语语言中常用的几个基本句型：

1. S. +V. （主+谓）；

2. S. +V. +O. （主+谓+宾）；

3. S. +V. +C. （主+谓+主语补语）；

4. S. +V. +Oi. +Od. （主+谓+间接宾语+直接宾语）；

5. S. +V. +O. +C. （主+谓+宾+宾语补语）。

国际贸易法律文本中使用的句子大多都是陈述句，很少使用疑问句、感叹句和反义疑问句等句型。其原因主要是因为法律文本陈述事实时的常规程式即：首先规定条件，然后再确认权利。[1]

下面笔者将探讨几种翻译长句的方法：

1. 把长句拆开来翻译。国际贸易法律文本中的长句分布是有布局的，要注意分析这个句子主要要讲什么？次要又将讲什么？在这里要强调什么？不强调什么？另外，在这些长句中的一些短语和从句跟主句的关系并不是非常密切，如果我们翻译时还是按照顺序来译，这样势必会出现累赘和臃肿的中文句子，而且也难以理解其中的意思。假如改变原文的层次，结合中文的习惯，翻译时多用短句，把英文长句中的一些短语或从句单独拆开译成短句，再利用恰当的词语或一些语法手段把它们与主句很好地联系起来，重新结合在一起，采用这样的拆分方法翻译的文本就比较流畅，意思表达的就比较准确了。

比如，《跟单信用证统一惯例（UCP500）》第18条a款规

---

〔1〕孙志祥："英文国际贸易法律惯例中长难句的翻译技巧"，载《江苏理工大学学报》1998年第1期，第152～154页。

定，“Bank utilizing the services of another bank or other banks for the purpose of giving effect to the instructions of the Applicant do so for the account and at the risk of such Applicant.”（译文：为了执行申请人的指示，银行利用另一家银行或其他银行的服务，是代申请人办理的，其风险应当由该申请人承担。）

这是一个复合句，这个句子的主语是“banks”，在它的后面跟着一个较长的后置定语，即由“utilizing”开头的分词短语作定语，在这个分词短语中又有介词词组，即“for the purpose of…”，这个介词短语是目的状语。本句的谓语是“do”，在它的后面有两个介词短语：“for the account and at the risk of such Applicant”，它们是用来作状语的。为了使翻译更加顺达，意思清晰明了，本句的翻译就采用了拆分的方法，将一些短语分开翻译。将一个简单句分成三个分句，而第二个分句中省略了“银行”这个主语，同样也将意思表达得很清楚。翻译中的最后两个分句充分体现了原文中不明显的因果关系。

2. 将长句翻译成短句。前面是将句子拆分，主动权掌握在自己手中，怎么拆和怎么分视句子的情况而定，只要能将句子的意思表达清楚即可。这里探讨将长句翻译成短句的方法。在将长句变短时要考虑原文中的时间、因果关系，还有原文中的不同句子成分的排列顺序和组合，以及原文中要表达的重点和难点。因此，在翻译之前，一定要充分理解原文的内容。〔1〕

例如：《联合国国际货物销售合同公约 CISG》第 1 条第（2）款规定：“The fact that the parties have their places of business

〔1〕 苏铁：“从翻译理论谈及《WTO 估价协议》中文文本处理时应掌握的方法——兼谈有关翻译技巧的实际运用”，载《上海海关高等专科学校学报》2002 年第 1 期，第 67～74 页。

in different States is to be disregarded whenever this fact does not appear either from the contract or from any dealings between, or from information disclosed by, the parties at any time before or at the conclusion of the contract."

译文：当事人营业地在不同国家的事实，如果从订立合同前任何时候或订立合同时当事人之间的任何交易或当事人透露的情报均看不出，应不予考虑。

由此句看出，原文占5行，而译文只有2行，译文大大缩短了原文的长度。这只是一个外在的看法，还有从内部结构看，译文中"营业地在不同国家"8个字代替了原文中"The fact"后面的定语从句，即"the the parties have their places of business in different States"。译文中用一个条件状语从句将整个句子贯通起来，显得比较通达，意义明确。

3. 翻译的语序采用倒译的方法[1]。任何语言都是思维的工具，不同的民族有着其独特的思维模式和方法，它们在同义表达上也存在着较大的差异。比如英语长句的表达方式和汉语长句的表达方式就有着根本性的不同，英语长句中经常有原因、条件、让步、地点、方式、目的、结果、比较和时间等很长的状语从句，汉语的语序是将它们放在主句的前面，在翻译时应按照汉语的习惯将其颠倒过来即可。

比如，《联合国国际货物多式联运公约》中"Proof to the contrary by the multimodal transport operator shall not be admissible if the multimodal transport document is issued in negotiable form and has been transferred to a third party, including a consignee, who has

---

[1] 魏海波："法律翻译可读性与翻译策略"，载《宜宾学院学报》2007年第10期，第78页。

acted in good faith in reliance on the description of the goods therein."

译文：如果多式联运单据以可转让方式签发，而且已转让给已正当地信赖该单据所载明的货物状况的、包括收货人在内的第三方，则多式联运经营人提出的反证不予接受。

分析：这是一个主从复合句，它的主语在前面，从句在后面。由 if 引导了一个条件状语从句，它又是一个复合句。宾语"a third party"后面跟着一个较长的后置定语修饰，一个是"including..."分词短语；一个是 who 引导的分离式定语从句。这个句子的表意顺序为：[1]

（1）多式联运经营人提出的反证不予接受；

（2）如果多式联运单据以可转让方式签发而且已转让给第三方；

（3）包括收货人在内的第三方；

（4）已正当地信赖该单据所载明的货物状况的第三方；

根据中文的条件分句都在前，而定语都有前置的习惯，此句应采用倒译的方法来翻译，所以汉语的顺序应为：（2）、（4）、（3）、（1）。

4. 按照句子的先后顺序翻译。这是一种最常见的，也是使用最普遍的翻译方法，即按照原文的先后顺序进行翻译。

国际贸易法律英文文本的句子虽然比较冗长，但是有许多句子的表意层次和叙述顺序和汉语差不多，也可以按照汉语的顺序来翻译它们。这种方法比较适合那些长的简单句和结构不太复杂的复合句。有时句中的原因、条件或其他状语从句太多

---

〔1〕陈明瑶："WTO 文本的词汇特点及其翻译"，载《上海科技翻译》2003 年第 4 期，第 18 ~ 20 页。

也太复杂，有时还存在着很长的宾语从句和定语从句，这时就很难采用顺译法直接翻译，应在不违背原文意义的前提下，采用适当添加总括性词汇和转换成别的从句的方法来处理这些句子，之后再按顺序翻译出来。

比如，《联合国国际货物销售合同公约》第 37 条规定，“If the seller has delivered goods before the date for delivery, he may, up to that date, deliver any missing part or make up any deficiency in the quantity of the goods delivered, or deliver goods in replacement of any nonconforming goods delivered or remedy any lack of conformity in the goods delivered, provided that the exercise of this right does not cause the buyer unreasonable inconvenience or unreasonable expense.”译文：如果卖方在交货日期前交付货物，他可以在那个日期到达前，交付任何缺漏部分或补足所交付货物的不足数量，或交付用以替换所交付不符合规定的货物，或对所交付货物中任何不符合同规定的情形做出补救，但是，此一权利的行使不得使买方遭受不合理的不便或承担不合理的开支。

此句中的主句中的谓语部分是：情态动词 + 动词原形，在这中间有介词短语充当时间状语，还有 4 个并列的谓语都由 or 连接起来，并且第 2 个谓语的宾语是“deficiency”，在它的后面有介词短语做后置定语，第 3 个谓语是“deliver goods”，它的后面有介词短语充当状语。此句中主句的前面有一个由 if 引导的条件状语从句，主句的后面又带了一个由 provided that 引导的条件状语从句，它的作用就是用来具体说明采取补救的条件。全句看来，此句的表意层次和叙述的顺序同汉语的顺序大致一样，可以采用顺译法来翻译，但是还需略作一点调整，即将 provided that 引导的条件状语从句转换翻译成汉语的并列分句。

由于国际贸易法律文本都是英文文本，因此作为一种专门用途的英语，在翻译时应注意其语言的特殊性及其国际贸易法律上的功能。国际贸易法律语言翻译的不精确、不规范和不严谨，势必会对国际贸易合同的签订和履行带来不小的影响，甚至会产生不可预料的贸易风险。因此，我们一定要认真对待国际贸易法律英文文本的翻译工作，特别是对长句和难句的翻译。

4.6 国际贸易法律文本英汉标点符号比较

国际贸易法律文本的标点符号和词汇都是文本的细胞。一部制作精良的国际贸易法律文书必须具有以下特点：整洁的外观、严谨的内容。内容主要包括思路清晰、句子简练，用词准确、标点精确，法律文书千万不可不拘小节，不要认为标点符号不重要，美国的一些著名法学院就是通过像标点符号这样的小节来训练律师和法官的。

国际贸易法律文本要求严肃和严谨，国际贸易法律文本中的标点符号同样也要求具有这样的特点。比如，国际贸易法律文本中没有叹号（Exclamation Point !）。出于对国际贸易法律文本特点的要求，所有的标点符号都应该非常谨慎地使用和翻译，在我们翻译时要考虑标点符号与内容是否互相配合，相得益彰。下面笔者列简表说明国际贸易法律文本中英文标点符号的用法，以便在翻译时将标点符号和原文的内容配合起来，更加准确地翻译出原文所要表达的语义。

表 4－1 国际贸易法律文本中英文标点符号用法

标点符号	英文	中文	用　法
'	Apostrophes	撇号	①单数名词词尾加 's，复数名词词尾如没有 s，也要加 's。②表示几个人共有一样东西，只需在最后一个人的名字后加 's。如表示各自所有，则需在各个名字后加 's。③若名词已有复数词尾 -s，只加 '。
( )	Brackets	括号	用于补充说明。
[ ]			用于：①出于引文位置的需要，改变首字母的大小写；②出于理解引文的需要，补足被原文省略的部分。
:	Colons	冒号	用于：①表示强调；②用于连接两个句子，表示补充和因果关系等；③引入并列的单词或短语。
,	Commas	逗号	用于：①并列的单词、短语之间。如果并列结构由三个部分或以上组成，那么在最后一部分之前用 and，在 and 前面加逗号；②前置状语之后；③独立结构、句中同位语的前后；④补语、句末同位语、定语从句之前；⑤连词之前；⑥引文之前。
——	Dashes	破折号	破折号可以用来代替冒号、逗号，表示递进、转折、补充说明等。它的用途很多，在翻译时要注意这个标点符号，连词也可以表示破折号。
…	Ellipses	省略号	①不出现在引文开头；②如果被省略的部分包含逗号或分号，用三个点；③如果被省略部分包含句号，用四个点；④如果整段省略，用四个点；⑤如果省略号出现得太多，会影响引文的可信度。

续表

标点符号	英文	中文	用　法
-	Hyphens	连字符	① 连字符经常用在行末，用来“分割”一个单词。但是法律文书提倡左对齐的排版方法，不提倡用这种方法来“分割”单词。如果行末写不下一个单词了，那就把整个单词都放在下一行；②用于构建复合定语；③用于连接前缀和词根。
.	Periods	句号	①如果句末是简写词，句号应当省略；②根据中文习惯，如果被引用或强调的部分不能独立成句的话，句号应出现在引号外。在这一点上，中英文的书写习惯不同；③如果出现双引号、单引号，句号应当放在引号内。
?	Question Marks	问号	征求对方的意见，如果是希望得到肯定回答，就不用问号，而用句号。
“ ”	Quotation Marks	引号	引用长度在50词以内的，必须加注引号。
‘ ’		单引号	引用法律规定时，除被应用的内容应使用双引号外，如果在引文之后又原封不动地出现了被引用过的“法言法语”，须再用双引号提示并强调。引用言论时，如果主言论中又有他方言论，应注意单引号、双引号的搭配使用；如果出现主言论与他方言论同时结束的情况，应依次标注句号、单引号和双引号，在这一点上，中英文是不同的。翻译时一定要注意。

续表

标点符号	英文	中文	用　法
;	Semicolons	分号	① 如果两个句子之间的逻辑关系很明显，可以用分号连接，这时的分号在性质上等于连词；②使用并列结构时，如果任一单元结构中出现逗号，那么各单元之间就用分号隔开。

4.7　国际贸易法律文本易出现的误译辨析

国际贸易法律英文本的汉译本的误译问题主要分为两类：

一类是词汇上的误译；一类为语法上的误译。

首先探讨词汇方面的误译。

翻译主要是对于词汇的理解和表达，同时词汇又具有多义性的特征。国际贸易法律文本的作用是规定当事人的权利、义务和行为准则的含义和范围，国际贸易法律文本的词汇特点主要是词义准确，也称精确，不能因为词汇的多义性和近义性让人误解其中的含义，从而扩大了词汇的模糊性的外延部分，给法律留下较大的空子。在国际贸易法律文本的翻译过程中，一定要把握好词语的上下文联系、表面词义和深层含义，甚至连引申含义都要理解透彻，这样才能达到语义确切，句子通顺。

比如，我国《对外贸易法》中“第二节价格承诺第 31 条：倾销进口产品的出口经营者在反倾销调查期间，可以向商务部作出改变价格或者停止以倾销价格出口的价格承诺。商务部可以向出口经营者提出价格承诺的建议。”此句的译文为“Section

2 Price Undertakings Article 31 during the period of an anti-dumping investigation, an exporter of the dumped imports may offer price undertakings to the Ministry of Commerce to revise its prices or to cease exporting at dumped prices.” 汉译英时句中的“承诺”一词翻译成了“undertakings”，从它的形式上看，它是一个由动词 undertake 转化过来的名词，undertake 的本意是动词，意思是“从事”，译者在其后加上了非谓语动词的形式“-ing”，从而将“undertake”变成了动名词，使它具有了名词的性质，它的形式是“undertaking”，然后又在其后加上了“s”，将单数的“undertaking”变成了复数形式即“undertakings”。笔者建议可以使用“commitment”这个名词，它的意思就表示“承诺”。[1]

其次容易出现误译的是语法方面的问题。

国际贸易法律法律文本的特点就是简明扼要、突出法律语言的精确性，尽量避免模糊性的词语和句子。因此，在起草国际贸易法律文本时一定要考虑细致、讲究立法技巧，尽量避免复杂的长句，但是目前的国际贸易法律文本大多是句中又套上了句子，有的句子里的单词竟然达到 80 多个，同时同位语、原因、让步、条件、结果、目的和方式等从句都出现在这个长句中，这样一来，就给读者造成了理解原文的负担。因此，在翻译实践中，不但要对每个词的含义把握准确，同时还要对语法非常熟悉，把句子结构安排好，中译本的语法失误的地方主要是对长句的结构把握得不好，还有对一些情态动词和时态等问题没有处理好。[2]

虽然国际贸易法律文本的汉译英要尽量做到字面和表层都

---

〔1〕 张乐平：“法律英语特点及其应用”，载《河北法学》2008 年第 12 期。

〔2〕 张美芳：“中西方译学构想比较”，载《中国翻译》2001 年第 1 期。

顺达，但是还存在一个修辞的问题。其实，国际贸易法律语言也是通过有限的修辞手段来使其语言功能得到充分体现的。笔者观察了很多国际贸易法律文本，其中原文为汉语的这些版本中的情态动词的使用不是十分理想。因为从英语语法上分析，情态动词总体可以分成："必须"、"应该"、"可以"等。这些词所表达的意义有强制性、制约性、推荐性等语义特点，在法律层面上主要强调的意义是：约束、建议、可能性、可取性的反映。这些情态动词的英语表达为：shall、should、may、might、must、can 等。因此，如果能够掌握情态动词的翻译方法也就是真正体现了国际贸易法律汉译英和英译汉文本的重要特征。通过笔者观察，我国《专利法实施细则》的英译本中，第 6 条"The first day of any time limit prescribed in the Patent Law and these rules shall not be counted in the time limit. Where the time limit is counted by year or by month, it shall expire on the corresponding day of the last month; if there is no corresponding day in that month, the time limit shall expire on an official holiday, it shall expire on the first working day following that official holiday."这个条款中，两句话总共用了 4 次 shall 这个情态动词。完全可以为了文本的生动性和庄严性换用几个其他的情态动词，这样千篇一律的文本使人读起来索然无味，单调乏味。

4.8 国际贸易法律文本但书条款的翻译

"但书"是指一个法律条文中的同一条款中包含有两个或两个以上意思，在学理上称它为前段、后段，或前段、中段、后段，也可以说成是第一段、第二段……在存在有这样结构的条款中，假如用“但是”这个连接词来表示转折关系的，那么从“但是”开始的内容，学理上称之为“但书”。

因此，我们认为“但书条款”是指在规定了一般原则的同时，规定了例外情况的条款。比如，《跟单信用证统一惯例(UCP500)》第9条（b）款中规定，“由另一家受票银行承兑—如信用证制定的该受票银行未能承兑对于以其为付款人的汇票不予承兑，则保兑行必须承兑并在到期日支付受益人出具的以保兑行为付款人的汇票，或者受票银行对汇票已承兑，但到期不付，则保兑行应予支付。”此句中最后一句即为但书条款。

笔者通过分析大量的国际贸易法律文本得出以下三个结论：

1. “但书”是对前段的补充。如，上面的例子就是对前面的补充，它前面的意思是介绍什么是保兑行，它主要作用又是哪些，但是最后一句提到：在信用证指定的银行无法履行付款义务时，保兑行将会起到替开证行（或信用证上指定银行）付款的义务，这是对前面保兑行作用的一个补充和强化。

又如，第22条规定，“除非信用证另有规定，银行将接受出单日期早于信用证开立日期的单据，但该单据需在信用证和本条文规定的期限内提交。”其中最后一句的但书条款进一步规定了受益人向银行交单的日期，说明必须在信用证和本条文规定的期限内交单。该句话是对前面描述的补充。

再如，《伦敦保险协会货物条款（1982年修订)》第9.1条规定，“Until the goods are sold and delivered at such port or place, or, *unless* otherwise specially agreed, until the expiry of 60 days after arrival of the goods hereby insured at such port or place, whichever shall first occur, or...”译文为：直至货物在该港口或处所出售和

交货，或，除非有特别约定，在被保险货物抵达该港口或处所后，满 60 天为止，以先发生者为准。此句中由“unless”引导的句子就代表的是但书条款的含义，它是对前面一句话的补充和说明。

2. “但书”是前段的例外。如，《跟单信用证统一惯例（UCP500）》第 25 条 Ⅷb 款规定，“即使信用证要求提交与租船合同提单有关的租船合同，银行对该租船合同不予审核，但银行将予以照转而不承担责任。”此句中最后一句即为但书条款，它是对前面所提到的银行责任的一个免责情况。也就是说银行只是“照转”而并不承担任何责任。

如，《跟单信用证统一惯例（UCP600）》第 17 条 E 款规定：If a credit requires presentation of multiple documents by using terms such as “in duplicate”, “in two fold” or “in two copies”, this will be satisfied by the presentation of at least one original and the remaining number in copies, except when the document itself indicates otherwise. 译文为：如果信用证使用诸如“一式两份”、“两张”、“两份”等术语要求提交多份单据，则可以提交至少一份正本，其余份数以副本来满足，但单据本身另有相反指示者除外。最后一句就是但书条款，这个句子的含义是前段意思的除外。

又如，《跟单信用证统一惯例（UCP600）》第 3 条规定：Terms such as “first class”, “well known”, “qualified”, “independent”, “official”, “competent” or “local” used to describe the issuer of a document allow any issuer except the beneficiary to issue that document. 译文：诸如“第一流”、“著名”、“合格”、“独立”、“正式”、“有资格”、“当地”等用语用于描述单据出单人的身份时，单据的出单人可以是除受益人以外的任何人。此句

中最后一句即为但书条款，是除外的意思。英文中用了单词“except”引导这类句子。

3. “但书”是对前段的限制。如，《跟单信用证统一惯例》第43条a款中规定，“除规定交单到期日以外，每个要求提交运输单据的信用证还应规定一个在装运日后根据信用证必须交单的特定期限。如未规定该期限，银行将不接受迟于装运日后21天提交的单据。但无论如何，提交单据不得迟于信用证到期日。”此句中的最后一句就是但书条款，它的作用就是限制提交单据的时间不得迟于信用证到期日，也就是说信用证到期后即作废，受益人再向银行提交结汇单据是不能收到钱的，银行也不接受提交的任何单据。因此，这个但书条款就是对前面描述的一个强有力的限制。

又如，《伦敦保险协会货物条款》（1982年修订）第4.3条规定：Loss damage or expense caused by insufficiency or unsuitability of packing or preparation of the subject – matter insured (for the purpose of this Clause 4.3 ‘packing’ shall be deemed to include stowage in a container or liftvan *but only* when such stowage is carried out prior to attachment of this insurance or by the assured or their servants). 译文：由于保险标的包装或准备不足或不当造成的损失或费用（本条所称的‘包装’，包括用集装箱或海运集装箱载的，但该项装载以本保险开始生效前或由被保险人或其受雇人完成的为限）。本句属于一个对前段限制的但书条款，原文中由“but only”引导的一个时间状语从句来对前段解释的说明和限制，提出限制的时间应该为“在本保险开始生效前”和“被保险人或其受雇人完成的为限”，提出了这两个时间段来限制前面的叙述。

上述内容分析了有关但书条款的问题，国际贸易法律文本中的但书条款一般由“but”、“except”、“unless”及“not only”等连词引导一个从句来表示。笔者发现国际贸易法律文本中的但书条款的使用量还不算少，大约占20%左右。就《跟单信用证统一惯例（UCP500）》来看，总共有49个条款，其中的但书条款占了9条，其他的几个版本条款中的但书条款基本上使用率都达到了20%左右。[1]因此，对但书条款的研究非常有必要。

4.9 国际贸易法律文本翻译中修辞的应用

为了更好地理解国际贸易法律文本，对国际贸易法文本中的修辞技巧进行研究和分析很有必要。

4.9.1 国际贸易法律文本翻译中修辞的主要方法有以下几种：

1. 押头韵的方法（alliteration）。押头韵就是表示在短语中，要重复第一个字母的发音，比如，The son sings slowly.（儿子在慢慢地唱着歌），这是一个普通的句子，而非国际贸易法律文本中的法条，但是在国际贸易法律文本中也同样存在着类似的句子，在我们翻译时一定要区别对待。在国际贸易文本中使用押头韵的目的是为了突出强化的重点，押头韵经常出现在需要强调的事物的句子中，如果不需要强调任何内容，文本中就不会出现押头韵，否则，文章会显得累赘并有画蛇添足的感觉。翻译时，只要发现读音有点重复，并且几个词都在一个句子中，

[1] 卢秋帆：“国际贸易法律文本中但书条款浅议”，载《河南司法警官职业学院学报》2012年第3期。

就能断定此句为押头韵的句子，翻译时就要把文本中需要强调的事物突出出来。

比如，Having been terrified twice by the defendant's previous assaults, the plaintiff was afraid of walked along the alley at night.

2. 简洁性（conciseness）。国际贸易法律文本的简洁性是指法律文本中采用的语言应简明扼要，没有多余的内容，只要能明白地表达国际贸易法律文本的含义即可。

国际贸易法律文本中能够体现简洁性的通常有以下几种修辞方法：

（1）从主语和谓语的位置上找到句子的关键词，因为按照英语的习惯，往往把关键词放在主语和谓语的位置上了。比如，"Advising bank means the bank that advises the credit at the request of the issuing bank."（译文：通知行意指应开证行要求通知信用证的银行。）此句的主语是"Advising bank"，本句主要阐述通知行的作用，因此通知行三个字被放在了句首的位置。

又如，"A bank that advises an amendment should inform the bank from which it received the amendment of any notification of acceptance or rejection."（译文：通知修改的银行应当通知向其发出修改书的银行任何有关接受或拒绝接受修改的通知。）这里的谓语是"应该通知"，在本句中是非常重要的。

（2）翻译时尽量整合一些形容词，有重复的形容词和副词则可只翻译其中的一个意思。

（3）把文中的介词短语译成一个形容词或副词，这样就使得句子显得更加简练。

3. 重复（Repetition）的翻译。为了达到强调的目的，原文使用重复的手法，翻译时按照原文翻译即可，找到这个句子强调的对象，可以使用重复的词汇来翻译。

4. 强调（Emphasis）。国际贸易法律英文文本会将需要强调的内容置于显著位置，在多数情况下放在开头的地方，翻译时要给予高度重视，把原著中突出的重点翻译出来。强调的方法又分为几种：使用短句进行强调；单句成段以示强调；使用倒装结构进行强调。

5. 暗喻、讽刺和夸张。

通过上述分析看出，所谓的修辞，也是法律语言的一个重要的体现方法，在翻译活动中，就是不同思维形式的转换。不同的思维方式决定了不同的语言表达形式，不同的语言方式有着不同的修辞方式和特点，在翻译的过程中，很多时候需根据中文的表达习惯和读者的审美情调，对原文的各种修辞形式做相应的调整，以便使译文文字通顺，语义畅达。一般我们可以采用以下方法来翻译：

第一，由虚转实。它是指将词汇的抽象概念转换成具体意义。采用抽象思维方式就会多用抽象概念的词汇来描述事物，论述事理，但是抽象思维方式中常常采用可以表示具体概念的词语描述事物。因此，当在进行英译汉时就需要对虚实词汇的意义进行转换，在国际贸易法律英文文本中对抽象名词的使用率要远远高于汉语，所以，在将英语翻译成汉语时，就要求我们必须将英文本中表示抽象概念的名词转换成汉语中的表示具体概念的名词，从而使原文符合汉语的表达习惯。虚实转换既包括虚转实，也包括实转虚。虚转实指的是对原文中含蓄、模糊和朦胧的词义，通过补偿和释义的手法使词义更加具体化、明确化和清晰化，从而使读者能够充分理解原文的意思，达到文化移植的目的。而实转虚就是词义由具体的转化成抽象的，由个别的转化成一般的，由特殊的转化成概括的，翻译是对原文的词义的延伸或扩展。

例如《跟单信用证统一惯例 151》第 46 条中“The terms ‘first half’, ‘secend half’ of a month shall be construed respectively as from the 1th to the 15th, and the 16th to the last day of each month, inclusive.”中的“first half”与“secend half”就是比较虚的词，我们应将其翻译为“一个月的 1 号至 15 号”和“一个月 16 号至一个月的最后一天”，这样一来，就可以更加准确地理解条文中的具体意思。

第二，由正转反，或由反转正。正反的转换是指肯定与否定的思维方式的互换，或者说叫做正说反翻译，或反说正翻译，即，在维持原文语义的情况下，从表达的角度上进行变换，将原文的词义和句子形式由原来的正面表达转换成反面表述，也可以由以前原文的反面表述转化为正面表述，这样做的目的是为了使译文更加符合汉语的表达习惯，增强汉语的表达效果。

第三，增加词汇量或者减少词汇量。在英译汉中为了使翻译出来的内容语句更加通顺、语义流畅，可以采用增加词汇量和减少词汇量的办法，提高翻译文本的可读性，使读者更加便于理解原文，也更加贴近原文的表达。正如一位大师所说：“善删者字去而意留，善敷者辞殊而义显”。不管是增加词汇或是减少词汇，都要根据原文的具体情况而定，要做到增词有据，减词有理。增加词汇的翻译方法就是出于遣词造句的考虑，也可根据语境补充语义。减少词的翻译方法是指出于修辞方面的考虑，采取减少多余的词和冗长的词汇，让翻译的文本更加简洁和流畅，更加符合汉语的表达习惯。例如，我们在中文里为了平衡句子结构，增强文本的气势等需要，我们常常采用排比、对仗和重复等修辞手法，因此当我们将英文文本翻译成汉语时，也完全可以用汉语的修辞手法来描述它们的，不必拘泥在原文中不可自拔。要处于一种超然的境界，这样的译文才具有可读性。

例如《跟单信用证统一惯例222》中第42条："Banks are under no obligation to accept presentation of documents outside their banking hours."银行无义务在银行工作日以外接受单据的提交（或提交的单据）。此句中的"banking howrs"翻译时加上了"work"（工作）两个字，显得意义更加明晰。

4.10 国际贸易法律文本翻译中模糊性语言的应用

"模糊（fuzziness）"是一个来自哲学和数学学科的语言专业术语。英国哲学家罗素指出："一个语词具有一个或多或少的模糊的意义。"所谓模糊其实就是不清楚、不分明、内涵和外延都不清楚。模糊性在语言的应用里非常普遍，这样可以使所表达的语言更加准确、更能达到使用者想要达到的目的。好像模糊性给语言赋予了弹性一样，使本来有限的语言可以表达更深更远的意义。语言有时也是无能为力的，确实存在着一定的局限性。语言的模糊性可以扩大语言的使用范围，将语言的威力发挥到极致。模糊性是一个不十分确定的概念，它是一个矛盾体，它既存在着消极的一面，也存在着积极的一面。国际贸易法律文本的描述是通过语言表述的，因此国际贸易法律文本中也存在着模糊性的特点。

国际贸易文本中大量地存在着模糊语言，在翻译和使用时一定要掌握它的规律，这样才能更好地利用模糊语言。笔者通过对国际贸易法律文本的研究分析，模糊语言的应用主要表现在以下三个方面：

4.10.1　不得使用模糊用语的情况

比如，《跟单信用证统一惯例（UCP500）》中第20条“对出单人模糊用语”a款规定，“不应使用‘第一流的’、‘著名的’、‘合格的’、‘独立的’、‘正式的’、‘有资格的’、‘当地的’以及类似的词语来描述信用证项下应提交的任何单据的出单人。”尽量避免在信用证中使用模糊词语，因为银行在审单时对上述词语不予理会，如果造成不符点，不能安全结汇，银行也不承担任何责任。

4.10.2　缩略语的歧义分析

在立法实践中使用公认的缩略语作为模糊语言，这样也容易造成词义或短语模糊不清。要使用缩略语，就需要在条款中补充一些文字或句子，进一步对这个缩略语做简单的说明。比如，国际商会公开发行了新的《跟单信用证统一惯例》版本之后，还要组织国际商会银行委员会对这些缩略语再规定几条补充意见，作为银行审单的依据。

4.10.3　国际贸易法律文本中模糊语言的翻译

国际贸易法律的目的是“定纷止争”，法律的表现形式就是国际贸易法律语言，国际贸易法律语言的基本特性就是它的准确性，也就是说国际贸易法律语言必须清晰明确，不能模棱两可，从而达到明确各方权利、义务和责任的要求。如果只有精确性而没有模糊性，就无法用有限的国际贸易法律语言去承载和传达外延很广泛的国际贸易法律讯息，因此，国际贸易法律语言也必须具有模糊性。

模糊语言就是那些内涵没有精确的涵义，同时外延也无明确的指向的语言。模糊语言的产生根源在于大千事物本身具有模糊性及人们对客观事物认识的不确定性，就是人们对这些客观事物的模糊反映。人们思维能力的发达和表达法律概念的语言成分的有限性是一对矛盾，这使得法律文本语言中的词汇和语法所表达的语义成分也必然会具有模糊性。国际贸易实践纷繁复杂，千变万化，如货物贸易产品类别的划分也不十分精确的，它本身就存在着模糊性。在国际贸易法律文本中，还有很多模糊词汇，如，“合理的(reasonable)”、“相关的(relevant)”、“合适的（appropriate)”、“不必要的（unnecessary)”、“不充足的（insufficient)”、“次要的（minor)”、“任何的（any)”、“总体上（overall)”、“具有代表性的（representative)”、“足够的(ample)”、“重大的（significant)”、“适当的（due)”、“著名的（well－known)”、“大约（about)”、“一些（some)”、“很少（few)”、“几个（several)”、“一点（a bit)”、“许多（a lot of)”、“大约（around)”、“尽快（as soon as)”、“尽可能短的(as short as)”、“最早不得晚于(not later than the earliest date)”、“短期内（reasonably short period of time)”、“尽可能提前（as fair in advance as possible)”、“定期（periodically)”、“最大范围地（to the greatest extent possible)”、“尽可能彻底地（to the fullest extent possible)”、“尽可能详细地（as detailed as)”、“绝对或相对（absolute or relative)”。除此之外，还有许多模糊概念，如，“合适的步骤（appropriate steps)”、“合适的机构（appropriate bodies)”、“金融困难（financial difficulties)”、“严重的国际收支（serious balance - of - payments）”、“严重的伤害（serious injury）”、“同类或直接竞争产品（like or directly competitive product）”、“申请者不多（insufficient applications）”、“（unnecessary inconvenience）不必要的麻烦”、“表面良好的（apparent good order）”、“在其表面看来（appears on its face）”、“单据（document）”，等等。模糊词汇和概念还有很多，翻译时要清楚它们表达的是模糊语义。笔者尽量把在国际贸易法律文本中所见到模糊词汇和短语列在这里，很好地掌握这些词汇的含义，必将对我们的翻译工作有很大的帮助。〔1〕

国际贸易法律绝大多数都很好体现了模糊语言与准确语言的统一，国际贸易法律语言具有原则性、灵活性、可接受性、权威性和公正性。理解并进一步运用好这些模糊词语，利于保证国际贸易法律在全世界范围内的顺利贯彻实施。

4.11 国际贸易法律英文文本中专门用语的翻译

国际贸易法律英文文本中存在着大量的专门用语，如果弄不清这些词的真正含义，将会给使用国际贸易法律文本者的国际贸易实践造成意想不到的损失。信用证形式不一样，它的内容和排列顺序也就不尽相同，用语也就不一致。SWIFT 信用证有一定格式，它是按数码统一排列的，除此之外的信用证均无固定格式。国际商会曾试图就信用证的格式问题进行过集中讨论，但是各个国家的银行界对它所持态度均不一样。有的国家

〔1〕 李新：“英语缩略语简析”，载《国际关系学院学报》2004 年第 3 期，第 54 ~58 页。

采用国际商会制定的标准格式，有的国家将其改动后使用，有的国家对此标准格式根本不予理睬，依然我行我素，所以信用证的格式五花八门，给从事国际贸易的商人带来很多不便，甚至经常会引起纠纷，笔者认为有必要将国际贸易法律文本中经常出现的专门用语收集整理并归纳如下：[1]

1. reserve 保留（追索权）。根据《跟单信用证统一惯例》规定："追索权"是指商业票据的背书人当票据上的付款人未能付款时，要求他的前手付款的权利。

2. SWIFT 是"国际银行金融电信协会"的简称，也是一个缩略语，在国际贸易法律文本中常常出现，它代表一个协会，是北美和欧洲的二百多家银行于 1973 年在比利时的布鲁塞尔成立的银行业协作团体。

3. "开证人"的英文表示有如下几种：

accreditor	holder	applicant for the credit
consignee	customer	principal
opener	accountee	accredited buyer
importer	buyer	grantee

4. about（约）和 approximately（大约）。根据《跟单信用证统一惯例（UCP600）》的规定，当该词用于表示信用证的金额和数量时，它所代表的意义是"金额和数量不超过 10% 的增减幅度"。如果用在装运方面，可以表示在规定日期前后五天以内装运，起止时间都包括在内。

如：《跟单信用证统一惯例（UCP600）》第 30 条规定，"The words 'about' or 'approximately' used in connection with the a-

[1] 胡道华："法律英语准确性的实现途径"，载《牡丹江教育学院学报》2009 年第 2 期，第 51 ~ 52 页。

mount of the credit or the quantity or the unit price stated in the credit are to be construed as allowing a tolerance not to exceed 10% more or 10% less than the amount, the quantity or the unit price to which they refer. ”（译文：“约”或“大约”用于信用证金额或信用证规定的数量或单价时，应解释为允许有关金额或数量、单价有不超过10%的增减幅度。）

5. “On Deck”在《跟单信用证统一惯例（UCP600）》中表示“货装舱面”，其实从英文的表面词义看是“在甲板上”。

6. “Shipper's Load and Count”在《跟单信用证统一惯例（UCP600）》中表示“托运人装载和计数”。但只从表面上看容易被理解成“托运人的装载和数数”。

7. “Said by Shipper to Contain”在《跟单信用证统一惯例（UCP600）》中表示“内容据托运人报称”，但是只从表面看人们容易被理解成“被托运人说的内容”，意思虽然比较接近但还是容易引起误解。

8. “clean（清洁）”在《跟单信用证统一惯例（UCP600）》中被解释为“未载有明确宣称货物或包装有缺陷的条款或批注”，而并非只是表面的词义。

9. “in duplicate（一式两份）”、“in two fold（两张）”、“in two copies（两份）”等类似的词语，在《跟单信用证统一惯例（UCP600）》中表示“要求提交多份单据”，同时还有“至少提交一份正本，其余份数以副本来满足”。因此，不可以只从它们的表面上判断词义。

10. “full details to follow（详情后告）”这个短语的意思是如果电讯文件中声明“详情后告”字样，则说明“随后寄出的邮寄证实书将是有效的信用证或修改，这份电讯文件将被视为无效的信用证或修改”。单从字面上容易被误解为“以后会知道详情”。

11. “on or about（于或约于）”。如《跟单信用证统一惯例UCP（600）》中将这一词语规定为“一项约定，按此约定，某项事件将在所述日期前后各五天内发生，起止日均包括在内。”从这一解释中可以看出信用证惯例中对一些词语的解释和平时字面上理解的相去甚远。

12. “to”表示“×月×日止”，其英文意思是“向……”、“到……”，是表示方向的介词，但是在《跟单信用证统一惯例（UCP600）》中表达的意思与本意截然不同。

13. “until”在《跟单信用证统一惯例（UCP600）》中表示“至×月×日”。但是，它的本来意思是“直到……”。应注意它们的区别。

14. “till”在《跟单信用证统一惯例（UCP600）》中表示“直至×月×日”。包括所述的日期。这个词的英文原意也是“直至”的意思，因此差别不大。

15. “from”在《跟单信用证统一惯例（UCP600）》中表示“从×月×日”，包括所述日期，这个词的意思变化不大。

16. “between”在《跟单信用证统一惯例（UCP600）》中表示“在×月×日至×月×日之间”，词义与它的英文本义差别不大，但是要注意惯例中的规定，在确定装运期时，包括所述日期。

17. “from”在《跟单信用证统一惯例（UCP600）》中表示“从×月×日”，与这个词的本义差别不大，但是惯例中强调“用于确定到期日时不包括所述日期”。

18. “before”在《跟单信用证统一惯例（UCP600）》中表示“×月×日之前”，注意这里的日期惯例中规定“不包括所述日期”。

19. “after”在《跟单信用证统一惯例（UCP600）》中表示“×月×日之后”，惯例中明确规定“用于确定到期日时不包括所述日期”。

20“first half（第一个一半）”在《跟单信用证统一惯例（UCP600）》中表示“上半月”，要求理解为“1 日至 15 日”，包括起止日期。

21. “second half”在《跟单信用证统一惯例（UCP600）》中表示“下半月”，要求理解为“16 日至月末的最后一天”，包括起止日期。

22. “beginning”在《跟单信用证统一惯例（UCP600）》中表示“月初”，惯例规定对应的日期应该为“每月 1 日至 10 日”，但是这个单词的本义是“开始”。

23. “middle”在《跟单信用证统一惯例（UCP600）》中表示“月中”，惯例规定的对应日期为“11 日至 20 日”，包括起止日期。

24. “end”在《跟单信用证统一惯例（UCP600）》中表示“月末”，惯例规定的对应日期为“20 日和 21 日至月末的最后一天，包括起止日期”。但是“end”这个词在它的本义中只是表示“结束、最后”，可是具体用到惯例之后就赋予了它十分确定的含义。

25. “duplicate original”在《跟单信用证统一惯例（UCP500）》中表示“两联正本之一”。但是它的字面意思却是“两个正本”，应注意区别。

26. “third of three”在《跟单信用证统一惯例（UCP500）》中表示“三联之三”。它的字面意思是“三个中的三个”，还是有一些区别的。

27. “customer's copy” 在《跟单信用证统一惯例（UCP500）》中表示“客户联”，但是其本意是“客户的复印件”，它们之间有差别。

28. “shipper's copy” 在《跟单信用证统一惯例（UCP500）》中表示“托运人联”，但是其本意是“托运人的复印件”。

29. “our principals” 在《跟单信用证统一惯例（UCP500）》中表示“指做出声明或证明当事人以外的某人”，而“principal”表示“首要的”和“高级的”，特指一些机构中的官员。

30. “compliance” 表示“单证相符”，即单据和信用证要一致，否则银行将拒付货款。

31. “consistency” 表示“单单一致”，《跟单信用证统一惯例（UCP500）》中规定“是指在把一份单据上注明的有关信息（重量/尺码/唛头等）与另一份规定的单据的信息相比较时产生的，要求它们的内容完全一致”。

32. “Date of Payment of Date of Maturity of Due Date” 表示“付款日期”，也称“付款期限”，但是只从英文的字面意思也可以想到这个意思，只是在信用证上规定的是“付款人履行付款的日期”。

33. “Draft At Sight（即期汇票）”，它的含义是“持票人向付款人提示汇票的当日为付款日。”[1]

34. “On board（装船）”，《跟单信用证统一惯例（UCP500）》中规定“表明装船日期，旨在证实货物已装上船舶。

35. “Within 2 days after（在……后的 2 日内）”，《跟单信用证统一惯例（UCP500）》中规定“within 与日期连在一起使用

[1] 廖瑛、莫再树：《国际商务英语语言与翻译研究》，机械工业出版社 2005 年版，第 111～115 页。

时，在计算期限时，该日期不包括在内”。

36. “Not later than 2 days after（不迟于在……后的2日）”，根据《跟单信用证统一惯例（UCP500）》中规定，其意思为“不是一段时间，而是最迟的日期”。

37. “At least 2 days before（至少早于……的前2日）”，《跟单信用证统一惯例（UCP500）》中规定的意思为“一件事情的发生不得迟于某一事件的前2日”。

38. “Appears on its face（在其表面看来）”，《UCP500关于电子交单的附则（eUCP）》（版本1.0）第e3条规定的意思为“适用于审核电子记录的数据内容”。

39. “Document（单据）”《UCP500关于电子交单的附则（eUCP）》（版本1.0）第e3条规定“这里的‘单据’一词应包括电子记录”。

40. “Place for presentation（交单地点）”在“附则”中规定“意指一电子地址”。

41. “One invoice（一份发票）”和“invoice in 1 copy（发票一份）”这些词汇都表示“要求一份正本发票”。

42. “Invoice in 4 copies（发票四份）”，在信用证中表示“提交至少一份正本发票，其余用副本发票即满足要求”。

43. “One copy of invoice（发票一份）”在信用证中表示“提交一份副本发票即为符合要求。”

44. 单数词形包含复数含义，复数词形包含单数含义。

45. Sign（签字）在“附则”中表示“此用语应包括电子签字”，等等。[1]

---

〔1〕 Donald R. Smith，“What happened when July 1 UCP600 rules took effect?”，www. ioma. com/Global.

以上的词汇从表面上都能够理解其词义，但是放在《跟单信用证统一惯例》里面词义就大不一样了，极易产生混淆与错误。明白它们的差别，才能正确理解惯例的文本含义，这对我国的对外贸易有深远的意义。

4.12 本章小结

本章主要讨论了国际贸易法律文本语言的国际化和民族化、国际贸易法律文本的可译性与不可译性、国际贸易法律文本的汉译技巧、国际贸易法律文本复杂长句的翻译、国际贸易法律英文文本中的标点符号、国际贸易法律文本容易出现的误译、国际贸易法律文本中的但书条款的翻译和国际贸易法律文本翻译中模糊性语言的应用技巧等。本章的内容比较多，是论文的重点，也是内容最多的一部分。本章讨论的主要是国际贸易法律汉译本的语言问题，同时还研究了一些翻译的技巧，目的在于将原文正确地翻译成中文，这将有益于国际贸易法律文本的翻译。最后的法律文本翻译中模糊性语言的应用技巧问题，是本文所要讨论的一个重点和难点，因为法律语言的模糊性无处不在，不管是英译汉还是汉译英都需要把这个问题探讨清楚。

翻译好国际贸易法律文本并非易事，鉴于国际贸易法律文本的特点，翻译者首先要有扎实的汉语基础和较高的英语水平（包括法律英语）以及充分的法律知识，另外，还要求译者不断地扩大知识面，在翻译过程中不断学习，不断总结经验，才能把国际贸易文本中的句子翻译好理解好，以便更好地指导国际贸易活动。

同时，国际贸易法律惯例英文文本是人们在长期的国际贸易经济实践活动中产生的，它对国际贸易经济实践活动的开展具有很大的指导和制约作用。对于我国许多从事国际贸易经济活动的外贸人员及银行人士等，笔者认为除了要认真贯彻执行我国的相关对外贸易政策、法令和条例等法律规范之外，还必须对相关的国际贸易法律惯例有非常充分的了解和更加深入的研究，并要具备很好的英语能力，这样才能够把国际贸易法律惯例真正理解正确，把原文翻译好，更好地指导我国的对外贸易工作。

5 国际贸易法律英文文本的历时比较

本书中所述的国际贸易法律英文文本的历时比较是指我们将不同时期的国际贸易法律英文文本放在一起，根据法律语言的特点，从词汇、语法和法律等诸多方面进行对比、分析和归纳，找到这几个方面的变化规律和特点，并加以总结。

《牛津现代法律用语词典》有这样的表述："作为一种专业语言，法律语言常带有显著的可变性，这很大程度上是因为法律语言不能完整地记录和描绘。这方面它和 18 世纪以前的英语相似——语法家尝试减少变化并使许多模糊用法更具有逻辑性。当时，在有创造性的天才如莎士比亚那里，英语可以极具表达力和感染力。相反，遵循先例是我们法律制度的核心，法律文书写作者通常要查阅多得另人生畏的先例，以便准确地弄明白以前法律文书是怎么写的。结果，一代代下来，许多法律语言的表达方式变得僵化难懂，并且该语言的承继者们总是不能将单纯的形式同必需的内容区别开来，在一定程度上，形式和内容一直被分离。”

本章有必要对这些法律文本做一个动态的分析。在众多的国际贸易法律文本中可以观察到，只有《跟单信用证统一惯例》的变迁次数最多，笔者搜集这个文本的不同时期的文献也比其他的国际贸易法律文本更加全面，语料比较充足，利于通过对这一文本的几次修改来分析它们之间的变化。《跟单信用证统一惯例》是由国际商会在世界各国长期的贸易实践基础上制定出来的统一标准的法律解释和做法，然而它并不是各国的共同立法，同时它也不是某一国家的法律，它只是一项国际惯例。它对于从事国际贸易的商人和银行没有任何强制性。它不属于自动适用的法令或法律，只有在信用证上注明双方愿意采用此惯例时，它才可以对双方产生约束力。必须指出的是《跟单信用证统一惯例》至今还未成为国际法的一种，但是它已被全世界超过一百七十个国家和地区的银行所普遍承认、接受并采用，它已成为国际贸易中一项影响很大的国际惯例。《跟单信用证统一惯例》的几次大的变迁和历史发展轨迹如下：

1. 1929 年国际商会在阿姆斯特丹召开大会，形成了第 74 号出版物《商业跟单信用证统一惯例》，当时只有两个国家的银行采用。

2. 1933 年首次发表了《跟单信用证统一惯例》，即首次制定了一套完整的标准条文，简称：UCP。

3. 1951 年国际商会在第 13 次年会上对 UCP 进行了首次修订，这次修订被广泛使用。

4. 1962 年第 2 次修改之后，UCP 已被国际社会普遍接受与使用了。

5. 1974 年第 3 次修改主要是针对集装箱运输业务的相关单证的。

6. 1983 年第 4 次修改的规模较大，对各种货运单证和文件进行了分类。

7. 2007 年对 UCP500 进行了修改，形成了 UCP600，于 2007 年 1 月 1 号实施。

这些法律文本经过多次修改，存在着一个变迁的过程。我们就拿《跟单信用证统一惯例》这个比较有代表性的文本为例。如，《跟单信用证统一惯例》（Uniform Customs and Practice for Documentary Credits）简称“UCP”，先后做过 7 次大的修改，而且是每隔 10 年修改一次，非常有规律。又如，《国际贸易术语解释通则》（International Commercial Terms），简称“Incoterms”，自 1936 年编订后，分别于 1953 年、1967 年、1976 年、1980 年和 2000 年做过 5 次补充和修订。再如，UCP 和“Incoterms”等许多惯例这样频繁的修改，主要是为了与国际贸易的发展步伐保持一致，与时俱进。由于生存的环境、政治经济形势的改变，使得这些法律条文也必然随之变动，因而，《跟单信用证统一惯例》才在众多的国际贸易惯例中始终保持着长青的地位，它的活力一直影响至今。由于中间跨度近七十年，据研究发现，《跟单信用证统一惯例》从第一个文本一直到最后的一个文本（UCP600）使用的语言均为英语。为了更好地研究《跟单信用证统一惯例》几次变迁的几个文本，笔者首先必须对法律英语的特点做一个全面的分析和研究。

表 5-1 （No.1）信用证惯例的几次变迁的详细情况

名称/修改内容	制定/修订年份	国际商会出版物
商业跟单信用证统一规则 5 类 46 条	1929 年制定	74 号出版物
商业跟单信用证统一惯例 5 类 49 条	1939 年修订本	82 号出版物
商业跟单信用证统一惯例 5 类 49 条	1951 年修订本	151 号出版物
跟单信用证统一惯例 5 类 46 条	1962 年修订本	222 号出版物
跟单信用证统一惯例 5 类 46 条	1974 年修订本	290 号出版物
跟单信用证统一惯例 5 类 47 条	1983 年修订本	400 号出版物
跟单信用证统一惯例 7 类 49 条	1993 年修订本	500 号出版物
跟单信用证统一惯例不分类 39 条	2007 年修订本	600 号出版物

以上是《跟单信用证统一惯例》跨度 90 年的一个大的变迁情况，具体到每一个出版物，从 74 号一直到 600 号，共有 8 个文本，可是由于笔者很难找全这 8 个版本，所以只能根据已有的几个文本进行对比研究，下面笔者将就已有的几个文本的修改做一个纵向的深入的探讨。为了更加清楚地说明他们的具体变迁内容，笔者将它们全部列成表，以供参考；如果笔者手中资料齐全这几个表的顺序应按《跟单信用证统一惯例》文本的出版时间来列，即正常的顺序为：

（1）74 号出版物与 82 号出版物的对比；

（2）82 号出版物与 151 号出版物的对比；

（3）151 号出版物与 222 号出版物的对比；

（4）222 号出版物与 290 号出版物的对比；

（5）290 好出版物与 400 号出版物的对比；

（6）UCP500 与 UCP600 的对比。

以上这几组出版物的变迁对比中都包含着词汇、句法、内容等方面的变化和修订，都是后一时间的版本对前一个版本的变迁和修订。笔者在此一一列表说明也是为后面的分开讨论做一个铺垫。下面将上述的几组文本的对比按照笔者手头拥有的资料一一列表如下，以下这两个版本目前在我国还没有中译本，这是笔者自己翻译的，供参考。

表 5－2　（No. 2）74 号出版物和 82 号出版物之比较

《关于商业跟单信用证统一惯例》（1929 年）74 号出版物	《 商业跟单信用证统一惯例》（1933 年）82 号出版物
没有总则	有总则，并包括 a/b/c 三项内容
A 部分中包含 9 点	A 部分中列明有 9 个条款
B 部分：5 个内容	B 部分：第 10～14 条款
C 部分：18 个内容	C 部分：第 15～34 条款
D 部分：14 个内容	D 部分：第 35～48 条款
E 部分：包含 2 个内容	E 部分：只有第 49 款

注：以上的对比只是从两个版本的形式格式上进行的。

表 5－3　（No. 3）针对条款内部变迁的

UCP 400	UCP 290
1. 增加了“应合理谨慎地检验所通知信用证的表面真实性，所谓合理谨慎地检验其表面真实性，就是指通知行在收到开证行来电或来信要求通知或转递信用证时，须先对来电的密押或信函的印鉴进行鉴定，经过证实无误后才正式通知受益人。此项手续明确地成为通知行处理信用证时的义务，以防止在传送过程中不法商人使用仿造签字、伪造电文等手法进行蒙骗欺诈”。	1. 原来的条款“不可撤销信用证可经另一银行（即通知行）通知受益人，而该银行无须承担责任。”（第三条 f 款） （通知行职责范围）

续表

UCP 400	UCP 290
2. 统一使用"运输单据（transport documents）"或"单据（Documents）"。	2. 不再使用 B/L。即，推翻了 UCP 290 中海运单据仅限"提单"（B/L）一种的狭隘规定。
3. 将 UCP290 总则 a 条中的"provision and definitions and definitions and the following"在 UCP400 中全部省略了，这一点也体现了法律语言所要求的简明性。"These articles apply to al－l documentary credits."［UCP400］	3. "These provision and definitions and the followingar ticles apply to all cocume ntary credits and are binding upon all parties thereto unless otherwise expressly agreed.［UCP-290］"
4. 将 UCP290 中的介词"upon"改成了"on"，其实，这两个介词是可以通用的，但是，从 UCP290 到 UCP400 经过了 10 年的实践，这一变化，笔者认为还是出于对法律语言的简明性考虑的。［UCP400］	4. 请看 UCP290 中总则 a 条中 upon 的使用。"…credits and are binding upon all parties thereto unless expressly agreed."再看 UCP400 中的变化："…and are binding on all parties thereto unless otherwise expressly agreed."

《跟单信用证统一惯例 UCP600》第 32 条项下的"分期付款"（从 UCP600、UCP500、UCP400 和 UCP290 的变迁看此条款的变化）

表 5－4　（No. 3）

UCP290：1974 年《跟单信用证统一惯例 UCP290》（1974）	UCP400：1983 年《跟单信用证统一惯例 UCP400》（1983）	UCP500：1993 年《跟单信用证统一惯例 UCP500》（1993）	UCP600：2007 年《跟单信用证统一惯例 UCP600》（2007）

续表

Article：36	Article：45	Article：41	Article：32
If shipment by stalments within given periods is stipulated and any instalment is not shipped within the period allowed for that instalment, the credit ceases to be available for that or any subsequent instalments, unless otherwise specified in the credit. 定期内分批装运，而有任何一批未能于规定期间内付运者，除非信用证上另有规定者，则对该批货物装运，以及对其后各批货物装运皆告失效。	If drawings and/or shipment by instalments within given period are stipulated in the credit and any instalment is not drawn and/or shipped within the period slowed for that instalment, the credit ceases to be available for that or any subsequent instalments, unless otherwise stipulated in the credit. 如信用证规定在指定的时期内分期支款及/或装运，并任何一期未按期支款及/或装运时，除非信用证另有规定外，信用证对该期及以后各期均告失效。	If drawings and/or shipments by instalments within given periods are stipulated in the credit and any instalment is not drawn and/or shipped within the period allowed for that instalment, the Credit ceases to be available for that and any subsequent instalments, unless otherwise stipulated in the credit. 信用证规定在指定的不同期限分期支款及/或分期装运，如其中任何一未按信用证所规定的期限支款及/或装运，则信用证对该期及以后各期均失效，但信用证另有规定者除外。	If a drawing or shipment by instalments within given periods is stipulated in the credit and any instalment is not drawn or shipped within the period allowed for that instalment, the credit ceases to be available for that and any subsequent instalment. 如信用证规定在指定的时间段内分期支款或分期发运，任何一期未按信用证规定期限支取或发运时，信用证对该期及以后各期均告失效。

分析：这里的分析只是客观描述，后面还有几节将就此变迁再做一详细论述。

1. UCP290、UCP400 和 UCP500 在本条款的结尾都有这样一句话“...unless otherwise specified in the credit.”中文意思是“……但信用证另有规定者除外”。

2. UCP400 和 UCP500 都比 UCP290 多了一个词组即“drawings and/or”中文含义是“提款及/或”。

3. 这几个文本中有一个句子的单复数发生了变化，在 UCP290 中用的是单数，如，“is stipulated”汉语的意思是“被规定”，但是 UCP400 和 UCP500 却变成了“are stipulated”。到了 2007 年的 UCP600 号就变成“is stipulated”。UCP400 比 UCP290 中多了一个词组“in the credit”，并且从 UCP400 开始到了 UCP600 全部用上了“ in the credit”。

4. 从 UCP400 开始比 UCP290 多了“drawings and/or”，在随后的 UCP500 中也保留了“drawings and/or”，之后就把“and/or”改成了“or”，从而体现法律文本的简单化，语言的简洁化。

最后一句也是变化比较多的地方，在 UCP290 中，用的是“unless otherwise specified in the credit.”但是到了 UCP400，这最后一句将 UCP290 中的“specified”改成了“stipulated”，到了 UCP500 继续沿用了“stipulated”这个词。但是，到了 UCP600 却将最后一句话全部删除了。

5. 从条款的标号也可以看出由第 36 条（UCP290），变成了第 45 条（UCP400），后来又变成了第 41 条（UCP500）和目前使用的第 32 条（UCP600）。

表 5-5　（No 2）UCP500 与 UCP400 条款结构变化表

UCP400	UCP500	备 注
A. 总则和定义 第 1~6 条（共 6 条）	A. 总则和定义 第 1~5 条（共 5 条）	UCP500 少一条，因将 UCP400 的第 6 条合并到 UCP500 的第 3 条中。
B. 信用证形式与通知 第 7~14 条（共 8 条）	B. 信用证形式与通知 第 6~12 条（共 7 条）	UCP500 少一条，因将 UCP400 的第 13 条合并到 UCP500 的第 5 条中。
C. 义务和责任 第 15~21 条（共 7 条）	C. 义务和责任 第 13~19 条（共 7 条）	相等
D. 单据 第 22~42 条（共 21 条）	D. 单据 第 20~38 条（共 19 条）	两 500 少两条，因 UCP 400 的第 25 条被解体，第 26、27、29 条合并到 UCP500 的第 23 条中，UCP400 的第 28、32、33 条合并到 UCP500 的第 31 条中；UCP400 的第 36、37 条合并到 UCP500 的第 34 条中。以上一共合并了 8 条，但是 UCP500 中又新添了 6 条单据条款，两项冲抵，所以少了 2 条。

表 5-6 (NO.3)[1] UCP600 与 UCP500 内部结构变迁的比较

按含义划分	条 款	类别名称	条 款
总则、定义、释义	第 1～6 条	总则和定义	第 1～5 条
当事银行的义务和责任	第 7～13 条	信用证的形式与通知	第 6～12 条
单据审核及其处理	第 14～16 条	责任与义务	第 13～19 条
对各种单据的具体规定	第 17～28 条	单据	第 20～38 条
杂项规定	第 29～37 条	杂项规定	第 39～47 条
可转让信用证	第 38 条	可转让信用证	第 48 条
款项让渡	第 39 条	款项让渡	第 49 条

5.1 国际贸易法律英文文本语言特点历史分析

国际贸易法律英语用词要求高度准确，这一点也恰恰是法律工作的特点所要求的。人们在长期的民族共同语使用过程中，参照立法、司法工作的实际需要而逐步形成的一套具有法律专业特色的词汇和术语。《牛津法律英语大词典》指出："法律语言部分地是由具有特定法律意义的词组成，部分是由日常用语组成，但这些日常词汇往往具有特定的法律意义。我们将这一现象称之为具有普通词形态而无普通词意义的法律词汇。"国际贸易法律文本大多数是用英语起草的，因此，对法律英语的研究显得尤为重要。[2]

---

〔1〕 张蕴："UCP600 与 UCP500 相比的主要变化"，载《泰州职业技术学院学报》2007 年第 5 期，第 34～37 页。

〔2〕《牛津法律大辞典》，光明日报出版社 1988 年版，第 515 页。

5.1.1 国际贸易法律英文文本的词汇特点

国际贸易法律文本在词汇方面主要存在以下几个特点：

一、用普通的英语词汇来表达法律上的特定词义

即一些普通的词汇被赋予了固定的法律意义。而这类词有大部分是多义词，英语词汇也分成两种：普通英语和专业英语。

表 5－7 普通英语词汇和法律专业英语词汇的比较

单词	普通词汇意义	法律英语
award	奖励	法庭宣判
damage	损坏	赔偿金
wrong	错误	违法
well	好，井	律师席
validity	有效性	合法性
vacation	假期	休庭期间
undo	解开	勾引，诱奸
suit	套衣服	诉讼案件
service	服务	送达
recognize	认识	备案
racket	球拍	敲诈
proceed	进行	起诉
petitioner	申请人	申诉人
party	晚会	当事人
offer	提供	要约
limitation	限制	时效
hear	听见	听审

续表

单词	普通词汇意义	法律英语
exhibit	展出	物证
discovery	发现	证据展示
defence	防御	辩护
declaration	声明	申诉书
condemn	谴责	判刑，定罪
committee	委员会	监护人
client	顾客	当事人，委托人
challenge	挑战	回避
cause	原因	诉因
acceptance	接受	承诺
apprehend	领悟	拘押
appeal	呼吁	上诉
answer	相反的	论辨
action	行动	诉讼
bill	账单	法案
battery	电池	伤害

二、大量使用古旧词汇

古英语词汇在现代英语中已经很少见了，但是在国际贸易法律文本中却大量存在。英美国家也对法律语言的晦涩难懂提出了种种改革的办法，如：要求法律英语“简明大众化”，可是法律文本的特点是句子简练、简明、精确、严谨，文句正规、专业、公正、权威、庄重、正式并且严肃等，所以古旧词汇的使用以及保留至今是非常必要的。

表 5－8 国际贸易法律文本中使用的一些古旧词汇列表

英文	汉语词义	英文	汉语词义
whereof	关于某事	forthwith	随即
whereat	在那里	hereby	据此
hereunder	在下面	whereon	在那上面
thereunto	到那里	whereby	借以，凭那个
therein	在其中	whereas	鉴于
thereafter	之后	thereupon	就该事
thenceforth	从那时起	theretofore	直到那时
aforesaid	上述的	thereon	在其上
hereafter	之后	thereat	在哪里
herein	本文件中	thereabout	大约
hereinabove	从那里	thence	在上文
hereto	于此	therewith	与此
hereunder	在下文	heretofore	迄今为止
pursuant	按照	hereof	本文件的
whereby = by	which	引导定语从句	hcrcinafter
whomsoever	…的人（= whom）	hereby	用这种方式
thereby	通过那种方式		

比如，《跟单信用证统一惯例（第 82 号）》第 21 条中规定，"Bank have the right to accept Bill of Lading mentioning the stowage on deck of goods of a special nature, on condition that the insurance covers the risks arising therefrom."

上句中的"therefrom"就是"从那里，从那一点"的意思。

又如，《跟单信用证统一惯例（第 82 号）》第 42 条中规定，"When the words 'departure' / 'dispatch' /or 'loading' are used in Commercial Documentary Credits, and unless specific evidence in respect thereto is required, the Banks will consider these words as synonymous to 'shipment', and they may be guided by the date appearing upon the Bills of Lading or other shipping documents." 其中的"thereto"就是一个古词，它的法律意思是："另外"。

再如，《跟单信用证统一惯例（UCP500）》第 15 款规定，"…, the consignees or the insurers of the goods, or any other person whomsoever." 其中的"whomsoever"是一个古英语词，它的中文意思是"……的人"。

再如，"…, and the carrier shall not be liable for any loss or damage resulting therefrom." 此处的"therefrom"的含义是"因此"，本句中应理解为"为了救助或企图救助海上的生命或财产而进行的绕航或任何合理绕航"。

又如，"In witness whereof the undersigned plenipotentiaries duly authorized, have signed this protocol." 此句的意思是"下列全权代表经正式授权，已在本议定书上签字，特此为证。"本句中的"whereof"意同"of the fact that"，即"关于那事"，也可以在某些场合做"关于那人、关于那物"讲。[1]

三、使用外来语或短语的频率比较高[2]

国际贸易法律语言中大量使用的外来语主要是拉丁语、拉丁语的同源语、法语、德语、意大利语、西班牙语、葡萄牙语和其他语种，从而使国际贸易法律语言显得既严肃冰冷又高贵典雅。国际贸易法律文本中使用最多的外来语是拉丁语和法语，国际贸

〔1〕 张婷婷："信用证银行审单的发展——从 UCP600 与 UCP500 的差异说起"，载《法制与社会》2007 年第 10 期。

〔2〕 Deborah Cao, *Translating Law*, Multilingual Matters Ltd, 2007, p. 19.

易法律语言中的拉丁语是在公元 597 年随基督教的传入而来的。但是其中的法语却是 11 世纪诺曼底人开始统治英国以后才逐步从法语的法律语言中借用的。

随着法律逐步地深入人们的商业活动，并改变着人们的贸易实践生活，原有的国际贸易法律文本已经成为了人们进行贸易活动不可分割的组成部分。显然许多国际贸易法律文本中的标准外来词已根植于人们心中，人们逐渐忘记了这些词的词源。加上法语词汇形态和发音同英语词汇有很大的相似之处，没有专门接受过词源学方面专业知识的人是不可能辨认出这些词的来源的。下面就现有的国际贸易法律文本，找出经常出现的一些外来语，并列表如下：

表 5－9　法律文本中外来语列表

法语	中文含义	拉丁语	中文含义
breve	法院的令状	affidavit	证明
quash	废除	alibi	不在犯罪现场
fee	律师费	de facto	事实上
voir dire	挑选陪审团员的过程	in rem	反对某物
lien	留置权	quorum	法定人数
void	无效的	alieni juris	他人权利
estoppel	禁止反言	bona fide	真诚
jury	陪审团	actus	合法行为
alien or aliene	转让	sine die	人身保护令
cestui que	信托受益人	prima facie	表面的
save	除……之外	habeas corpus	无限期
seisin	占有物	stare decisis	先例原则

续表

法语	中文含义	拉丁语	中文含义
laches	对行使权利疏忽	de jure	事实上
res gestae	允许作为证据提出	status quo	现状
nemo est supra leges	任何人不得凌驾于法律之上	nisi prius	初审
ad hoc	临时	adreferendum	尚待核准
animus	意愿	arguendo	在争辩中
bancus	法院	arguendo	在辩论中
certiorari	上级法院向下级法院调取案卷复审的令状	coram	在某人面前
corpus juis	法典	dies cedit	权利义务成立期
dolus antecedens	事前犯意	en banc	全体出庭法官庭审
et alii	以及其他事项	fieri facias	财务扣押令
ipso facto	根据事实本身	lex situs	物所在地法
modus operandi	做法	nexus	关系
nota bene	注意	null and void	无效
per curiam	依法院	res judicata	既决案件
seriatum	逐条	supersedeas	中止执行令
vis major	不可抗力		

从以上表中得出结论，国际贸易法律文本中使用较多的外来语是拉丁语，其他语种相对较少，下面还有几个其他语言的外来语，笔者也将它们列出，以供参考：

表 5 - 10 外来语是德语

德语	中文含义
Recht auf Arbeit	工作的权利
Verbrechen	违法行为、犯罪

《跟单信用证统一惯例》[1]中“发运条款”中规定：“If shipment by instalments within given periods is specified, each instalment shall be treated as a separate transaction. The instalments not shipped at the given period cannot be added to subsequent shipments and are ipso facto canceled.”此句中的“ipso facto”就是一个外来语，是拉丁语，表示“根据该事实”。

四、大量使用书面语

国际贸易法律英语是英语国家的法律工作者所使用的习惯语言，其词汇有着自己显著的正式性特点。法律英语用词正式而庄重，任何情况下都不能使用口语、俚语和方言。正确使用古体词能使法律语言庄重严肃并具备神圣性、权威性和严密性，如：thereafter，whereby，wherefore、hereinafter，whcreupon 等。这些词用来确指文中的某一方或合同双方，能使行文准确，从而提高法律文书的正式性。外来词语的使用及并列结构的使用也能增强文体的正式程度，为了体现正式性，同义词或近义词常将“or”或“and”并列使用，如“annul and set aside（废止和撤销）”，其中的“废止”和“撤销”是同义词或者说是近义词；“entirely and completely remove（全部取消）”，其中的“entirely ”和“completely”的含义是“完全地”，它们是同义词。“last will and testa-

[1] 1927 年国际商会签发的第一份惯例，严格来讲应该称作：“出口商业信用统一惯例草案”。

ment（最后遗嘱和遗言）”中的“will ”和“testament”的含义是“遗嘱和遗言”，它们是同义词。“totally null and void（完全无效）”中的“null”和“void”是近义词，即“无效”之意。再比如：“terms or conditions（条款）”中的“terms”和“conditions”是“条件、条款”之意。因为国际贸易法律英语涉及的主要是国际贸易方面的事物，而普通英语则表达的是日常生活中的事物，可是普通英语的词汇却可用来表达国际贸易方面的意义。如：“dishonesty，breach of trust（违反信托）”中的“dishonesty”和“breach of trust”，我们可以用“bereach of trust”代替“dishonesty”，它们是近义词。国际贸易法律语言的准确性主要表现在词汇的选择使用方面。英语词汇中的80%为多义词，人们经常对句子中的一些词义有不同的理解而产生“语义歧义”，但是国际贸易法文本中大量使用同义词就可以弥补这一不足。比如：“acknowledge and confess”，其中“acknowledge”与“confess”是同义词，我们常用“confess”替代“acknowledge”；又如“fitness and proper（条款）”等等。同时，在国际贸易法律英语中，绝不能有口语出现，如：多用 agreement（协议），follow（做……的后继人），in fact（论据），temporary（临时性条约）等，而不用 as regards（关于），by virtue of（因为），convene（传唤……到庭），ensue（接着发生，接着而来），in effect（有效），interim（临时的）等。

法律语言的一般特点具有严肃性和庄重性，因此国际贸易法律语言也大量地使用正式的书面语言，也就是使用正式程度比较高的词汇和短语，而根本不使用口语。为了更清楚地比较出这一特点，笔者将列一个简表如下：

表 5-11 法律文本中正式词汇的列表

一般书面语体中	中文含义	国际贸易法律文本中
according to	按照	in accordance with
with regard to	有关	pursuant to egarding
the deceased	死去的人	in respect of concerning
come here	来这里	approach the bench
before	在……之前	prior to
after	在……之后	subsequent
end	结束	termination
begin	开始	commence
if	如果	where, provided that
obey	服从	comply
with think	想	deem, hold
for	为了	for the purpose of

从上表中可以看出，国际贸易法律文本语言使用的词汇是更高一级的正式词汇，用书面语较多。

五、同义词和近义词的连续使用表达单一的国际贸易法律含义

《Uniform Regulations for Commercial Documentary Credits 1929 Draft》中 D 条第 8 款规定，“‘prompt’，‘immediately’，‘as soon as possible’, etc. These terms, and others of similar import, are to be interpreted as a request for shipment and presentation of documents within thirty days from the notification to the beneficiary, unless a date has been stipulated.” 在这个句子中使用了三个表示“尽快”的近义词连用来表示对运输单据所提的要求，强调不能拖延，有时间限制，就是尽快办理相关事宜。这三个近义词的连用确实起到了一个强调的作用，引起人们对运输单据时间的重视。

《跟单信用证统一惯例（82号）》第39款规定，“The words ‘to’，‘until’，‘till’ and words of similar import applying to dates of maturity for payment or negotiation are understood to include the date mentioned.”其中的“to”，“until”，“till”三个字都表示“直到……时间为止”。条款这样列明主要是为了说明付款的时间和期限，强调议付的时间。

UCP151中规定，“If the documents, on their face, are not as stipulated by the terms and conditions of the credit, the issuing bank must, upon receipt of the documents, determine, on the basis of the documents alone, whether or not to claim that payment, negotiation or acceptance was not made in accordance with the terms and conditions of the credit.”本句中的“terms”是“条款”的意思，“conditions”是“条件”的意思，为了使句子更加简洁明了，合起来翻译成“条款”即可。在此句中，这个近义词被使用了两次，这也反映出早期文本中近义词连起来使用的现象也是比较普遍的。

UCP222中规定，“Credit instructions and the credits themselves must be complete and precise and, in order to guard against confusion and misunderstanding, issuing banks should discourage any attempt by the applicant for the credit to include excessive detail.”此句话中的“complete”是“全面的”意思，而“precise”是“精确的”，它们属于近义词；另外，“confusion”的意思是“弄混，不清楚”，而“misunderstanding”的意思是“误解，不明白”。

UCP222中“The applicants for the credit shall be bound by and liable to indemnify the banks against all obligations and responsibilities imposed by foreign laws and usages.”此句中的“obligations”是“义务、责任”的意思；而“responsibilities”也是“义务、责

任”，它们是同义词，为了使文本语言更加简单明晰，只需将这两个同义词翻译为一个词的中文含义即可。本句此处可译为“义务”也可以译为“责任”，二者由译者自行选择。

由此看来，一个句子中竟然有两处都是将近义词并列起来使用的，而且，两个句子还是连着使用的，其目的也是为了避免使用同一个词并加强语气。当我们翻译时，不需要将其每个意思都翻译出来，只需翻译其中一个单词的意思即可。如：“complete and precise”可译为“全面且准确的”，而“confusion and misunderstanding”则译为“误解”。这样显得句子干净利落，也不失庄重，更符合法律语言的特点。〔1〕

表 5－12 “法律文本中的近义词和同义词”

同义词或近义词	中文含义
cancel, annul and set aside	废除、取消
save and except	除此之外
fair and equitable	公平的
free and clear	自由的
authorize and empower	权威、控制
hold and keep	保持
cease and desist	终止
acknowledge and confess	供认
obligation and liability	义务
give, devise and bequeath	给
full and complete	完全

〔1〕 吴玲娣：“法律英语用词特点的观察与分析”，载《宁波大学学报（人文科学版）》1999 年第 4 期。

续表

同义词或近义词	中文含义
keep and maintain	维持
fraud and deceit	欺骗
force and effect	实施
have and hold	保持
alter and change	变化
interpretation and construction	设立
terms and conditions	条款

六、大量存在着使用专业术语的特点

关于国际贸易法律术语，麦林科夫是这样解释的："具有特定意义的专门化词。"加纳的说法是："在某一特定专业中具有特定、准确意义的词集。"即，国际贸易法律专门术语是作为科学的国际贸易法律中特有的术语，在多数情况下在国际贸易法律文本语言中会出现。比如，"certiorari"是一个法律术语，含义是"上级法院向下级法院发出的调取案卷进行复审的令状"。

表 5－13　国际贸易法律语言的专门用语列表（非完整列表）

国际贸易法律语言词汇专门用语	汉语意义	一般语体
tariff	关税	价目表
average	海损	平均
claims	索赔	要求
plaintiff	原告	起诉人

续表

国际贸易法律语言词汇专门用语	汉语意义	一般语体
foreseeability	可预见性	可预见性（词义没变化）
defendant	被告	被告（词义没变化）
box	证人席	盒子
deed	契约	行为
alibi	不在犯罪现场	借口
code	法典	密码
jury	陪审团	（竞赛的）裁判委员会
complaint	抱怨	投诉
will	遗嘱	将要
judgement	审判	判断
fine	罚款	好
crime	罪行	罪行（词义没变化）
conduct	行为	导演
signing	签署	“签字”的动名词
insurance	保险	保险（词义没变化）
write	签字	写
action	诉讼	行为
adopt	收养	采纳
advance	预付	前进
appeal	上诉	呼吁
arm	权力	扶手
bar	法庭	（铁、木）条
challenge	对表	挑战

续表

国际贸易法律语言词汇专门用语	汉语意义	一般语体
circuit	巡回审判	环形
discovery	（证据等的）开示	发现
exhibit	物证	展览 instrument
契约	仪器 party	当事人
sentence	判决	句子

以上列表说明出现在其他文体中的词语在法律文体中被赋予了特定的法律意义，但是也有少数词义和原来的词义比较没有什么变化。据统计发现，大多数普通的词语被赋予了特定的法律意义，上面的表格也反映了这一现象。

七、行话的普遍使用

行话（lawyer's shop talk）是指法律文本中出现的，为少数一些人，特别是律师们相互之间所使用的一种特定语言。行语多数用于口语当中，而专业术语则多用于书面表达。为了更好地说明这一点，笔者列表如下：

表 5－14　法律文本中的行话以及其中文含义

行话（特定语言）	行话的中文含义
case on all fours	随意合同
adhesion contract	定式合同
attractive nuisance case at bar	清白无暇
case in chief clean hands cloud on title	所有权的缺陷
court below	下级法院
four corners of the document	全部文件

续表

行话（特定语言）	行话的中文含义
horse case	非正式的
off the record instant case	不公开的
pierce the corporate veil reasonable man	有理性的人
res ipsa loquitur	事情不言自明

八、准确性和模糊性特点

1. 国际贸易法律语言可以通过复合长句来表达法律英语的确定性和精确性的含义，其目的是为了限定某些含义，避免歧义。

如：UCP222 第 6 条规定，“If incomplete or unclear instructions are received to issue, confirm or advise a credit, the bank requested to act on such instructions may give preliminary notification of the credit to the beneficiary for information only and without responsibility; and in that case the credit will be issued, confirmed or advised only when the necessary information has been received.” 此句中的“incomplete”的含义是“不完全的”，“unclear”的含义是“不清楚的”，“preliminary”的含义是“（仅限于名词前）初步的”，“necessary”意为“必需的”。这几个形容词均为模糊用语，如果银行收到来自当事人的指示“不完全 ”和“不清楚的”，那么银行此时就只能给受益人一个“初步的通知 ”，并且说明“银行不负责任”，除非银行收到“必需的信息”之后才承担它应该承担的“责任和义务”。由此看来模糊语言的使用会对银行的很多行为产生影响，无论是当事人还是立法者都必须慎重使用。

又如，UCP222 第 13 条规定，“Terms such as ‘first class’（一

流的），'well known'（著名的），'qualified'（高质量的）and the like shall not be used to describe the issuers of any（任何的）documents called for under credits and if they are incorporated in the credit terms, banks will accept documents as presented without further（进一步的）responsibility on their part."

这里的"一流的"、"著名的"、"高质量的"都是比较模糊的词语，本条规定：如果当事人提交的单据中出现了这些词语，则银行在此方面承担进一步的责任。还有两个词语："any（任何的）"和"further（进一步的）"也是外延不清楚的模糊词语，这里用"任何的单据"表示信用证项下的所有单据，范围比较广，比如：提单、装箱单、发票和汇票等单据。最后一句采用"进一步的责任"，笔者认为表示的是"因为使用这类模糊语言后引起的纠纷和责任。"

再如，UCP82 第 11 条规定，"Banks assume no liability or responsibility for the form, sufficiency, correctness, genuineness, falsification or legal effect of any documents or papers, or for the description, quantity, weight, quality..."

本句中的这几个词都是名词，它们的含义分别是："足够、充足（sufficiency）"、"正确的（correctness）"、"真实（genuineness）"、"虚假（falsification）"、"合理的改变（legal effect）"，都是模糊名词。结合句中的含义，银行对当事人提供的单据上的描述的充分性、正确性、真实性还是虚假性以及合法性不承担责任和义务，这里的"充分性、正确性、真实性还是虚假性以及合法性"所表达的语义是模糊的，外延是不明确的，标准也是不确定的。

2. 法律语言的模糊性也是法律语言的又一大特点。国际贸易法律语言也具有这一显著特点，它在法律实践中起着独特的作用。

如：reasonable（合理的）、well-known（著名的）、rapidly（迅速地）、properly（适当地）等。

3. 国际贸易法律语言的精确性和模糊性相互依赖，相互补充地共处于法律英语当中，它们的关系是辩证统一的，是不可分割的一对矛盾统一体。没有模糊性也就没有精确性，反过来讲，没有精确性也就没有模糊性。本章前面讲到的国际贸易法律文本的变迁中也体现了这一特点。在前一个版本中的某些词汇，国际商会认为它们表达的词义不清楚，因此，在下一个版本就将其修改了，使它们的意思更加确切了。

比如，UCP400 第 8 条规定，"…but that bank shall take reasonable care to check the apparent authenticity of the credit which it advises." 本句中的"reasonable care"意"合理的小心"，没有一个明确的标准，结果，10 年之后，UCP500 中就将此句话修改了。同时，后面的"表面的真实性（apparent authenticity）"也是一个没有明确标准的词语，银行如何掌握这个"表面的真实性呢"？对于这一点，国际商会在它的另一本刊物《ICC 银行委员会意见汇编 1995 - 2001 on UCP500，UCP400，URC522 & URDG458》中详细阐述了银行应如何把握信用证的表面真实性。正是因为这是一个模糊语言，外延太大，才使得国际商会不得不再做一番解释。

又如，UCP82 第 42 条规定，"'Prompt'，'immediately'，'as soon as possible'，&c: these terms, and others of similar import, are to be interpreted as a request for shipment within thirty days from the notification to the beneficiary, unless a date has been stipulated."

本句中"prompt（迅速地）"、"immediately（立即地）"、"as soon as possible（尽快地）"都是副词，而且都是程度副词，

这几个副词都没有确定应该快到哪种程度，只是表达了一个“快”的含义。其外延不清楚，也很容易给读者造成理解上的困难，甚至产生歧义和纠纷。在以后的版本中，这类词就被国际商会修改掉了，估计在当时的贸易实践中可能造成较多的误解和纠纷。又如，UCP222 第 8 条规定，“...The issuing bank shall have a reasonable time to examine the documents.”本句中的“reasonable time（合理的时间）”是一个模糊词语，上面句子的意思是：“银行将有一个合理的时间去审理单据。”那么这里合理的时间到底有多长？银行收到受益人的单据后可以无限期地审理下去吗？银行收到单据后可以有多少天去审理这些单据呢？由此看来，这个“合理时间”的使用，很容易给当事人造成歧义，甚至是纠纷。不过，这一模糊用语在以后的版本中也被国际商会修改掉了。这一点也是对法律语言准确性的维护。[1]

再如，UCP151 第 35 条规定，“The terms ‘about’, ‘circa’ or similar expressions（描述）are to be construed（解释为）as allowing a difference not to exceed 10% more or less applicable...”

此句中的“about（大约）”、“circa（大约）”、“similar（类似，近似）”表示的都是一个意思即“大约”，既然是“大约”就一定不是固定的标准，也没有明确的数字显示，因此，它们表达的概念是模糊的，也是不清晰和不明确的。本条款后面又提到：将这类表达不清楚的词语固定一个大致的范围就是“不超过 10% 左右（not to exceed 10% more or less）”，经过这样的规定就使原来不确定的意义变得确定了，原来模糊的词义变得不模糊了，这也是模糊性和精确性相互转化的一种表现形式。

---

〔1〕 国际商会中国国家委员会（ICC China）编：《关于审核跟单信用证项下单据的国际标准银行实务》（ISBP），中国民主法制出版社 2003 年版。

国际贸易文本中普遍存在着准确性和模糊性的现象，笔者对大量文本的分析可知其特点：在前一个文本中因为词意表达不是十分清楚，在下一个文本中将其修改成了一个比较特定的词语，但是经过几年之后，又将其修改成了以前具有模糊词义的词语。

5.1.2 国际贸易法律英文文本的句法特点

由于国际贸易法律英文文本语言最突出的特点是它的公正性，它不带任何主观色彩，所有的句子中几乎找不到任何的人称主语，很多使用的是名词化结构和被动语态。它的主要句法特点如下：

一、既冗长又复杂的句子结构

国际贸易法律英文文本的句式特点是结构复杂、句子冗长和相互重叠。

比如《跟单信用证统一惯例（UCP600）》第35条规定，“A bank assumes no liability or responsibility for the consequences arising out of delay, loss in transit, mutilation or other errors arising in the transmission of any messages or delivery of letters or documents, when such messages, letters or documents are transmitted or sent according to the requirements stated in the credit, or when the bank may have taken the initiative in the choice of the delivery service in the absence of such instructions in the credit.（当报文、信件或单据按照信用证的要求传输或发送时，或当信用证未作指示，银行自行选择传送服务时，银行对报文传输或信件或单据的递送过程中发生的延误、中途遗失、残缺或其他错误产生的后果，概不负责。）”本句中译者采用了调整句子中心、结构和长度，并通过必要的词汇增减来达到翻译的效果。

二、大量的名词化结构和被动语态充斥长句中

比如，《跟单信用证统一惯例（UCP600）》第38条e款规

定，“If a credit is transferred to more than one second beneficiary, rejection of an amendment by one or more second beneficiary does not invalidate the acceptance by any other second beneficiary, with respect to which the transferred credit will be amended accordingly. (如果信用证被转让给一个以上的第二受益人，其中一个或多个第二受益人拒绝接受某个信用证修改并不影响其他第二受益人接受修改。)”国际贸易法律英文文件的目的是对人们的行为做出规定，以便规范人们从事国际贸易活动的行为。为了使国际贸易法律英文文本语言符合法律语言的文体特点，没有具体人物来执行某一动作，同时文中表达的重点在于动作本身而不在动作的执行者，因此常常把动词转化为抽象名词和使用被动语态。国际贸易法律英文文本强调的无人称性的使用，它强调的是句子的内容而并不是句子的产生和接受者，这就是为什么国际贸易法律英文文本中大量出现被动语态的原因。

三、大量使用状语从句

国际贸易法律英文文本中存在有大量的时间、地点、条件和方式状语短语或从句，并且使用的状语从句结构经常有殊位现象而非正常语序。相对汉语来讲，这些状语从句的位置排放得非常灵活，它们有时紧接在它所要修饰的内容后面，有时放在助动词和动词之间。

比如，《联合国国际货物销售合同公约》第70条规定，“If the seller has committed a fundamental breach of contract, articles 67, 68 and 69 do not impair the remedies available to the buyer on account of the breach. (如果卖方已根本违反合同，第67条、第68条和第69条的规定，不损害买方因此种违反合同而可以采取的各种补救办法。)”

四、复杂的定语结构

国际贸易法律英文文本中的名词后面往往带有大量的定语结构，以便对它前面的名词的内涵和外延进行精确的限定，并且还有定语套定语的复杂的语法现象经常出现在长句中。

例如，In the case of documents payable in the currency of the country of payment（local currency），the presenting bank must，unless otherwise instructed in the collection order，only release the documents to the drawee against payment in local currency which is immediately available for disposal in the manner specified in the collection order.

这是一个非常典型的复合句。这里的名词（包括短语）有：documents，payment，local currency，disposal，manner 等，后依次有形容词短语、介词短语、定语从句、介词短语和过去分词短语等修饰这些名词。另外，谓语的前面还有介词短语作条件状语，主句中的情态动词“must”与动词“release”之间安置了一个条件状语短语，在后面还有目的状语短语和时间状语短语用来具体说明到银行交单的条件以及对象和时间。

5.2 国际贸易法律英文文本中词法的变迁

研究国际贸易法律英文文本词法的变迁，要将各个时期的法律文本放在一起，根据法律语言的特点，就词法方面进行纵向的分析和归纳，找出词汇变化的规律和特点，并加以总结。

在此引用 Bryan 先生《牛津现代法律用语词典》的一段话：“传统的法律家们并不想轻易放弃长期使用得很好的东西

也许是合理的。当然，单是因为传统也不足以保持过时的语言形式。现代法律写作者必须致力于在简化法律英语上达到一种平衡。他们不应当断守着这些年复一年越来越词不达意的传统语言，但也不能完全放弃所有带有法律传统烙印的短语和单词。”〔1〕

在最初的几年里，《跟单信用证统一惯例》的修改并没有太大的规律可循，比如，1929 年的草案和 1933 年的第一个文本之间相隔只有 4 年的时间。同时笔者发现 1933 年的版本对 1929 年的文本做了较大的更改。从 1933 年以后大致上每隔 10 年修改一次，而惯例中的内容变化并不是很大。在此，笔者只对这两个版本的前 11 个条款做个简单对比。

表 5 – 15　(NO. 3)【1929 年的草案和 1933 年版本的词法和句法的变迁的比较】

《Uniform Regulations for Commercial Documentary Credit》(1929) Draft《商业跟单信用证统一规则》(1929 年草案)	《Uniform custom and Practice for Documentary Credits》(1933 Revision)《商业跟单信用证统一惯例》(1933 年修订本)
A 部分，第 3 点 All credits, unless clearly stipulated as Irrevocable, are considered revocable, even if a term of validity is in the clause “unless revoked.”(撤销)	A 部分，第 3 条 All credits, unless clearly stipulated as Irrevocable, are considered revocable, even though an expiry date is specified.

〔1〕 布莱恩·A. 加纳：《牛津现代法律用语词典》，法律出版社 2003 年版，第 7 ~9 页。

<table>
<tr><td colspan="2">分析：
1. even if 和 even though 的汉语意思都是“即使”；但是 even if 更多地在口语中使用，然而，even though 则更多地用于比较正式的场合和书面语中。这一点变化体现了法律语言的正式性和庄重性。
2. 1933 年的文本中使用了“an expiry date（有效期）”代替了 1929 年文本中的“a term of validity（一个有效的期限）”这样一个比较复杂的词组。这个变化体现了法律语言所要求的简洁性。
3. 1933 年文本中最后一句话中用“is specified（被特别规定）”这个被动语态，只有两个单词，代替了“in the clause unless revoked（在条款中除非被撤销）”这样一个介词词组（5 个单词）。这也是为了更好地体现出国际贸易法律语言的简明性。
4. 在 1929 年的草案中，使用“第 3 点”，“点”在法律语言中是不规范用语，但是到了 1933 年，文本就改成了“第 3 条”，这里的“条”字，代表的是“条款”的意思。从这一点可以看出，商会在制定这些法律文本时，也是由普通语言到专门的法律用语的过渡。</td></tr>
<tr><td>A 部分，第 4 点
When a credit of this nature has been given to a correspondent（异地的客户），its modification（修改）given to a correspondent, can take effect only upon receipt of notification by the said correspondent or by the firm to which the latter has transferred（转让）the credit.</td><td>A 部分，第 4 条
When a credit of this nature has been transmitted（传送）to a correspondent or to a branch, its modification or cancellation can take effect only upon receipt of notification by the said correspondent or branch with which the credit has been made available（可用的）.</td></tr>
<tr><td colspan="2">分析：
1. 用“transmitted（传送）”代替了“given（给）”，显然，“传送”要比“给”更加正式和规范些，更符合国际贸易法律语言的特点。</td></tr>
</table>

<table>
<tr><td colspan="2">2. 在 1929 年的文本中“modification given”后面是用了一个“given”（已经给出的）来修饰“modification（修改）”，而在 1933 年的文本中“modification”的后面就省略了“given”，使语言显得更加简洁明快，容易理解。
3. 1929 年的文本中使用了“the latter（后者）”，到了 1933 年，文本中使用了“the credit（这份信用证）”替代了“the latter（后者）”，因为“这份信用证”的指代比较明确，体现了法律语言的确定性；而前一个文本中使用“the latter（后者）”，显然有失庄重，比较口语化，同时也容易使读者产生歧义，因为“后者”的语义表达得不清楚，没有体现法律语言的明确性。
4. 1929 年文本中的最后一句是主动语态，而到了 1933 年文本中的最后一句变成了被动语态，这一点变化，体现了法律英文中经常使用被动语态这一特点。也是为了更加确切地表达此句的含义。即由前一个文本的“has transferred（已经转让）”，在后一个版本中改成了“has been made available（已经被合理地采取了措施）”。这个变化也是一个模糊语言的使用问题，由前面的不模糊变成了比较模糊的句子，目的是为了扩大这个句子要表达的外延。意思是“除转让这个行动外，当事人还可以对收到的信用证采取别的方法去处理它。可以按照当事人的要求去采取行动。”（此点属于句子的变迁，我们将在后面的一节中详细探讨。）</td></tr>
<tr><td>A 部分中的第 5 点
They can neither be modified nor cancelled without the agreement of all concerned。</td><td>A 部分中的第 5 条
Such undertaking（如此的许诺）can neither be modified nor cancelled without the agreement of all concerned.</td></tr>
<tr><td colspan="2">分析：
前面的文本中用“they（它们）”，后一个文本中将“they”改成了“Such undertaking（如此的许诺）”，这样的指代更清楚了，比单纯用“它们”要好。其实，不管是“它们”还是“如此的许诺”指的都是“信用证”。本条主要说明信用证在没有经过各方当事人同意时，不可以随便更改和撤销。</td></tr>
</table>

<table>
<tr><td>A 部分中的第 7 点
However an advising bank may be called upon by the issuing bank to confirm an irrevocable credit. In this case, the advising bank makes itself responsible for the undertaking given by the issuing bank as from the date on which it gives confirmation.</td><td>A 部分中的第 7 条
An advising bank may be called upon by the opening bank to confirm an irrevocable credit. In this case, the advising bank makes itself responsible to the beneficiary as from the date on which it gives confirmation.</td></tr>
<tr><td colspan="2">分析：
1. 在 1929 年的文本中第一句的开头是用“However（然而）”做引导词的，而到了后一个文本中，却省略了“however”，以笔者分析，在此用“however”是不合时宜的，句子一开头就转折，也是不合情理的，不通顺，所以，国际商会在 1933 年时将此词改掉了。（此点也属于句法中讨论的内容，限于篇幅，笔者将其放在此处一并讨论了。）
2. 后一个文本用“opening bank（开证行）”代替了前一个文本中的“issuing bank（发出银行）”，因为，“open”的英文含义是“开立”的意思，而“issue”的中文含义是“发出”的意思，因此国际商会选择了“open”来代替“issue”，这样使得表意更加确切，体现了法律语言的特点，也符合法律文本的要求。
3. 在后一个文本中用一个带 to 的介词词组 to the beneficiary。其中含有一个有固定名词意义的单词 beneficiary（受益人），代替了老文本中的 for the undertaking（许诺）given by the issuing bank（发出银行），显然 1929 年的文本中以 for 开头的介词词组要比 1933 年文本中以 to 引导的介词词组显得拖沓和累赘，而且意义表达得也不清楚。在后一个文本中引入了 beneficiary（受益人），这个有明确和固定含义的名词，把整个句子的意思充分地表达出来了。国际商会对这一条款的修改也体现了尽量符合法律语言简明性和确定性的特点。尽量使用可以表达确定含义的名词如：用“受益人”来替代“发出银行要给的保证”。</td></tr>
</table>

<table>
<tr><td>A 部分中的第 9 点
The document itself may be transmitted or the issuance thereof notified by an advising bank without the latter becoming responsible.</td><td>A 部分中的第 9 条
This document may be transmitted and/or notified by another bank without engagement for the latter.</td></tr>
<tr><td colspan="2">分析：
1. 旧版本中的定冠词“the（这）”，被新版本中的指示代词“this（这个）”所代替，由模糊变得更加清晰和明确，也是为了更好地体现法律语言的准确性而修改的。
2. 1933 年文本中第一次采用了“and/or”这种表达方式，替代了 1929 年版本中的“or（或者）”，使用“and/or（和/或者）”这样一种结构是为了扩大“or（或者）”的外延，也显得语言更加复杂，也体现法律语言的正式性。
3. 在旧的文本中使用了古英语“thereof（其中）”，但是在新的文本中删除了这个词。
4. 在新文本中用“another bank（另外一个银行）”，代替了老文本中的“advising bank（通知行）”，“另外一个银行”所表达的外延要比“通知行”这个名词表达得要宽泛，“另外一个银行”可以不是“通知行”，也可以是“通知行”，还可以是“别的任何银行”。这里我们发现国际商会使用了一个模糊用语，是为了给当事人更多的活动空间，用一个更加灵活的词来替代以前的固定词语，这一更改将会给国际贸易实践带来更多的便利。</td></tr>
<tr><td>B. Liability 责任、义务
第 1 点
Banks shall（将要）examine all documents and papers with care sufficient（足够的）to ascertain that on their face they appear to be in regular form.（在一个有规则的形式里）</td><td>B. Liability 责任、义务
第 1 条
Banks must（必须）examine all documents and papers with care so as to（为了）ascertain that on their face they appear to be in order.（合法、无误、妥当）</td></tr>
</table>

分析： 1. 1929 年的文本中使用“shall（将来，打算）”，不如 1933 年文本中的“must（必须）”，后者对银行提出了比较强硬的要求。银行是处在出口商和进口商中间的位置，它的作用是非常重要的，国际间的贸易之所以得以实现，银行起到了无与伦比的作用，因此，在这里用“must（必须）”一词，也是非常恰当的，体现了银行的独一无二的角色和强有力的保障买卖双方利益的责任和义务。此点修改意义重大。 2. 在 1929 年的老文本中使用的“sufficient（足够的、足以）”不太合适，原因是，话说得过满了，强加给银行的责任和义务太大了，指出银行“足以确认信用证表面的形式”，事实上“银行并不是完全可以确认的”。但是到了 1933 年文本中国际商会使用了“so as to（为了）”这样一个介词词组，替代了“sufficient（足以）”，使得银行的责任和义务也有但是不是那么多了，这样给银行的行为留出了很大的空间，看似一个小小的词组，却起到了非同小可的作用。 3. 旧的文本中使用这样一个不定式的形式：“to be in regular form.（在一个有规则的形式里）”，在新的文本中国际商会将其改成了“to be in order（合法、无误、妥当）”，这是一个固定搭配，相当于汉语里面的成语。经过修改后，笔者认为句子显得更加简洁明快，同时，也体现了法律语言的正式性特点。使用一个固定的搭配，总比使用一个一般的不定式结构要正规，也显得文雅和庄重。
① 这两个文本的表面结构的不同，首先要看标题，两个文本的标题都是一样的，即：“B Liability（责任、义务）”，但下面就不一样了，1929 年的文本标题是“第 1 点”，而 1933 年的文本标题确是：“第 1 条”，因为“第 1 点”这样的说法，在法律文本中显得很不正规，一般来讲，法律文本中都是按“第几条款”来排列的，所以，1933 年的文本就由以前的“第 1 点”变成了“第 1 款”，这样更加正规了，是标准的法律文体了。另外，在老的版本中，还是按照第二大项向下标注的第 1 点、第 2 点等，而 1933 年的版本是按照标准的法律文本的标注方法来排列的，如：第 1

<table>
<tr><td colspan="2">款，第 2 款……由此可见，1933 年的文本比 1929 年的版本更加标准化，也更加符合法律语言的特点，更加规范化。通过这样的对比分析和对法律语言几个特点的更深刻理解，对今后的立法大有裨益。</td></tr>
<tr><td>第 2 点：
However banks assume no lia bility or responsibility for the form, sufficiency, correc tness, genuiness or legal effect of any documents or papers or for the description, quantity, weight, quality, condition, packing, delivery or value of goods represented thereby or for the general conditions stipulated in the documents, or for the good faith or acts of the consignor or any other person whomsoever, or for the solvency, standing, etc. of the carriers or insurers of the goods.</td><td>第 11 条：
Banks assume no liability or resposibility for the form, sufficiency, correctness, genuineness, falsification or legal effect of any documents or papers, or for the description, quantity, weight, quality, condition, packing, delivery or value of goods represented thereby or for the general and/or particular conditions stipulated in the documents, or for the good faith or acts of the consigner or any other person whomsoever, or for the solvency, standing, &c. of the carriers or insurers of the goods.</td></tr>
<tr><td colspan="2">分析：
1. 从形式上看，由 1929 年的第 2 点改成了第 11 条，使得 1933 年的文本更接近标准的法律文本的格式。
2. 从词汇上看，第一句中的“however（然而）”在 1933 年的新版本中被删除了。笔者认为，带有“however”的句子是一个病句，“however”一般用于句中，做转折用。因此，后来的文本将其删除是很有必要的。
3. 1929 年文本中的“or（或者）”经过了 4 年之后变成了“and/or”，这一变化是为了扩大“or”的外延，多加了一个“and（和）”，翻译成中文就是“和/或者”，通过对大量的法律文本分析发现，这个词“and/or”目前已很少使用了，这是因为法律界人士故弄玄虚，将法律文本打造成让人难</td></tr>
</table>

懂的文体，以显示其高贵和庄重，使人们心生敬畏。也一点也体现出了法律语言的费解难懂性，同时也为了显示法律语言的另一特点——严谨性。 4. 前面的文本中用了“consignor（发货人）”，到了后面的版本却使用“consigner（发货人）”，从表面上看两者在拼写上有一点差异，但是，它们的意义却是完全相同的，可以互换。 5. 前面的文本中用了“etc.（等等）”，而后面的文本中却换成了“&c”。笔者经过认真考证发现，“etc（等等）”的全拼形式是：“et cetera”，它是一个拉丁文，除了表示“等等”以外，还有“以及其他类似的事物和人”其中的“et”的中文含义是“以及其他有关的人”，后面的新版本用符号“&c”代表了“et”的含义，“et”也是一个拉丁文，笔者猜测，当时进行这样的修改目的可能还是为了显示法律语言的与众不同和费解难懂，以便区别于市井文章，彰显它的文体的儒雅和高贵。据笔者对大量的国际贸易法律文本的分析发现，后来的文本又将“&c.”改回了“etc.”，因为“etc.”就是一个固定的表达方式，用语表示“等等”、“以及其他类似的事物和人”。 6. 国际贸易法律文本中经常使用拉丁语这一现象，也是法律语言的特点之一。由此，我们又一次共同见证了这一点。

表 5－16　（No. 4）UCP 222 与 UCP 290 中有关词汇的变迁比较

Article 4 When an issuing bank instructs a bank by cable, telegram or telex to notify a credit and the original letter of credit itself is to be the operative credit instrument, …	Article 4 When an issuing bank instructs a bank by cable, telegram or telex to advise a credit, and intends the mail confirmation to be the operative credit instrument, …
分析： 1. 从条款 4 中可以看出：在 UCP222 中的条件状语从句中的不定式用的是“to notify（通知）”，到了 UCP 290 的条款 4 中将“to notify（通知）”改成	

了"to advise"，其中"notify"和"advise"这两个词都是动词，在这个句子中的表现形式是不定式，表示银行的一个"通知行为"，那么，究竟这两个词到底有什么不同？经过分析发现："notify"表示的意思比较单一，即：（正式地）通知；但是"advise"这个词不但有"通知、告知"的意思，还有一个"忠告、劝告"的意思，因为在信用证结算业务中，通知行的义务不仅仅是"通知受益人"，还有一个更加重要的责任和义务是"要告诫受益人开证申请人开来的信用证中的某些条款需要受益人多加注意，或者干脆劝告受益人不要接受有陷阱的条款，以免将来对收汇造成麻烦甚至是损失。"通过这样的修改，银行的责任和义务更加明确了。也使得银行必须尽职尽责地为受益人多操一份心多负一份责任。这样的变化还体现了国际贸易法律语言的精确性。

表 5－17　（No. 5）UCP600 与 UCP500 的结构比较

UCP600	UCP500
按含义划分条款	类别名称条款
总则、定义、释义第 1～6 条	总则和定义第 1～5 条
当事银行的义务和责任第 7～13 条	信用证的形式与通知第 6～12 条
单据审核及其处理第 14～16 条	责任与义务第 13～19 条
对各种单据的具体规定第 17～28 条	单据第 20～38 条
杂项规定第 29～37 条	杂项规定第 39～47 条
可转让信用证第 38 条	可转让信用证第 48 条
款项让渡第 39 条	款项让渡第 49 条

笔者逐句地进行了比较，从语言学方面找出了它们的一些变化。如：文本中将以前版本中的"兑付"在新版本中改为了"议付"，而"兑付"和"议付"却有着根本的区别。由此看出词语发生了变化，将对实际操作带来根本的变化，这些例子是 UCP 里

面关于语言方面的分析和归纳。

表 5－18 （No. 2）UCP600 与 UCP500 关于词汇变化的对照表

条款名	UCP500	UCP600
第十条（b）款	将“议付”定义为被授权议付的银行“对汇票或单据支付对价［giving value to draft（s）and/or document（s）”的行为，并解释“立即付款”（making immediate payment）］。	将“议付”定义为以“预付（advancing）”方式的“购买（purchase）”单据，对议付行为表达更清晰、更明确。

蒋志芬在她的《〈跟单信用证统一惯例〉600 号与 500 号的比较研究》一文中对上面表格的变迁是这样描述的：UCP600 引入了“兑付（honor）”的概念。“兑付（honor）”概括了在即期付款、延期付款和承兑信用证下，开证行、保兑行或指定行除议付以外的一切与支付相关的行为，强调了开证行和保兑行在信用证下的确定的无追索的偿付义务。同时，UCP600 对“议付（negotiation）”的定义也进行了修订。UCP500 第 10 条（b）款将议付定义为被授权议付的银行“对汇票及或单据支付对价 giving value to draft（s）and/ or document（s）”的行为，并强调“仅仅对单据审核，却未支付对价（mere examination of the documents without giving value）”不构成议付。而 UCP600 用“购买（purchase）”一词替代了“支付对价（giving of value）”。这个例子体现了法律语言的精确性。这里的 UCP500 中的“兑付”，到了 UCP600 中改成了“议付”。“兑付”就是简单的付款，而“议付”的概念是要根据单据的情况来付款，如果提交的单据符合信用证的要求，银行就可以付款给受益人；如果提交的单据不符合信用证的要求，

银行就不能付款给受益人。这体现了法律语言的精确性精神和特点。[1]

UCP600第30条规定了信用证金额、数量与单价的伸缩度，是建立在UCP500第39条（allowances in credit amount，quality and unit price）基础上，在基本精神没有变化的情况下，对个别词语做的改变。李金泽在他主编的《UCP600适用与信用证法律风险防控》[2]一书中就UCP600与UCP500一个条款的变迁分析道：在UCP600中第30条的第一个修改是："与UCP500第39条a款相比，a款删除了'近似'或'类似表述'（'circa' or 'similar' expressions），缩小了允许10%增减解释的范围。"这说明UCP600并不提倡银行在信用证行文中写入过多的带有模糊性质的词语。建议银行应更多地使用比较明确的词语。另外，"a款中不超过10%的增减幅度仅适用于限定词所修饰的金额、数量或单价"。a款中有一句："not to exceed 10% more or 10% less than the amount，the quantity or the unit price to which they refer"。它的中文意思为："'约'或'大约'用于信用证金额或信用证规定的数量或单价时，应解释为允许有关金额或数量或单价有不超过10%的增减幅度。"因此，"about"或"approximately"修饰哪一项，则该项内容允许有不超过10%的短溢，而没有限定的项目则不能按此解释。[3]

目前最新版的UCP600比UCP500在措辞上更加明确，简洁易

---

〔1〕 蒋志芬："《跟单信用证统一惯例》600号与500号的比较研究"，载《南京审计学院学报》2007年第4期，第33～35页。

〔2〕 李金泽：《UCP600与信用证法律风险防控》，法律出版社2007年版，第61～65页。

〔3〕 蒋志芬："《跟单信用证统一惯例》600号与500号的比较研究"，载《南京审计学院学报》2007年第4期，第33～35页。

懂，删除了UCP500的某些晦涩难懂的条文，UCP600将UCP500中难懂的词语改变为简洁明了的语言，取消了易造成误解的条款。比如：相对UCP500的运输单据条款，UCP600大量地使用长句以及and/or等表达方式，对运输单据条款进行了重新编写，新规则全部换用短句，结构清晰，意思明朗。UCP600删除了“REASONABLE”条款，删除了“合理关注（reasonable care）”、“合理时间（reasonable time）”等。对于银行UCP500规定为“合理时间，不超过收单翌日起第7个工作日”。按照UCP500，在单据比较简单的情况下，若开证行拖到最后一天拒付，一旦引起纠纷，法院可能会援引“合理时间”这一概念，判决开证行所用时间不合理，从而宣称其拒付无效。在各国的银行惯例中，何为“合理时间”存在很大分歧，同时对“合理”的长度没有明确的规定，在实务中容易产生纠纷。UCP600不再使用合理时间这一概念，而把单据处理时间的标准简化为单纯的天数标准，即“最多为收单翌日起第五个工作日”，使得判断依据简单化，必将促使银行更有效率地处理信用证业务。又如，UCP600在第1条做出了“除非信用证明确修改或排（unless expressly modified or excluded in the credit）”的总括性规定，替代了UCP500中出现三十多次的“除非信用证另有规定”。再如，UCP600仅在第14条使用了“在其表面（on its face）”这一表述，而在UCP600第30条规定了信用证金额、数量与单价的伸缩度，是建立在UCP500第39条（Allowances in credit amount，quality and unit price）之上，在基本精神没有变化的情况下，对个别词语做的改变。

以上这些分析从国际贸易法律语言学方面说明了一个特点，即：法律语言具有精确性，同时还需要简洁、明确，另外，还需要专业化和通俗化。

由于国际贸易法律实践的复杂，国际贸易法律语言的另外一个特性——模糊性也是难以避免的。

从《跟单信用证统一惯例》的几次变迁中可以看出，它的变化特点也是围绕着国际贸易法律语言的精确性和模糊性而进行的。国际贸易法律语言文本中体现的精确性和模糊性也是变迁的主要条件和主题。而且《跟单信用证统一惯例》中使用的国际贸易法律语言的精确性和模糊性还是相互转化的。随着时代的变迁和发展，一个版本中的模糊语言可能成为了另一个版本的精确用语，在这种交替转换的过程中，《跟单信用证统一惯例》完成了它的7次大的修改。当然，还有诸多因素使得商会对《跟单信用证统一惯例》做出一次又一次的修改，但是，国际贸易法律语言的精确性和模糊性是它的一个重要修改原因。

5.3 国际贸易法律英文文本中的句法变迁

国际贸易法律英文文本的句法变迁是指将各个时期的法律文本放在一起，根据法律语言的特点，就句法方面进行纵向的分析和归纳，找出它们变化的规律和特点，并加以总结。

从UCP几次变迁中出现的词汇、句法问题的研究，可以看出它们词性的变化不少，如：动词换成形容词了，或者是名词换成形容词了；以及句法中的不同结构：如主动句换成了被动句，被动句变成了主动句，疑问句和陈述句的互换。

纵观《跟单信用证统一惯例》的这几个版本的修改情况，近九十年的不同版本在句法上的变迁主要有以下几种特点。

5.3.1 将复杂的长句变为较简单的句子

如，《商业跟单信用证统一规则》1929 年草案，也即后来的《跟单信用证统一惯例》的前身，其中 B 部分第一点有一个句子表达如下："However banks assume no liability or responsibility for the form, sufficiency, correctness, genuineness or legal effect of any documents or papers, or for the description, quantity, weight, quality, condition, packing, delivery or value of goods represented thereby or for the general conditions stipulated in the documents, or for the good faith or acts of the consignor or any other person whomsoever, or for the solvency, standing, etc. of the carriers or insurers of the goods." 笔者统计这句话总共有 75 个单词，而经过近八十年的变化和修改，最新版的《跟单信用证统一惯例》中最长的句子已经减到了 65 个词。由此看来，国际贸易法律文本句子变迁的趋势是越来越简化了。

UCP222（1962 年）中的句子很长，总共有 74 个单词。这是早期版本的一个显著特点。但是，随着每十年国际商会对它的修改，目前使用的 UCP600（2007 年）文本中最长句子的单词数量是 62 个，而且长句的数量也较少，大约占到总条款的 3% 左右。可是在 UCP222（1962 年）的文本以及比它更早的文本中，类似的句子比较多。笔者做了一个粗略的统计，大约占到了总条款数的 20% 左右。看来复合句逐步变成了几个并列的简单句的现象是普遍存在的。

表 5－19　（No. 1）UCP 222 与 UCP 290 中有关句子的变迁比较

<table>
<tr><th>UCP 222</th><th>UCP 290</th></tr>
<tr><td>...against stipulated documents and compliance with stipulated terms and conditions.</td><td>...against stipulated documents, provided that the terms and conditions of the credit are complied with.</td></tr>
<tr><td colspan="2">分析：
1. 从以上两个句子可以看出：UCP290 中多出了一个条件状语从句“provided that the terms and conditions of the credit are complied with”（假如这个信用证的条件可以满足），这样变化的目的是为了对“stipulated documents（规定的单据）”进行限制和说明，这也恰恰体现了国际贸易法律语言的精确性。
2. 在 UCP222 中的句子中使用了“and compliance with stipulated terms and conditions”这样一个带着过去分词的短语来修饰名词：“stipulated documents（规定的单据）”，这样显然是不规范的。
下面将针对由代词变为定冠词的情况做一个简单的分析：</td></tr>
<tr><td>The issuing bank will be responsible for any consequences arising from its failure to follow this procedure.</td><td>The issuing bank will be responsible for any consequences arising from its failure to follow the procedure set out in the preceding paragraph.</td></tr>
<tr><td colspan="2">分析：
1. 从第 2 句中不难看出，在 UCP290 文本中多出了一个句子：“set out in the preceding paragraph（在前面段落中陈述的内容）”，多出这个句子的目的是为了更加清楚地说明“procedure（流程或过程）”这个词。而在 UCP222 中就没有这样的限定，因此显得有些模糊不清，对银行的责任规定不明确。这一点变化也体现了国际贸易法律语言的精确性特点。</td></tr>
</table>

2. 另外，还有一个关于词汇方面的变化是：UCP222 中的“this”（代词），到了 UCP290 中变成了“the”（定冠词），由代词变为了冠词，这样一个小小的变化，使读者感到语言更加简洁，也体现了国际贸易法律语言的简洁性这一特点。

5.3.2 从语法上看句子的变迁

在语法上，句子的变化也有一些特点，较早的版本比较常用英语的非谓语动词短语作状语来修饰句子的谓语，到后来，经过修改和变化，人们比较喜欢用一个简单的介词词组来表达。〔1〕

如，表 5－15（No. 3）A 部分中的第 9 点中规定有，“…the latter becoming responsible”。这里用了一个非谓语动词。而到了另一个文本就变成了“without engagement for the latter”，用了一个由介词“without”开头的介词短语，这样一来，显然比上个句子要显得更加简练，也更能清楚地表达本条款的含义。

以前的文本中使用的模糊语句比较多，经过变迁，句子中的模糊用语已经很少了，句子显得更加简洁明确了。

比如，《跟单信用证统一惯例（UCP222 号）》第 6 条中规定，“If incomplete or unclear instructions are received to issue, confirm or advise a credit, the bank requested to act on such instructions may give preliminary notification of the credit to the beneficiary for information only and without responsibility; and in that case the credit will be issued, confirmed or advised only when the necessary informa-

〔1〕 夏康明：“WTO 英文法律文本的文体特征”，载《佛山科学技术学院学报（社会科学版）》2005 年第 1 期，第 33～37 页。

tion has been received. ” 在这个长句中的第一个条件从句中用了两个模糊词语“incomplete”和“unclear”，使得这个条件从句表达的意思就不明晰，当银行收到这样指示不明确的开证申请时，银行就会只是给受益人一个初步的通知，而不发正式的信用证，这样会导致工作效率较低。但是到了《跟单信用证统一惯例（UCP400）》时这一条款被改成了“信用证的开证修改或指示本身必须是完整和清楚的。”英文文本中《跟单信用证统一惯例（UCP222）》中的带有条件状语从句的复合句到了《跟单信用证统一惯例（UCP400）》却改成了两个并列的简单句，体现了《跟单信用证统一惯例》在句法上的变迁特点。

5.3.3 复合句中的引导词的变迁

经过笔者对《跟单信用证统一惯例》等几个国际贸易文本的研究发现：文本中复合句中的引导词的位置有一些变化。国际商会对《跟单信用证统一惯例》的修改中就有涉及条件从句中的连接词的变化。比如，在较早的版本中较多用 providing that 和 provided for（只要，如果）来连接条件状语从句，并且绝大多数都放在句中，但是，后来的版本中就将这些引导词放在了句首。

比如，《跟单信用证统一惯例（UCP222）》第 3 条规定，“An irrevocable credit is a definite undertaking on the part of an issuing bank and constitutes the engagement of that bank to the beneficiary or, as the case may be, to the beneficiary and bona fide holders of drafts drawn and/to documents presented thereunder, that the proisions for payment, acceptance or negotiation contained in the credit will be duly fulfilled, provided that all the terms and conditions of the credit are complied with.” 从此句可以发现早期的 UCP 版本中 “provided that” 作为引导词是在句中的。

又如，《跟单信用证统一惯例（UCP600）》第 8 条（a）款规定，“Provided that the stipulated documents are presented to the confirming bank or to any other nominated bank and that they constitute a complying presentation, the confirming bank must: honour, if the credit is available by sight payment, deferred payment or acceptance with the confirming bank。该句中的 provided that 引导词就放在了句首。另外，在《跟单信用证统一惯例（UCP600）》中还有一些句子也将 provided that 放在句首，主要是为了强调从句的内容。

5.4 本章小结

本章主要是针对《跟单信用证统一惯例》的几次变迁从词法、句法和修辞方面进行的分析。人们的认识不是一蹴而就的，实践也是不断发展变化的，《跟单信用证统一惯例》走过了 70 个年头左右，从最初的门可罗雀、无人问津到目前的广泛接受，其根本原因就是它始终与世界范围内的贸易界和银行界所进行的实务步调一致，与时俱进，同时也努力实现利益的最大平衡。目前所施行的 UCP600 不能说是完美的，可是它已经是人们所能够做到的最佳的状态了。再过几年，到了 10 年之后，也许不需要 10 年，可能国际商会又要对其进行修改了。《跟单信用证统一惯例》（The Uniform Customs and Practice for Documentary Credits，简称 UCP）是国际商会（ICC）制定的，目的也是希望在国际贸易中采用信用证交易的全世界各方都可以接受的统一标准。国际商会代表国际贸易协会、工业联合会、商会和工商企业等各方的利益，它并非正式的国际组织，可是 UCP 已经被全世界人民所接受，目前世界上已有 175 个国家和地区遵守此惯例。这个惯例之所以受到如此广泛的关注和接受，主要还是因为它每隔 10 年国际商会就对它修改一次，使它永葆青春和活力。从 1929 年的草案到最后一次修改的版本，也是目前世界各地在使用的版本，对此进行的对比研究主要集中在三个方面，即：词汇、句法和修辞。同时笔者也兼顾到了一些 UCP 在内容和形式方面的修改的部分，但是重点还是在语言方面的研究和分析。

6 国际贸易法律文本语言中的缩略语研究

“缩略法”是现代英语的主要构词手段，由这种构词法创造的新词具有一定的生命力，具有造词简练、使用简便的特点。方法是截出除原词的某一（或某些）音节而得到缩略词，这种词称为截短词（Clipped words）。

表 6－1 （No. 1）截短词简表

flor	floruit	全盛时期
mer	meridian	子午线
flu	influenza	流行性感冒
mach	machine	机械
orch	orchestra	管弦乐队

截短词只能用于口语和比较随意的场合，“不登大雅之堂”，所以作为有着准确规范性、严谨周

密性、庄重朴实性和费解难懂性的法律英语一般不采用截短语。笔者在此提及截短语只是为了衬托出国际贸易法律语言原文（也叫法律英语）中大量使用的其他缩略语。另外，大量使用缩略语，可以增加读者的阅读兴趣和速度，也使得法律文本增色不少。笔者考察了一些国际贸易法律文本的英文版本发现，国际贸易法律文本的缩略语大致可分为字母缩写词、简写词及复合缩写词。下面将进一步对这几类缩略语进行分析并列表一一说明。[1]

6.1 国际贸易法律文本中的缩略语普遍存在

英语中的缩略语现象广泛存在，且发展速度非常快，它与人们的日常生活、工作以及人际交往密不可分。缩略语的出现和增多标志着人类越来越喜欢使用经济和简便的语言。另外，有科学研究表明：在冗长的书面沟通的材料中，大约有百分之七十五的信息是重复的。为了节省宝贵的时间、空间和材料，缩略语应运而生。笔者对多个国际贸易法律文本以及它们各个时期的变迁文本进行详细的考证后，得出如下结论：缩略语在国际贸易法律语言文本中比比皆是，随处可见，法律英语中的缩略语已经成为了现代法律英文文本中发展最快的语言现象。通过对国际贸易法律文本的分析，发现其所用缩略语的词汇量已达到了百分之二十左右。缩略语如此盛行，主要是因为它顺应了当前人们的快节奏的生活。同时还因为不断出现的新产品

〔1〕 李新："英语缩略语简析"，载《国际关系学院学报》2004 年第 3 期，第 54 ~58 页。

和新的机构需要定名，这也是当前经济形势所要求的。法律是为人们的经济生活提供保障的，因此，法律文本中出现大量的缩略语也是自然趋势。

缩略语可以用来简称各国际机构和组织、许多法律法规以及贸易术语等，缩略语的构成主要有三大类，笔者用图表一一说明：

6.1.1 字母缩略语

这类词是整个缩略词的基础和主体，是最多也是最常见的一种，它同时也是各类辞书收录的主要对象。

表 6－2 （No. 1）

缩略语	英文全称	中文意义
UCP	Uniform Customs and Practice for Documentary Credits	跟单信用证统一惯例
L/C	Letter of Credit	信用证
WTO	World Trade Organization	世界贸易组织
T/T	Telegraphic Transfer	电汇
M/T	Mail Transfer	信汇
D/D	Demand Draft	票汇
D/A	Documents Against Acceptance	承兑交单
D/P	Documents Against Payment	付款交单
FOB	Free On Board	离岸价
CIF	Cost Insurance Freight	到岸价
DDP	Delivered Duty Paid	完税后交货
LCL	Less than Container Load	拼箱货
PICC	The People's Insurance Company Of China	中国人民保险公司

续表

缩略语	英文全称	中文意义
B/L	Bill of Lading	提单
FCL	Full Container Load	整箱货
FAQ	Fair Average Quality	良好平均品质
DDU	Delivered Duty Unpaid	未完税交货
DES	Delivered Ex Ship	目的港船上交货
DEQ	Delivered Ex Quay	目的港码头交货
EXW	Ex Works	工厂交货
FCA	Free Carrier	货交承运人
FAS	Free Alongside Ship	装运港船边交货
CIP	Carriage and Insurance Paid To	运费保险费付至
GA	General Average	共同海损
ICC	International Chamber of Commerce	国际商会
ICJ	International Court of Justice	国际法院
IMCO	Intergovernmental Maritime Consultative Organization	政府间海事协商组织
mt	metric tons	公吨
mfr	manufacturer	制造商
K. Kgs. / kos.	Kilos	千克
Co.	Company	公司
UNCITRAL	United Nations Commission on International Trade Law	联合国国际贸易法委员会
Int'l	International	国际
Ltd.	Limited	有限
Ind	Industry	工业

续表

缩略语	英文全称	中文意义
EDI	Electronic Data Interchange	电子数据交换
CFS	Container Freight Station	仓库或起运地集装箱货运站
CY	Container Yard	集装箱堆场
CTO	Combined Transport Operator	多式联运经营人
SDR	Special Drawing Rights	特别提款权
CISC	United Nations Convention on Contracts for the Internation Sale of Goods	联合国国际货物销售合同公约
CMEA	Council for Mutual Economic Assistance	经互会
GATT	General Agreement on Tarrifs and Trade	关贸总协定
INCOTERMS	International Rules for the Interpretation of Trade Terms	国际贸易术语解释通则
URETS	the Uniform Rules for Electronic Trade and Settlement	电子贸易和结算统一规则
MFNC	Most Favored Nation Clause	最惠国条款
ARM	Adjustable Rate Mortgage	可调整利率抵押
IT	Information Technology	信息技术
UKTA	United Kingdom Trade Agency for Developing Countries	英国对发展中国家贸易局
ISDR	IMF Special Drawing Rights	国际货币基金组织特别提款权
TIA	Tied Aid	附带条件的援助
EU	European Union	欧盟
UN	United Nation	联合国
Rd	Road	路

续表

缩略语	英文全称	中文意义
ft.	foot	英尺
gtee	guarantee	保证，担保书
OECT	Europe Organizations For the Textile Wholesale Trade	欧洲纺织品批发贸易组织
APEC	Asia-Pacific Economic Cooperation	亚太经济合作会议
NATO	North Atlantic Treaty Organization	北大西洋公约组织（北约）
I. O. B	Institute of Bankers	银行家学会
Q. o. S	Quality of Service	一流服务质量
fc.	floating crane	起重船
DC	Detention Clause	扣押条款
ROR	Release on Recognizance	向法院保证随叫随到
IRC	Internal Revenue Code	国家税务法规
PTO	Patent and Trademark Office	专利商标局
UCC	Universal Copyright Convention	世界著作权公约
SWIFT	The Society for Worldwide Interbank Financial Telecommunication	环球银行金融电讯协会
ADP	Automatic Data Processing Device	自动数据处理
F. R. D	Federal Rules Decisions	联邦程序规则裁决汇编
R.	Reports	法院判例汇编
FI	Free In	装货船方免责
FO	Free Out	卸货船方免责
FIO	Free In and Out	装卸货船方免责
FIOS	Free In and Out Stowed	装卸货及堆积船方免责
CCIC	China Certification & Inspection Coporation	中国检验认证公司

续表

缩略语	英文全称	中文意义
CISS	Com Comprehensive Import Super-vision Scheme	装船前全面监管计划
E. & O. E.	Errors and Omissions Excepted	错误、遗漏当查
EDI	Electronic Data Interchange	电子数据交换

6.1.2 简写词（截词缩略法）

表 6 –3 （No. 2）

缩略语	中文含义	英文全拼
bargn	交易买卖	bargain
ctfs	证 书	certificates
banky	破 产	bankruptcy
gtee	保 证	guarantee
approx	大 约	Approximately
flu	流 感	Influenza
Esp.	特别语	especially
EXPO	博览会	Exposition
phone	电 话	telephone
Plane	飞 机	aeroplane
COMM	佣 金	Commission
INV	发 票	invoice
juris	法律管辖区	jurisdiction
sigre	签 字	signature
ASAP	尽 早	As soon as possible

续表

缩略语	中文含义	英文全拼
AIRD	航空邮寄	Air mailed
FRT	货　物	freight
SMPL	样　品	sample
MDSE	货物，商品	merchandise
COINS	共同保险	co-insurance
E－mail	电子邮件	electronic mail
QUINK	快干墨	quick-drying ink
surv	公证人	surveyor
Sept	九　月	september
abbr	缩略语，	abbreviation
atty	律　师	attorney
esp.	特别是，尤其是	especially
abbr	大　约	abbreviations
sys	系　统	system
MAX	最大量	maximum
Ave	街　道	avenue
flu	流　感	influenza
trf	转　让	transfer
Rptr	发公报的人	reporter
Bull	公　报	Bulletin
Doc.	单　据	document
Send. toRec. Info.	附　言	Senderto Receiver Information
Supp.	补　编	Supplement
Cas.	判　例	case

续表

缩略语	中文含义	英文全拼
Cri.	刑　事	Criminal
Sup.	联　邦	Supreme

6.1.3 复合缩略语

这部分的缩略语主要包含有谐音缩略法、习惯缩略法和代号缩略法。另外，还有一些科技符号以及代号和标示等，也可以归类到复合缩略词语中。从下面的表格中我们将进一步举例说明上述几种缩略法的缩略词。

表 6－4　（No. 3）

缩略语	中文含义	英文全称
Com'l ppr	商业票据	Commercial paper
Inv doc	附有单据的发票	Invoice with document
NIL	什么也没有	Nothing
A/C	承兑交单	account
D/A	承兑押单	Documcnts against acceptance
M	中号，中型	medium
Z	格林威治时，世界时	Greenwich mean time
IN/C	负责	In charge
U	你，你方	you
IC	我明白了	Isee
V	我方，我公司	we
OFA	报价，提供	offer
3RU	通过	through
B2B	企业对企业	business to business

续表

缩略语	中文含义	英文全称
ff	对折纸	folios
pp	从……到……页	pages
ll	从……到……行	lines
m	千，一千	thousand
WAGO	海洋测量船	Oceanographic cutter
&	和	and
$	美元	dollar
÷	除	divided by
bbl	桶	barrel
cwt	英担	hundred – weight
oz/OZ	盎司	ounce
e'er	曾经	ever
they'll	他们将要	they will
can't	不能	cannot
temp ctfs	临时证明	temporary certificates
neg inst	可转让票据	negotiable instrument
inv doc	附有单据的发票	invoice with documents
gen mtge	一般抵押	general mortgage
Int. cl	国际（专利）分类号	international classification
Fcs	免于倾覆，被查封险	Free of Capsize and Seizure
A. B. A. Rep	美国律师协会判例汇编	American Bar Association Reports
Descript. of Goods	货物描述	Description of Goods
Additional cond.	附加条款	Additional conditions
SWIFT	环球银行间金融电信协会	Society for Worldwide Inter-bank Financial Telecommunication

续表

缩略语	中文含义	英文全称
CIQ	中国出入境检验检疫局	China enty-Exit Inspection and Quarantine Bureau
All India Rptr	全印第安判例汇编	All India Reporter

6.1.4 国际贸易法律语言中缩略语的模糊性

由于当前经济和高科技的迅猛发展，人们选择使用缩略语也是为了提高语言的表达速度和广泛程度，所以在国际贸易文本中大量使用缩略语。但是这一现象也引发了缩略语中的一词多义现象。使得缩略语所表述的意义模糊不清，有的甚至引起歧义。从下面列表中可以窥见一斑：

表 6 –5 （No. 4）

一种意义（国际贸易法律文本中）	另一种意义（国际贸易法律文本中）	普通英语的含义	缩略语
net ton 短吨	net terms 净租条件	1）National Theatre 国家剧院 2）National Trust 英国保护名胜古迹的私人组织 3）Net Testament 新约全书 4）new technology 新技术 5）net tonnage 净排水量	NT

续表

一种意义（国际贸易法律文本中）	另一种意义（国际贸易法律文本中）	普通英语的含义	缩略语
	Cost Insurance and Freight 成本加保险费和运费的价格条款	1） Canadian Institute of Forestry 2） Clube interntional de futebol	CIF
Defense Act（防御条款）	Document Against Acceptance（承兑交单）	1） Digital Army 2） Deposit Account 3） Deputy Assistant 4） Diploma in Art 5） direct action	DA

表 6-6 （No. 6） 下列表的词汇是信用证中有规律的缩略语

用途	银行系统开证	单据要求	开证附言说明	其　他
缩写	L/C，SWIFT UCP，ICC	B/L，CIQ，CCIC，CIC，ICC，CISS，Dos.	Send to Rec. Info. Additional cond	Art.，Pos/Neg. Tol

6.1.5 介绍几本国际贸易法律方面的缩略语工具书

英语缩略语的陡增和大量出现，使得缩略语词典也不断在更新版本，外国人编写的缩略语词典主要有两本，即：Mary Rose Bonk 主编的 AIAD（*Acronyms, Initialisms and Abbrievation Dictionary*）和 Dean Stahl. Karen Kerchelich 主编的 AD（*Abbrievation Dictionary*）。国内的主要有：刘镜华主编的《经贸英语缩略语大全》、张永坚主编的《航运英语缩略语》和吴仁勇主编的《世界机构简称字典》，另外还有几本纯英文的缩略语词典。

6.2 国际贸易法律文本语言中使用缩略语的利与弊

国际贸易法律文本中使用缩略语的好处：

国际贸易法律文本中通过使用大量的缩略语可以提高效率，还可以增加读者的阅读兴趣和阅读速度，因此也节约了时间和能源。

同时，使用缩略语的弊端也是客观存在的：

任何事物都是有两个方面的，当今社会经济飞速发展，不是“大鱼吃小鱼”，而是“快鱼吃慢鱼”的时代，许多场合都充斥着缩略语，如果我们对缩略语不了解不认识，那么就有可能失去很多国际贸易的机会。从另外一个方面讲，如果在国际贸易法律文本语言中大量使用缩略语又容易造成词义表达不清，有可能还会造成信用证项下单据的不符点，从而影响当事人安全结汇。比如：从表 6 - 2 中我们可以看出 ICC 在这里表示“国际商会”，但是 ICC 同时也表示“国际刑事法院”。又如，表6 - 2 中的“mt”代替“metric tons（公吨）”，但是“mt”还可以代替：“machine translation(英国皇家）运输队汽车分队”、“mean time(平时)”和“mountain（大山)”。还有，表 6 - 2 中，“Co.”代替“Company（公司)”，但是，它还是“Colorado (科罗拉多州)”、“cobalt（化学元素钴)”。最后，再看一个例子：表 1 中的“Ind.”代表“Industry（工业)”，但是它同时还代表“Independence（独立)、index（索引)、indicative（象征性的)、indigo（靛蓝色)、indirect（间接的)”。这就形成了一词多义现象，从而给结汇造成了一定的麻烦，有时还会因此而影响到议付和结汇。

所以，笔者建议，首先，作为参与国际贸易的从业人员和司法部门的相关人员，要尽可能多地了解经常出现的缩略语，尽量地记住它们。其次，在使用中，如果感觉缩略语不能准确表达意思，有可能会造成歧义，那么，就改用这个缩略语的完全形式，以免引起不必要的纠纷。

6.3 国际贸易法律文本中缩略语的历时比较及其特点

由于绝大多数国际贸易法律文本使用的语言是英语，所以，这里所讨论的缩略语现象，也主要是法律英语的缩略语现象。笔者将诸多版本做一对比发现，缩略语的使用频率处于上升状态。《跟单信用证统一惯例》最早的版本（Draft Uniform Regulations on Export Commericial Credits - 1927），也叫《商业出口信用统一惯例草案》，笔者只发现了“CIF（到岸价）”和“FOB（离岸价）”这两个缩略语。到了1933年的修订版，即《跟单信用证统一惯例》的第一个正式版本中出现了4个缩略语，它们分别是：“C. O. D”原形为“cash on delivery”，中文意思是“发货运费”；“C.”原形为“circa（拉丁语）”，中文意思是“大约”；“CIF”原形为“Cost Insurance Freight（到岸价）”；“viz”原形为“videlicet（拉丁语）”，中文意思是“即，那就是”。

到了1951年的《跟单信用证统一惯例（UCP151）》，笔者统计该整个惯例一共用了7次缩略语，而且缩略语的词汇也有了新的变化，增加了个别的新词。[1]

到了1983年，《跟单信用证统一惯例（UCP400）》，笔者统计了这个版本的缩略语使用频率是9次。到了1993年，《跟单信用证统一惯例（UCP500）》，笔者又进行了观察和统计，发现有20处使用了缩略语，同时发现在这些缩略语中，许多是新词。如：Co. 原形为"Company（公司）"，"Ltd." 原形为"Limited（有限的）"，"CIP"原形为"Carriage and Insurance Paid（运费保费付至）"，等等。到了2007年的《跟单信用证统一惯例（UCP600）》，据统计大约有三十四处使用了缩略语。

以上是对《跟单信用证统一惯例》几个版本缩略语的比较和统计，国际商会在制订《跟单信用证统一惯例》时使用的语言中，缩略语的频率大致走向成上升的趋势。

6.4 本章小结

本章主要研究的是国际贸易法律文本语言中普遍存在的缩略语现象，笔者发现在国际贸易法律文本语言中存在着大量的缩略语现象；分析了国际贸易法律文本中使用缩略语的利与弊；本文研究的主要材料是各个时期的《跟单信用证统一惯例》文本资料，它每隔10年就会更改一次。对照各个时期的文本可见，缩略语的使用频率呈上升趋势，缩略语的新词也层出不穷，对缩略语展开研究是非常必要和有益的，对国际贸易实践活动具有积极地指导作用。虽然缩略语的广泛使用给贸易实践带来

[1] 廖瑛、莫再树：《国际商务英语语言与翻译研究》，机械工业出版社2005年版，第33页。

了效率上的提高，但是，缩略语同样也存在着法律语言的模糊性特点，如果使用过多或不适当地使用，会给各国采用惯例和法律规范的人们带来不必要的麻烦，甚至引起纠纷和诉讼。〔1〕

〔1〕卢秋帆："国际贸易法律文本中缩略语浅析"，载《河南司法警官职业学院》2011 年第 2 期。

7 结　语

本章主要是对全书内容的概括和总结，同时指出局限性和不足，并对未来的研究工作进行展望。

7.1 总　结

本书从国际贸易法律文本产生的背景、发展和影响入手，对国际贸易法律文本语言的特点、风格以及文化特点、还有其汉译本的语言特点、翻译技巧、缩略语的分析以及从词法和句法上对国际贸易法律文本语言的变迁进行了对比分析。总结出了国际贸易法律文本的主要特点，并在本章将本书的创新点进行了总结和归纳。同时，找出了本书的局限性和不足以及今后需要改进的方面。最后还提出了对未来工作的展望。

7.1.1 国际贸易法律的文本特点

经过笔者反复对比《跟单信用证统一惯例》等几个国际贸易法律文本（包括这些变迁后的文本），分析发现国际贸易法律语言英文文本存在以下特点：

1. 国际贸易法律文本语言存在着精确性；
2. 国际贸易法律文本语言存在着模糊性；
3. 国际贸易法律文本语言使用的是比较正式的语言；
4. 国际贸易法律文本语言具有权威性；
5. 国际贸易法律文本语言具有晦涩难懂性；
6. 国际贸易法律文本语言具有严谨性；
7. 国际贸易法律文本中大量使用古语；
8. 国际贸易法律文本中大量使用外来语；
9. 国际贸易法律文本语言具有专业性的特点。

7.1.2 国际贸易法律文本汉译本的特点

1. 国际贸易法律文本汉译本既具有国际化特点又具有民族化的特点；
2. 国际贸易法律文本语言具有规范性的特点；
3. 国际贸易法律文本汉译本具有可译性和不可译性；
4. 国际贸易法律文本语言具有通俗性的特点；
5. 国际贸易法律文本语言具有专业性的特点；
6. 国际贸易法律文本语言具有精确性和模糊性的特点；
7. 国际贸易法律文本语言具有将原文中的复杂长句翻译成几个简单句组成的句子特点；
8. 当原文中有几个同义词或近义词连用时翻译成汉语只取

其中的一个意思翻译即可。

7.2 本书取得的主要创新成果

在前贤的研究基础之上，本书共取得了以下创新成果：

1. 首次将但书条款单独列出来研究，就笔者观察来看，至今未发现有其他学者对国际贸易法律文本中的但书条款作为专题进行过研究。通过本课题的研究发现，在国际贸易法律文本中大量存在着但书条款，大约占到惯例条款总量的百分之二十左右。笔者发现法律文本中但书条款的句子大多数是由几个固定的连词引导的。正确地理解但书条款对准确把握法律文本的含义具有非常重要的作用。

2. 首次结合国际贸易实务的知识，将国际贸易法律文本（中英文）语言和法律语言放在一起进行研究。这是一个涉及三个学术领域的课题。截至目前为止，笔者没有发现有其他学者专门这样进行研究的，其中一个原因是语料单一，收集不齐；另一个原因是研究者需要具备多方面的知识和技能，本课题讨论的是一个边缘学科，同时又是一个交叉学科的内容。当然，研究的主要内容还是语言方面内容。

3. 首次专门对国际贸易法律英文文本中的缩略语进行研究。有学者针对英语中的缩略语出过研究成果，但是更专业的、涉及法律语言中的缩略语的研究很少有人涉足。结合到国际贸易方面的法律英语的缩略语研究，可以肯定地说，还从未发现有学者开展过任何的讨论，也没有研究的文章或科研成果等。在英语文献中缩略语的现象是普遍存在的，也曾经有学者进行过研究，但是法律英语中的缩略语现象虽然普遍存在，但是本课题对国际贸易法律文本中的缩略语现象的研究却属于首次。

4. 有关国际贸易法律文本翻译中模糊性语言的应用技巧，也是笔者经过反复论证和比较发现和总结出来的一些办法，属于实战技术方面的知识。语言的模糊性和精确性是一对不可分割的矛盾统一体。它的使用范围非常广泛，所以，作为国际贸易法律语言也具有精确性和模糊性，对于它的研究前人几乎无人谈及，笔者至今未发现有任何学者对国际贸易法律文本语言的精确性和模糊性进行过详细的分析。虽然，有许多有关法律语言的模糊性和精确性的研究成果，但本课题首次深入到国际贸易法律文本当中来研究它的语言的模糊性和精确性。这一研究成果将对国际贸易实务的操作和国际贸易法律的实施起到极其重要的作用。

5. 首次对《跟单信用证统一惯例》的中英文版本从最早的1929 年的文本到 2007 年的最后一个文本进行了对比研究。而且重点是从词汇和句法方面的变迁进行了对比分析。目前，可以找到这方面的研究资料只有 UCP400 号、UCP500 号和 UCP600 号之间的变迁对比。而且这些研究成果主要是关于法律方面的。像本书这样专门从词汇和句法方面的研究还属首次，而且研究得这么系统和全面也尚属首次。

7.3 课题存在的局限性和不足

由于时间和精力所限，加上我国对外开放的时间也不长，在本书研究课题这方面的资料还很匮乏。因为手头资料比较少，本书必然还存在着局限性和不足。比如，笔者只找到了《跟单信用证统一惯例》的全部英文版本，但是它的汉译本还不全，只有改革开放以后的汉译本，改革开放之前的任何有关《跟单信用证统一惯例》的译本均没找到。又比如，《联合国国际货物销售合同公约》也经过了多次修改，但是我只找到了最近的版本，其余所有版本均没有找到。笔者曾经到北京图书馆查阅，也还是没有任何信息，上网查找也是一无所获。还有《托收统一规则》的几次变迁的文本，笔者也没有发现，只有最新的版本。这些资料的缺失必然影响本书研究的全面展开，所得出的结论也不是百分之百正确，在本书的探讨中肯定会存在着这样或者那样的问题。

7.4 本书尚待改进的问题以及对未来研究工作的展望

笔者的研究是对国际贸易法律语言文本及其变迁研究的初步尝试，由于涉及的方面较多，工作量较大，对一些细节问题还没有来得及展开，对现象的讨论有些地方也不够深入。

7.4.1 本书尚待改进的几个方面

1. 该书有的问题还有待深入研究，如《跟单信用证统一惯例》的几个变迁问题需要进一步展开，但是限于目前时间和精力的问题，暂且挑选了几个比较重要的方面进行了对比分析。比如，1929 年的《跟单信用证统一惯例草案》和 1933 年的《跟单信用证统一惯例》的对比，笔者只对其前 11 个条款进行了对比分析，笔者打算在时间充足的情况下，将对其做更加深入的探讨和研究。

2. 语言文化方面也应该增加些内容，但由于资料及时间的关系，笔者在这方面没有展开研究。期待今后能够对此进行广泛的研究。

3. 由于时间紧任务重，笔者的书面表达用语还不是很到位，也有待进一步规范、修改。

4. 书中有些英文的汉译是笔者完成的。我国对外开放的时间比较晚，大约是从20世纪70年代后期开始的，本书的许多资料来自第二次世界大战以来各个时期的法律文本，我国对外开放以来的资料也是有限的。只有笔者按照个人的研究来论述了。

由上述几点可以看出，本书还是存在这样那样的不足，主要因为资料收集不够充分，也是受我国外贸政策的影响，因为我国开始真正走向世界进行对外贸易的时间不长，很多原始资料全靠笔者自己通过海外的亲朋好友查询。为了能使其他同行方便开展这方面的研究，笔者将一些很难得的资料作为附录放在了论文的最后，以方便参阅。

7.4.2 对未来研究工作的展望

今后的工作，除了要整理、解决书中遗留的问题，还希望能结合前人的研究成果，对国际贸易法律所有的文本语言做更加全面的研究，以期更加清晰地呈现国际贸易法律文本语言的特点，并正确运用这些特点，将其付诸国际贸易活动和国际贸易法律实践当中，提高国际贸易实践活动的效率，为我国对外贸易的发展起到理论上的指导意义。

另外，笔者在工作中还发现有一些问题非常值得研究，如，国际贸易法律文本翻译中语言推定的作用。还有必要将《跟单信用证统一惯例》从第一个版本一直到目前使用的《跟单信用证统一惯例（UCP600）》从词汇、句子等方面做全面的对比，最好能逐条做比较，笔者发现，这些版本与版本之间的变化还是非常大的，而且，可以作为几个专题去研究。另外，《联合国国际货物销售合同公约》也有几个时期的版本，也和《跟单信用证统一惯例》一样，存在着一些词汇和句子变迁的情况，也需要做进一步探讨和研究。但是由于时间紧，精力和资料都有限，这样的问题确实比较复杂，本身就需要作为一个专题进行研究，因此在本书中没有涉及过多。笔者只挑选了其中的几个版本在词汇和句子方面进了详细对比，该书初成，是对前一段研究工作的初步梳理，很多问题都尚待进一步深入研究，以后笔者会继续关注这些问题，并对本书做进一步探讨和修订。

附录 《跟单信用证统一惯例》两个珍贵文本[1]

一、1962 年国际商会发行的一个版本

1962 Revision-Uniform Customs and Practice for documentary Credits (Brochure 222)

General Provisions And Definitions

(a) These provisions and definitions and the following articles apply to all documentary credits and are binding upon all parties thereto unless otherwise expressly agreed.

(b) For the purposes of such provisions, definitions and articles the expressions "documentary credit (s)" and "credit (s)" used therein mean any arrangement, however named or described, whereby a bank (the issuing bank), acting at the request and in accordance with the instructions of a customer (the

〔1〕 以下两个文本目前在国内很难见到，这是笔者从国外刊物上发现后收录于此，以方便读者研习。

applicant for the credit), is to make payment to or to the order of a third party (the beneficiary) or is to pay, accept or negotiate bills of exchange (drafts) drawn by the beneficiary, or authorizes such payments to be made or such drafts to be paid, accepted or negotiated by another bank, against stipulated documents and compliance with stipulated terms and conditions.

(c) Credits, by their nature, are separate transactions from the sales or other contracts on which they may be based and banks are in no way concerned with or bound by such contracts.

(d) Credit instructions and the credits themselves must be complete and prcise and, in order to guard against confusion and misunderstanding, issuing banks should discourage any attempt by the applicant for the credit to include excessive detail.

(e) When the bank first entitled to avail itself of an option it enjoys under the following articles does so, its decision shall be binding upon all the parities concerned.

(f) A beneficiary can in no case avail himself of the contractual relationships existing between banks or between the applicant for the credit and the issuing bank.

A. Form and Notification of Credits

Article 1

Credits may be either

(a) revocable, or

(b) irrevocable.

All credits, therefore, should clearly indicate whether they are revocable or irrevocable.

In the absence of such indication the credit shall be deemed to be revocable, even though an expiry date is stipulated.

Article 2

A revocable credit does not constitute a legally binding undertaking between the bank or banks concerned and the beneficiary because such a credit may be modified or cancelled at any moment without notice to the beneficiary.

When, however, a revocable credit has been transmitted to and made available at a branch or other bank, its modification or cancellation shall become effective only upon receipt of notice thereof by such branch or other bank and shall not affect the right of that branch or other bank to be reimbursed for any payment, acceptance or negotiation made by it prior to receipt of such notice.

Article 3

An irrevocable credit is a definite undertaking on the part of an issuing bank and constitutes the engagement of that bank to the beneficiary or, as the case may be, to the beneficiary and bona fide holders of drafts drawn and/or documents presented thereunder, that the provisions for payment, acceptance or negotiation contained in the credit will be duly fulfilled, provided that all the terms and conditions of the credit are complied with.

An irrevocable credit may be advised to a beneficiary through another bank without engagement on the part of that other bank (the advising bank), but when an issuing bank authorizes another bank to confirm its irrevocable credit and the latter does so, such confirmation constitutes a definite undertaking on the part of the confirming bank either that the provisions for payment or acceptance will be duly fulfilled or, in the case of a credit available by negotiation of drafts, that the confirming bank will negotiate drafts without recourse to drawer, such undertakings can neither be modified nor cancelled without the agreement of all concerned.

Article 4

When an issuing bank instructs a bank by cable, telegram or telex to notify a credit and the original letter of credit itself is to be the operative credit instrument, the issuing bank must send the original letter of credit, and any subsequent amendments thereto, to the beneficiary through the notifying bank.

The issuing bank will be responsible for any consequences arising from its failure to follow this procedure.

Article 5

When a bank is instructed by cable, telegram or telex to issue, confirm or advise a credit similar in terms to one previously established and which has been the subject of amendments, it shall be understood that the details of the credit being issued, confirmed or advised will be transmitted to the beneficiary excluding the amendments, unless the instructions specify clearly any amendments which are to apply.

Article 6

If incomplete or unclear instructions are received to issue, confirm or advise a credit, the bank requested to act on such instructions may give preliminary notification of the credit to the beneficiary for information only and without responsibility; and in that case the credit will be issued, confirmed or advised only when the necessary information has been received.

B. Liabilities and Responsibilites

Article 7

Banks must examine all documents with reasonable care to ascertain that they appear on their face to be in accordance with the terms and conditions of the credit.

Article 8

In documentary credit operations all parties concerned deal in documents and not in goods.

Payment, acceptance or negotiation against documents which appear on their face to be in accordance with the terms and conditions of a credit by a bank authorized to do so, binds the party giving the authorization to take up the documents and reimburse the bank which has effected the payment, acceptance or negotiation.

If such claim is to be made, notice to that effect, stating the reasons therefore, must be given by cable or other expeditious means to the bank from which the documents have been received and such notice must state that the documents are being held at the disposal of such bank or are being returned thereto. The issuing bank shall have a reasonable time to examine the documents.

Article 9

Banks assume no liability or responsibility for the form, sufficiency, accuracy, genuineness, falsification or legal effect of any documents, or for the general and/or particular conditions stipulated in the documents or superimposed thereon; nor do they assume any liability or responsibility for the description, quantity, weight, quality, condition,

Packing, delivery, value or existence of the goods represented thereby, or for the good faith or acts and/or omissions, solvency, performance or standing of the consignor, the carriers or the insurers of the goods or any other person whomsoever.

Article 10

Banks assume no liability or responsibility for the consequences arising out of delay and/or loss in transit of any messages, letters or documents, or for delay, mutilation or other errors arising in the transmission of cables, telegrams or telex, or for errors in translation or interpretation of technical terms, and banks reserve the right to transmit credit terms without translating them.

Article 11

Banks assume no liability or responsibility for consequences arising out of the interruption of their business by srikes, lock – outs, riots, civil commotions, insurrections, wars, Acts of God or any other causes beyond their control. Unless specifically authorized, banks will not effect payment, acceptance or negotiation after expiration under credits expiring during such interruption of business.

Article 12

Banks utilizing the services of another bank for the purpose of giving effect to the instructions of the applicant for the credit doso for the account and at the risk of the latter.

They assume no liability or responsibility should the instructions they transmit not be carried out, even if they have themselves taken the initiative in the choice of such other bank.

The applicant for the credit shall be bound by and liable to indemnify the banks against all obligations and responsibilities imposed by foreign laws and usages.

C. Documents

Article 13

All instructions to issue, confirm or advise a credit must state precisely the documents against which payment, acceptance or negotiation is to be made.

Terms such as "first class", "well known", "qualified" and the like shall not be used to describe the issuers of any documents called for under credits and if they are incorporated in the credit terms banks will accept documents as presented without further responsibility on their part.

Documets evidencing Shipment or Despatch (Shipping Documents).

Article 14

Except as stated in Article 18, the date of the Bill of Lading, or date indicated in the reception stamp or by notation on any other document evidencing shipment or dispatch, will be taken in each case to be the date of shipment or dispatch of the goods.

Article 15

If the words "freight paid" or "freight prepaid" appear by stamp or otherwise on documents evidencing shipment or dispatch they will be accepted as constituting evidence of the payment of freight.

If the words "freight prepayable" or "freight to be prepaid" or words of similar effect appear by stamp or otherwise on such documents they will not be accepted as constituting evidence of the payment of freight.

Unless otherwise specified in the credit or inconsistent with any of the documents presented under the credit, banks may honour documents stating that freight or transportation charges are payable on delivery.

Article 16

A clean shipping document is one which bears no superimposed clause or notation which expressly declares a defective condition of the goods and/or the packaging.

Banks will refuse shipping documents bearing such clauses or notations unless the credit expressly states clauses or notations which may by accepted.

Marine Bills of Lading

Article 17

Unless specifically authorized in the credit, Bills of Lading of the following nature will be rejected:

(a) Bills of Lading issued by forwarding agents.

(b) Bills of Lading which are issued under and are subject to the conditions of a Charter – Party.

(c) Bills of Lading covering shipment by sailing vessels.

However, unless otherwise specified in the credit, Bills of Lading of the following nature will be accepted:

(a) "Port" or "Custody" bills of Lading for shipments of cotton from the United States of America.

(b) "Through" Bills of Lading issued by steamship companies or their agents even though they cover several modes of transport.

Article 18

Unless otherwise specified in the credit, bills of Lading must show that the goods are loaded on board.

Loading on board may be evidenced by an on board Bill of Lading or by means of a notation to that effect dated and signed or initialed by the carrier or his agent, and the date of this notation shall be regarded as the date of loading on board and shipment.

Article 19

Unless transhipment is prohibited by the terms of the credits, Bills of Lading will be accepted which indicate that the goods will be transhipped in route, provided the entire voyage is covered by one and same Bill of Lading.

Bills of Lading incorporating printed clauses stating that the carriers have the right to tranship will be accepted notwithstanding the fact that the credit prohitits transhipment.

Article 20

Banks will refuse a Bill of Lading showing the stowage of goods on deck, unless specifically authorized in the credit.

Article 21

Banks may require the name of the beneficiary to appear on the Bill of Lading as shipper or endorser, unless the terms of the credit provide otherwise.

Other Shipping Documents, etc.

Article 22

Banks will consider a Railway or Inland Waterway Bill of Lading or Consignment Note, Counterfoil Waybill, Postal Receipt, Certificate of Mailing, Air Mail Receipt, Air Transportation Waybill, Air Consignment Note or Air Receipt, Trucking Company Bill of Lading or any other similar document as regular when such document bears the reception stamp of the carrier or issuer, or when it bears a signature.

Article 23

When a credit calls for an attestation or certification of weight in the case of transport other than by sea, banks will accept a weight stamp or any other official indication of weight on the shipping documents unless the credit calls for a separate or independent certificate of weight.

Insurance Documents

Article 24

Insurance documents must be as specifically described in the credit, and must be issued and/or signed by insurance companies or their agents or by underwriters.

Cover notes issued by brokers will not be accepted, unless specifically authorized in the credit.

Article 25

Unless otherwise specified in the credit, banks may refuse any insurance documents presented if they bear a date later than the date of shipment as evidenced by the shipping documents.

Article 26

Unless otherwise specified in the credit, the insurance document must be expressed in the same currency as the credit.

The minimum amount for which insurance must be effected is the CIF value of the goods concerned. However, when the CIF value of the goods cannot be determined from the documents on their face, banks will accept as such minimum amount, the amount of the drawing under the credit or the amount of the relative commercial invoice, whichever is the greater.

Article 27

Credits must expressly state the type of insurance required and, if any, the additional risks which are to be covered. Imprecise terms such as "usual risks" or "dustomary risks" shall not be used.

Failing specific instructions, banks will accept insurance cover as tendered.

Article 28

When a credit stipulated "insurance against all risks", banks will accept an insurance document which contains any "all risks" notation or clause, and will assume no responsibility if any particular risk is not covered.

Article 29

Banks may accept an insurance document which indicates that the cover is subject to a franchise, unless it is specifically stated in the credit that the insurance must be issued irrespective of percentage.

Commercial Invoices

Article 30

Unless otherwise specified in the credit, commercial invoices must be made out in the name of the applicant for the credit.

Unless otherwise specified in the credit, banks may refuse invoices issued for amounts in excess of the amount permitted by the credit.

The description of the goods in the commercial invoice must correspond with the description in the credit. In the remaining documents the goods may be described in general terms.

Other Documents

Article 31

When other documents are required, such as Warehouse Receipts, Delivery Orders, Consular Invoices, Cerfificates of Origin, of Weight, of Quality or of Analysis, etc., without further definition, banks may accept such documents as tendered, without responsibility on their part.

D. Miscellaneous Provisions

Quantity and Amount

Article 32

The words "about", "circa" or similar expressions are to be construed as allowing a defference not to exceed 10% more or 10% less, applicable, according to their place in the instructions, to the amount of the credit or to the quantity or unit price of the goods.

Unless a credit stipulates that the quantity of the goods specified must not be exceeded or reduced, a tolerance of 3% more or 3% less will be permissible, always provided that the total amount of the drawings does not exceed the amount of the credit. This tolerance does not apply when the credit specifies quantity in terms of packing units or containers or individual items.

Partial Shipments

Article 33

Partial shipments are allowed, unless the credit specifically states otherwise.

Shipments made on the same ship and for the same voyage, even if the Bills of Lading evidencing shipment "on board" bear different dates, will not be regarded as partial shipments.

Article 34

If shipment by instalments within given periods is stipulated and any instalment is not shipped within the period allowed for that instalment, the credit ceases to be available for that or any subsequent instalment, unless otherwise specified in the credit.

Validity and Expiry Date

Article 35

All irrevocable credits must stipulate an expiry date for presentation of documents for payment, acceptance or negotiation, notwithstanding the indication of a latest date for shipment.

Article 36

The words "to", "until", "till" and words of similar import applying to the expiry date for presentation fo documents for payment, acceptance or negotiation, or to the stipulated latest date for shipment, will be understood to include the date mentioned.

Article 37

When the stipulated expiry date falls on a day on which banks are closed for reasons other than those mentioned in Article 11, the period of validity will be extended until the first following business day.

This does not apply to the date for shipment which, if stipulated, must be respected.

Banks paying, accepting or negotiating on such extended expiry date must add to the documents their certification in the following wording:

"Presented for payment (or acceptance or negotiation as the case may be) within the expiry date extended in accordance with Article 37 of the Uniform Customs."

Article 38

The validity of a revocable credit, if no date is stipulated, will be considered to have expired six months from the date of the notification sent to the beneficiary by the bank with which the credit is available.

Article 39

Unless otherwise expressly stated, any extension of the stipulated latest date for shipment shall extend for an equal period the validity of the credit.

Where a credit stipulates a lates, date for shipment, and extension fo the period of validity shall not extend the period permitted for shipment unless otherwise expressly stated.

Shipment, Loading or Despatch

Article 40

Unless the terms of the credit indicate otherwise, the words "departure", "dispatch", "loading" or "sailing" used in stipulating the latest date for shipment of the goods will be understood to be synonymous with "shipment".

Expressions such as "prompt", "immediately", "as soon as possible" and the like should not be used, If they are used, banks will interpret them as a request for shipment within thirty days from the date on the advice of the credit to the beneficiary by the issuing bank or by an advising bank, as the case may be.

Presentation

Article 41

Documents must be presented within a reasonable time after issuance. Paying, accepting or negotiating banks may refuse documents if, in their judgment, they are presented to them with undue delay.

Article 42

Banks are under no obligation to accept presentation of documents outside their banking hours.

Date Terms

Article 43

The terms "first half", "second half" of a month shall be construed respectively as from the 1th to the 15th, and the 16th to the last day of each month, inclusive.

Article 44

The terms "beginning", "middle", or "end" of a month shall be construed respectively as from the 1th to the 10th, the 11th to the 20th,

And the 21th to the last day of each month, inclusive.

Article 45

When a bank issuing a credit instructs that the credit be confirmed or advised as available "for one month", "for six months" or the like, but does not specify the date from which the time is to run, the confirming or advising bank will confirm or advise the credit as expiring at the end of such indicated period from the date of its confirmation or advice.

E. Transfer

Article 46

A transferable credits is a credit under which the beneficiary has the right to give instructions to the bank called upon to effect payment or acceptance or to any bank entitled to effect negotiation to make the credit available in whole or in part to one or more third parties (second beneficiaries).

A credit can be transferred only if it is expressly designated as "transferable" by the issuing bank. Terms such as "divisible", "fractionable" "assignable" and "transmissible" add nothing to the meaning of the term "transferable" and shall not be used.

A transferable credit can be transferred once only. Fractions of a transferable credit (not exceeding in the aggregate the amount of the credit) can be transferred separately, provided partial shipments are not prohibited, and the aggregate of such transfers will be considered as constituting only one transfer of the credit. The credit can be transferred only on the terms and conditions specified in the original credit, with the exception of the amount of the credit, of any unit price stated therein, and of the period of validity or period for shipment, any or all of which may be reduced or curtailed. Additionally, the name of the first beneficiary can be substituted for that of the applicant for the credit, but if the name of the applicant for the credit is specifically required by the original credit to appear in any document other than the invoice, such requirement must be fulfilled.

The first beneficiary has the right to substitute his own invoices for those of the second beneficiary, for amounts not in excess of the original amount stipulated in the credit and for the original unit prices stipulated in the credit, and upon such substitution of invoices the first beneficiary can draw under the credit for the difference, if any, between his invoices and the second beneficiary's invoices. When a credit has been transferred and the first beneficiary's invoices. When a credit has been transferred and the first beneficiary is to supply his own invoices in exchange for the second beneficiary's invoices but fails to do so on demand, the paying, accepting or negotiating bank has the right to deliver to the issuing bank the documents received under the credit, including the second beneficiary's invoices, without further responsibility to the first beneficiary.

The first beneficiary of a transferalble credit can transfer the credit to a second beneficiary in the same country, but if he is to be permitted to transfer the credit to a second beneficiary in another country this must be expressly stated in the credit. The first beneficiary shall have the right to request that payment or negotiation be effected to the second beneficiary at the place to which the credit has been transferred, up to and including the expiry date of the original credit, and without prejudice to the first beneficiary's right subsequently to substitute his own invoices for those of the second beneficiary and to claim any difference due to him.

The bank requested to effect the transfer, whether it has confirmed the credit or not, shall be under no obligation to make such transfer except to the extent and in the manner expressly consented to by such bank, and until such bank's charges for transfer are paid.

Bank charges entailed by transfers are payable by the first beneficiary unless otherwise specified.

二、国际商会ICC,《跟单信用证统一惯例》290号出版物

（UCP 290 中英文对照）

CONTENTS

GENERAL PROVISIONS AND DEFINITIONS 总则和定义

A. FORM AND NOTIFICATION OF CREDITS 信用证的形式和通知

B. LIABILITIES AND RESPONSIBILITIES 义务和责任

C. DOCUMENTS 单据

C. 1 DOCUMENTS EVIDENCING SHIPMENT OR DISPATCH OR TAKING IN CHARGE

SHIPPING DOCUMENTS 货运单据

C. 1. 1 MARINE BILLS OF LADING 海运提单

C. 1. 2 COMBINED TRANSPORT DOCUMENTS 联合运输单据

C. 1. 3 OTHER SHIPPING DOCUMENTS, ETC. 其他货运单据

C. 2 INSURANCE DOCUMENTS 保险单据

C. 3 COMMERCIAL INVOICES 商业发票

C. 4 OTHER DOCUMENTS 其他单据

D. MISCELLANEOUS PROVISIONS 其他规定

QUANTITY AND AMOUNT 数量与金额

PARTIAL SHIPMENT 分批装运

EXPIRY DATE 有效期限

SHIPMENT, LOADING OR DISPATCH 装运、装货或寄发

PRESENTATION 提交单据

DATE TERMS 日期条款

E. TRANSFER 转让

跟单信用证统一处理规则

UNIFORM CUSTOMS AND PRACTICE FOR DOCUMENTARY CREDITS

(1974 REVISION IN FORCE AS FROM 1 OCTOBER 1975)

(1974 年 10 月修订, 1975 年 10 月 1 日实施。)

(国际总商会编印书目第 290 号)

GENERAL PROVISION AND DEFINITIONS

总则与定义

a. These provision and definitions and the following articles apply to all documentary credits and are binding upon all parties thereto unless otherwise expressly agreed.

除另有明文规定外，本总则与定义以及后列诸条文，对一切跟单信用证均适用，并对信用证一切关系人均有约束力。

b. For the purposes of such provisions, definitions and articles the expressions "documentary credit (s)" and "credit (s)" used therein mean any arrangement, however named or described, whereby a bank (the issuing bank), acting at the request and in accordance with the instructions of a customer (the applicant for the credit).

本规则、定义及条款中所用【跟单信用证】或【信用证】系指由一间银行（开证银行）依照客户（信用证申请人）的要求，并以其指示而开立的一种文书，论其名称与格式为何，得遵照信用证一切条款，并凭规定单据。

1. is to make payment to or to the order of a third party (the beneficiary), or is to pay, accept or negotiate bills of exchange (drafts) drawn by the beneficiary, or

向第三者（受益人）或其指定人履行付款，或对受益人所开具的汇票履行付款、承兑或议付，或

2. authorizes such payments to be made or such drafts to be paid, accepted or negotiated by another bank, against stipulated documents, provided that the terms and conditions of the credit are complied with

授权另一银行履行上项付款、承兑或议付。

3. credits, by their nature, are separate transactions from the sales or other contracts on which they may be based and banks are in no way concerned with or bound by such contracts.

信用证本质上与买卖合约或其他合约是属于两种不同的交易事项；信用证可能以该项合约为基础，但银行与该项合约无关，也不受该项合约的约束。

c. Credit instructions and the credits themselves must be complete and precise. In order to guard against confusion and misunderstanding, issuing banks should discourage any attempt by the applicant for the credit to include excessive detail.

有关信用证之指示以及信用证本身，必须完整而明确。为防止混淆与误解，开证银行应劝阻申请人将冗赘细节列入信用证之内。

d. The bank first entitled to exercise the option available under Article 32 b shall be the bank authorized to pay, accept or negotiate under a credit. The decision of such bank shall bind all parties concerned.

信用证所授权付款、承兑或议付之银行，应有优先运用第 32 条（b）款所规定之选择权。该银行之决定对有关各方具有约束力。

e. A bank is authorized to pay or accept under a credit by being specifically nominated in the credit.

信用证所授权付款或承兑之银行，应于信用证中明确指定之。

A bank is authorized to negotiate under a credit either.

信用证项下被授权议付之银行，以下列方式之一决定；

1. by being specifically nominated in the credit, or

于信用证中明确指定。或

2. by the credit being freely negotiable any bank.

于信用证中规定由任何银行自由议付。

f. A beneficiary can in no case avail himself of the contractual relationships existing between banks or between the applicant for the credit and the issuing bank.

受益人不得利用各银行之间，或者信用证申请人与开证银行之间所存在的契约关系。

A. FORM AND NOTIFICATION OF CREDITS

信用证的形式与通知

Article 1 第一条

a. Credits may be either 信用证可以定为

1. revocable, or 可撤销的，或

2. irrevocable. 不可撤销的

b. All credits, therefore, should clearly indicate whether they are revocable or irrevocable.

因此一切信用证必须明确表示是【可撤销】或【不可撤销】。

c. In the absence of such indication the credit shall be deemed to be revocable.

信用证如未作上项明确表示者，均作为【可撤销的信用证】。

Article 2 第二条

A revocable credit may be amended or cancelled at any moment without prior notice to the beneficiary. However, the issuing bank is bound to reimburse a branch or other bank to which such a credit has been transmitted and made available for payment, acceptance or negotiation, for any payment, acceptance or negotiation complying with the terms and conditions of the credit and any amendments received up to the time of payment, acceptance or negotiation made by such branch or other bank prior to receipt by it of notice of amendment or of cancellation.

可撤销信用证可以不必预先通知受益人而随时修改或撤销。但开证银行对办理该信用证的通知和被授权付款、承兑或议付的分支或其他银行，在收到开证银行的修改或撤销之通知前，依照该信用证规定及以前曾作任何修改之条件而付款、承兑或议付，则仍应负偿付之责。

Article 3 第三条

a. An irrevocable credit constitutes a definite undertaking of the issuing bank, provided that the terms and conditions of the credit are complied with:

开证银行对不可撤销信用证有下列事项之确定保证，但应以遵守该信用证之所有条件为条件：

1. to pay, or that payment will be made, if the credit provides for payment, whether against a draft or not ;

对信用证规定付款，不论是否凭汇票，开证银行应履行付款或承担保证付款的责任。

2. to accept drafts if the credit provides for acceptace by the issuing bank or to be responsible for the acceptance of drafts drawn on the applicant for the credit or any other drawee specified in the credit;

信用证规定应由开证银行承兑，则开证银行应保证对该汇票承兑，或信用证规定应由信用证申请人或信用证规定之任何其他付款人承兑，则开证银行应负保证该汇票到期付款的责任。

3. to purchase / negotiate, without recourse to drawers and /or bona tide holders, drafts drawn by the beneficiary, at sight or at a tenor, on the applicant for the credit or on any other drawee specified in the credit, or to provide for purchase /negotiation by another bank, if the credit, or to provides for purchase/negotiation.

在信用证所规定买卖或议付项下，受益人向开证申请人或任何其他付款人所开即期汇票或远期汇票，开证银行应履行买单或议付，或承担另一银行买单或议付的保证责任，而不得向出票人或善意持票人行使追索权。

b. An irrevocable credit may be advised to a beneficiary through another bank (the advising bank) without engagement on the part of that bank, but when an issuing bank authorizes or requests another bank to confirm its irrevocable credit and the latter does so, such confirmation constitutes a definite undertaking of the confirming bank in addition to the undertaking of the issuing bank, provided that the terms and conditions of the credit are complied with:

不可撤销信用证得经由另一银行（通知行）通知受益人，而该银行并不须承担责任。但当开证行授权或请求另一银行保兑并经该银行照办时，在遵守信用证一切条款的条件下，开证银行应承担责任，而保兑银行也应保证下列各点，即：

1. to pay, if the credit is payable at its own counters, whether against a draft or not, or that payment will be made if the credit provides for payment elsewhere;

信用证规定在保兑银行之柜台付款，则不论凭汇票与否，该银行均须履行付款责任；若信用证规定在其他地方付款者，该银行均须履行付款；若信用证规定在其他地方付款者，该银行承担保证付款责任。

2. to accept drafts if the credit provides for acceptance by the confirming bank, at its own counters, or to be responsible for their acceptance and payment at maturity if the credit provides for the acceptance of drafts drawn of the applicant for the credit or any other drawee specified in the credit;

信用证规定应由保兑银行承兑者，则保兑银行保证在其柜台承兑汇票；如信用证规定汇票由信用证申请人或规定其他付款人承兑者，则保兑银行应负保证其承兑及到期付款的责任。

3. to purchase /negotiate, without recourse to drawers and /or bona tide holders, drafts drawn by the beneficiary, at sight or at a tenor, on the issuing bank, or on the applicant for the credit or on any other drawee specified in the credit, if the credit provides for purchase /negotiation.

在信用证规定买单、议付项下，由受益人向开证银行或开证申请人或任何其他指定付款人开出的即期或远期汇票，该保兑银行应履行买单、议付责任，且不得向出票人或善意持票人行使追索权。

c. Such undertakings can neither amended nor cancelled without the agreement of all parties thereto. Partial acceptance of amendments is not effective without the agreement of all parties thereto.

上述约定，非经有关各方同意，不得修改或取消。即使接受部分修改，未经各方同意，亦属无效。

Article 4 第四条

a. When an issuing bank instructs a bank by cable, telegram or telex to advise a credit, and intends the mail confirmation to be the operative credit instrument, the cable, telegram or telex must, state that the credit instrument, the cable, telegram or telex must, state that the credit will only be effective on receipt of such mail confirmation. In this event, the issuing bank must send the operative credit instrument (mail confirmation) and any subsequent amendments to the credit to the beneficiary through the advising bank.

电报委托另一银行作为信用证之通知银行，且欲将其邮寄正本（电文确认书）作为有效的信用证凭证者，则需于电文中载明本信用证须待收到邮寄正本后才生效。在此情形下，开证银行必须将该有效之信用证凭证（即邮寄正本）及该信用证的随后任何修改费，经过通知银行送交受益人。

b. The issuing bank will be responsible for any consequences arising from its failure to follow the procedure set out in the proceeding paragraph.

开证银行如未照本条上款规定办理，应负责由此而引起的一切后果。

c. Unless a cable, telegram or telex states "details to follow" (or words of similar effect), or states that the mail confirmation is to be the operative credit instrument, the cable, telegram or telex will be deemed to be the seperative credit instrument and the issuing bank need not send the mail confirmation to the advising bank.

除非在电文上载明“详细内容随后邮寄”（或其他类似意义的文句）或载明：邮寄正本方为有效之信用证凭证，则该项电文将作为有效之信用证凭证，而开证银行亦不必将邮寄正本寄给通知银行。

Article 5 第五条

When a bank is instructed by cable, telegram or telex to issue, confirm or advise a credit similar in terms to one previously established and which has been the subject of amendments, it shall be understood that the details of the credit being issued, confirmed or revised will be transmitted to the beneficiary excluding the amendments, unless the instructions specify clearly any amendments which are to apply.

银行接受用电报委托开出、保兑，或通知一信用证，仅言明其条款依照上次开立之信用证，而所指的上次开立信用证系曾经修改者，则该新开出、保兑，或通知之信用证，将不包括其修改部分而转达受益人，除非电文中明确表示应包括特定的修改部分。

Article 6 第六条

If incomplete or unclear instructions are received to issue, confirm or advise a credit, the bank requested at act on such instructions may give preliminary notification of the credit to the beneficiary for information only and without responsibility; in this event the credit will be issued, confirmed or advised only when the necessary information has been received.

受委托开出、保兑或通知信用证的银行，所收到的指示如果内容不明确或不完整，该银行可预先告知受益人并说明该信用证仅供告知参考，而不负任何责任。待收到必需之资料后，该信用证始可正式开出、保兑或通知。

B. LIABILITIES AND RESPONSIBILITIES 义务与责任

Article 7 第七条

Banks must examine all documents with reasonable care to ascertain that they appear on their face to be in accordance with the terms and conditions of the credit. Documents which appear on their face to be inconsistent with one another will be considered as not appearing on their face to be in accordance with the terms and conditions of the credit.

银行必须合理小心地审核一切单据，从单据表面上确定是否符合信用证所规定的各项条款。各单据在表面上确定是否符合信用证所规定的各项条款。各单据在表面上显示有互不一致者，将视为与信用证所规定的条款不符合。

Article 8 第八条

a. In documentary credit operations all parties concerned deal in documents and not in goods.

在处理跟单信用证业务中，有关各方所处理者，系以单据为依据，而非货物。

b. Payment, acceptance or negotiation against documents which appear on their face to be in accordance with the terms and conditions of a credit by a bank authorized to do so, binds the party giving the authorization to take up the documents and reimburse the bank which has effected the payment, acceptance or negotiation.

被授权付款、承兑或议付的银行，凭表面上所示与信用证条款相符之单据而付款、承兑或议付，发出该项授权的一方，则必须接受该项单据，并需对该项付款、承兑或议付的银行履行清偿的义务。

c. If, upon receipt of the documents the issuing bank considers that they appear on their face not to be in accordance with the terms and conditions of the credit, that bank must determine, on the basis of the documents alone, whether to claim that payment, acceptance or negotiation was not affected in accordance with the terms and conditions of the credit.

如开证银行收到单据，认为其表面上所显示者，与信用证所规定之条款不符，则该银行必须只以单据为根据，决定是否向对方发出不遵守信用证条款而付款、承兑或议付的声明。

d. The issuing bank shall have a reasonable time to examine the documents and to determine as above whether to make such a claim.

开证银行应享有合理时间审核单据，并决定是否发出上项的声明。

e. If such claim is to be made, notice to that effect, stating the reasons therefor, must, without delay, be given by cable or other expeditious means to the bank from which the documents have been received (the remitting bank) and such notice must state that the documents are being held at the disposal of such bank or are being returned thereto.

开证银行如发出上项声明，则应说明理由并将声明，用电报或其他迅速方法通知寄来该项单据之银行（寄单银行），该通知必须说明单据代保存并侯处理，或寄还该银行。

f. If the issuing bank fails to hold the documents at the disposal of the remitting bank, or fails to return the documents to such bank, the issuing bank shall be precluded from claiming that the relative payment, acceptance or negotiation was not effected in accordance with the terms and conditions of the credit.

如开证银行无法保存该等单据留侯寄单银行处理，或无法将该等单据寄还该寄单银行，则开证银行即无权提出不遵守信用证条款而付款，承兑或议付的声明。

g. If the remitting bank draws the attention for the issuing bank to any irregularities in the documents or advises such bank that it has paid, accepted or negotiated under reserve or against a guarantee in respect of such irregularities, the issuing bank shall not thereby be relieved from any of its obligations under this article. Such guarantee or reserve concerns only the relations between the bank and the beneficiary.

如寄单银行向开证银行指出单据中存在有某项不符之处，或通知开证银行，开证银行不得借此而免除本条所规定的任何义务。上述之担保或保留仅属寄单银行与受益人的关系。

Article 9 第九条

Banks assume no liability or responsibility for the form, sufficiency, accuracy, genuineness, falsification or legal effect of any documents, or for the general and/or particular conditions stipulated in the documents or superimposed thereon; nor do they assume any liability or responsibility for the description, quantity, weight, quality, condition, packing, delivery, value or existence of the goods represented thereby, or for the good faith or acts and/or omissions, solvency, performance or standing of the consign or, the carriers or the insurers of the goods or any other person whomsoever.

对任何单据之格式、完善性、准确性、真实性、伪造或法律效力，或对单据上所记载或加注之一般的/及/或特殊的条文，银行均不负责任；对单据所载的货物之规格、数量、重量、品质、状况、包装、递送、价值或存在，以及对货物付运人、承运人、保险承保人或其他任何人之品德、行为、错失、资力、执行能力、营养状况，银行均不负责任。

Article 10 第十条

Banks assume no liability or responsibility for the consequences arising out of delay and /or loss in transit of any messages, letters or documents, or for dclay, mutilation or other errors arising in the transmission of cables, telegrams of telex. Banks assume no liability or responsibility for errors in translation or interpretation of technical terms, and reserve the right to transmit credit terms without translation term.

银行对任何通知、信件或单据在递送途中之耽搁或遗失所引起之后果，或对电讯在传送时所发生之延误、残缺不全或其他错误，银行均不负责。银行对专门术语的翻译或解释的错误，均不负责。银行并保留将信用证条文原文照转而不经翻译的权利。

Article 11 第十一条

Banks assume no liability or responsibility for consequences arising out of the interruption of their business by Acts of God, riots, civil commotions, insurrections, wars or any other causes beyond their control or by any strikes or lockouts. Unless specifically authorized, banks will not effect payment, acceptance or negotiation after expiration under credits expiring during such interruption of business.

银行对由于天灾、暴动、骚乱、叛变、战争，或任何其他不可抗拒的事故，或因罢工、停工而致银行营业中断时所造成的一切后果，概不负责任。除非经特别授权，否则银行在此营业中断期间内满期之信用证，逾期不再履行付款、承兑或衣服议付。

Article 12 第十二条

a. Banks utilizing the services of another bank for the purpose of giving effect to the instructions of the applicant for the credit do so for the account and the risk of the latter.

银行为了实现信用证申请人的指示，得代开证申请人利用另一银行之服务，其一切之费用及风险归申请人负担。

b. Banks assume no liability or responsibility should the instructions they transmit not be carried out, even if they have themselves taken the initative in the choice of such other bank.

银行所转致之指示如果未能执行，即使未能执行指示之另一银行系由该银行主动选定者，该银行亦不予负责。

c. The applicant for the credit shall be bound by and liable to indemnify the banks against all obligations and responsibilities imposed by foreign laws and usages.

信用证申请人应受外国法律和惯例的约束。并对银行在外国法律和惯例下所承担的责任和义务，负补偿损失之责。

Article 13 第十三条

A paying or negotiating bank which has been authorized to claim reimbursement from a third bank nominated by the issuing bank and which has effected such payment or negotiation shall not be required to confirm to the third bank that it has done so in accordance with the terms and conditions of the credit.

被授权向开证银行指定的第三者银行要求索偿的付款或议付银行在付款或议付后进行索偿时，毋需向该第三者银行确认。其付款或议付系依照信用证规定之条款办理。

C. DOCUMENTS 单据

Article 14 第十四条

a. All instructions to issue, confirm or advise a credit must state precisely the documents against which payment, acceptance or negotiation is to be made.

一切关于开立、保兑或通知信用证的指示，必须明确规定凭以办理付款、承兑或议付之各项单证。

b. Terms such as "first class", "well known", "qualified " and the like shall not be used to describe the issuers of any documents called for under credits, and if they are incorporated in the credit terms, banks will accept documents as tendered.

词语如【第一流】、【著名的】、【合格的】及其类似名称，不应作对信用证上所需任何单据的签约人的规定。如果此等词语用在信用证的条款中，银行对所提供之单据，将照单接受。

C. 1 DOCUMENTS EVIDENCING SHIPEMNT OR DISPATCH OR TAKING IN CHARGE (SHIPPING DOCUMENTS) 货运单据

Article 15 第十五条

Except as stated in Article 20, the date of the Bill of Lading, or the date of any other document evidencing shipment or dispatch or taking in charge, or the date indicated in the reception stamp or by notation on any such document, will be taken in each case to be the date of shipment or dispatch or taking in charge of the goods.

除第二十条所规定者外，提单之日期，或任何证明货物装运、寄货或承运之单据日期，或该等单据上的收货印戳表示或注明之日期，将被作为货物装运、寄货或承运之日期。

Article 16 第十六条

a. If words clearly indicating payment or prepayment of freight, however named or described, appear by stamp or otherwise on documents evidencing shipment or dispatch or taking in charge, they will be accepted as constituting evidence of payment of freight.

凡证明货物装运、寄货或承运的单据上，如系加盖印戳或其他方法，以明确的字句表示运费已付或先付，不论其名称或文字如何，皆可作为运费已付讫之证明。

b. If the words "freight pre – payable" or "freight to be prepaid" or words of similar effect appear by stamp or otherwise on such documents, they will not be accepted as constituting evidence of the payment of freight.

上项单据上，如系加盖印戳或其他方法，表明【运费可预付】或【运费将预付】或其他类似字句，不得作为运费已付讫之证明。

c. Unless otherwise specified in the credit or inconsistent with any of the documents presented under the credit, banks will accept documents stating that freight or transportation charges are payable on delivery.

除非信用证上另有特别规定，或该信用证项下所提供的任何单据内容有抵触之处，银行对于载明运费于提货时收取的单据，予以接受。

d. Banks will accept shipping documents bearing reference by stamp or otherwise to cost additional to the freight charges, such as costs of, or disbursements incurred in connection with, loading, unloading or similar operations, unless the conditions of the credit specifically prohibit such reference.

除非信用证条款特别禁止，否则银行对于货运单据上经加盖印戳或以其他方法批注运费以外之附加，如装货、卸货或类似作业之有关费用者，将予接受。

Article 17 第十七条

Shipping documents which bear a clause on the face thereof such as "shipper's load and count" or "said by shipper to contain" or words of similar effect, will be accepted unless otherwise specified in the credit.

除非信用证中有不同的规定，银行对于表面上附有【发货人装载和计数】，【内容据发货人报称】，或其他类似文句的货运单据，予以接受。

Article 18 第十八条

a. A clean shipping document is one which bears no superimposed clause or notation which expressly declares a defective condition of the goods and /or the packaging.

洁净提单系指提单上并无附加条款或批注，指明货物及/或包装有不当情况。

b. Banks will refuse shipping documents bear such clauses or notations unless the credit expressly states the clauses or notations which may be accepted.

银行将拒绝接受载有该等附加条款或批注之货运单据，除非信用证有明确表示此等货物可以接受。

C. 1. 1 MARINE BILLS OF LADING 海运提单

Article 19 第十九条

a. Unless specifically authorized in the credit, Bill of Lading the following nature will be rejected:

除非信用证上有特别规定，银行对下列性质之提单应拒绝接受:

1. Bills of Lading issued by forwarding agents.

运输行所发出之提单。

2. Bills of Lading which are issued under and are subject to the conditions of a Charter – Party.

根据租船契约及以租船契约上之条款为准而发出之提单。

3. Bills of Lading covering shipment by sailing vessels.

由帆船承运货物之提单。

b. However, subject to the above and unless otherwise specified in the credit, Bills of Lading of the following nature will be accepted ;

除遵守上述规定及信用证另有不同规定外，下列性质之提单将予接受:

1. "Through" Bills of Lading issued by shipping companies or their agents even though they cover several modes of transport.

轮船公司或其代理人所发出的“联运提单”，甚至该提单乃包括多种运输方式者。

2. Short Form Bills of Lading (i. e. Bills of Lading issued by shipping companies or their agents which indicated some or all of the conditions of carriage by reference to source or document other than the Bill of Lading)

简式提单，即轮船公司或其代理人所发出之提单中，注明部分或全部运输条款系参照提单本身以外之其他来源或文件者。

3. Bills of Lading issued by shipping companies or their agents covering unitized cargoes, such as those on pallets or in containers.

由轮船公司或其代理人所发出之提单，注明系装载单元化货物，如以货物垫板或货柜装运者。

Article 20 第二十条

a. Unless otherwise specified in the credit, Bills of Lading must show that the goods are loaded on board a named vessel or shipped on named vessel.

除非信用证另有不同规定，提单必须载明货物经已装在指名之船上，或已由指名的船只装运。

b. Loading on board a named vessel or shipment on a named vessel may be evidenced either by a Bill of Lading bearing wording indication loading on board a named vessel or shipment on a named vessel or by means of a notation to that effect on the Bill of Lading signed or initialed and dated by the carrier or his agent, and the date of this notation shall be regarded as the date of loading on board the named vessel or shipment on the named vessel.

Article 21 第二十一条

a. Unless transhipment is prohibited by the terms of the credit, Bills of Lading will be accepted which indicate that the goods will be transhipped en route, provided the entire voyage is covered by one and the same Bill of Lading.

除信用证条款禁止转运外，提单上注明货物将于中途转船，而其全程之运输系包括在同一提单者，则该提单可予接受。

b. Bills of Lading incorporating printed clauses stating that the carriers have the right to tranship will be accepted notwithstanding the fact that the credit prohibits transhipment.

提单之印定条款中，声明承运人对承运货物有权转运者，虽然信用证上规定禁止转运，但该项提单仍可接受。

Article 22 第二十二条

a. Banks will refuse a Bill of Lading stating that the goods are loaded on deck, unless specifically authorized in the credit.

除非信用证上特别许可，银行将拒绝接受载明货物装于舱面之提单。

b. Banks will not refuse a Bill of Lading which contains a provision that the goods may be carried on deck, provided it does not specifically state that they are loaded on deck.

提单注明货物可能装于舱面之条款者，但并未特别注明货物已装于舱面者，银行仍可接受。

C. 1. 2 COMBINED TRANSPORT DOCUMENTS 联合运输单据

Article 23 第二十三条

a. If the credit calls for a combined transport document, i. e. one which provides from a combined transport by at least two different modes of transport, from a place at which the goods are taken in charge to a place designated for delivery, or if the credit provides for a combined transport, but in either case does not specify the form of document required and /or the issuer of such document, banks will accept such documents as tendered.

如信用证条款需要联合运输单据，即单据上规定从承运地点至指定交货地点，至少使用两种以上不同运输方式，或如信用证上规定联合运输，但均未规定所需单据格式及/或其签发人，则银行对所提供之此项单据将予接受。

b. If the combined transport includes transport by sea, the document will be accepted although it does not indicate that the goods are on board a named vessel, and although it contains a provision that the goods, if packed in Container, may be carried on deck, provided it does not specifically state that they are loaded on deck.

如联合运输包括海运在内，即使单据未载明货物已装在指名之船上，或即使单据载有如用货柜箱装运，货物可能装于舱面的条文，但未特别注明货物已装于舱面者，该项单据银行可予以接受。

C. 1. 3 OTHER SHIPPING DOCUMENTS, ETC. 其他货运单据

Article 24 第二十四条

Banks will consider a Railway or Inland Waterway Bill of Lading or Consignment Note, Counterfoil Waybill, Postal Recipt, Certificate of Mailing, Air Mail Receipt, Air Waybill, Air Consignment Note or Air Receipt, Trucking Company Bill of Lading or any other similar document as regular when such document bears the reception stamp of the carrier or his agent, or when it bears a signature purporting to be that of the carrier or his agent.

银行对凡经承运人或其代理人加盖收货印戳，或经承运人或其代理人签字之铁路或内河提单，或发货通知单、存根式提货单、货车公司之提单，或其他类似之单据，均作为合格单据处理。

Article 25 第二十五条

When a credit calls for an attestation or certification of weight in the case of transport other than by sea, banks will accept a weight stamp or declaration of weight superimposed by the carrier on the shipping document unless the credit calls for a separate or independent certificate of weight.

海运以外的其他货运方式，如信用证要求重量证明者则由承运人加盖重量戳记，或附加重量申报之货运单据，银行将予接受。但信用证规定要分开或独立的证书时，应服从信用证之规定。

C. 2 INSURANCE DOCUMENTS 保险单据

Article 26 第二十六条

a. Insurance documents must be as specified in the credit, and must be issued and/or signed by insurance companies or their agents or by underwriters.

保险单据必须符合信用证的规定，且必须为保险公司或其代理人所签字发行者，或为保险商所签发者。

b. Cover notes issued by brokers will not be accepted, unless specifically authorized in the credit.

除非信用证上特别准许由保险经纪人签发之暂保单，否则将不予接受。

Article 27 第二十七条

Unless otherwise specified in the credit, or unless the insurance documents presented establish that the cover is effective at the latest from the date of shipment or dispatch or, in the case of combined transport, the date of taking the goods in charge, banks will refuse insurance documents presented which bear a date later than the date of shipment or dispatch or, in the case of combined transport, the date of taking the goods in charge, as evidenced by the shipping documents.

除非信用证另有规定，或除非所提供之保险单确认其保险生效日期最迟由装运、寄货或在联合运输之承运日起算，否则保险单据上之日期较货运单据所表示之装运、寄货或在联合运输之承运日期为迟者，银行将拒绝接受。

Article 28 第二十八条

a. Unless otherwise specified in the credit, the insurance document must be expressed in the same currency as the credit.

除非信用证上另有规定，保险单据上与信用证上所表示之货币必须相同。

b. The minimum amount for which insurance must be effected is the CIF value of the goods concerned. However, when the CIF value of the goods cannot be determined from the documents on their face, banks will accept as such minimum amount the amount of the drawing under the credit or the amount of the relative commercial invoice, whichever is the greater.

保险之最低投保金额，应为投保有关货物之到岸价格，如遇该货物之到岸价格无法由有关单据表面决定时，银行可按信用证项下支付之金额，或与其有关商业发票上之金额，以较高者作为最低保险金额。

Article 29 第二十九条

a. Credits should expressly state the type of insurance required and, if any, the additional risks which are to be covered. Imprecise terms such as "usual risks" or "customary risks" should not be used ; however, if such imprecise terms are used, banks will accept insurance documents as tendered.

信用证上必须有明确规定所需的保险项目，及必要的附加保险类别。意义不明确之词语，例如【包通常应保的险】或【保惯常应保的险】等不应使用，否则银行得照所提示的保险单据予以接受。

b. Failing specific instructions, banks will accept insurance cover as tendered.

如无特殊规定，银行得按照所提示之保险内容予以接受。

Article 30 第三十条

When a credit stipulates "insurance against all risks ", banks will accept an insurance document which contains any "all risks" notation or clause, and will assume no responsibility if any particular risk is not covered.

如信用证规定【投保全险】，银行将接受有【全险】的任何批注或条款的保险单据，但如有任何特殊险类未经投保，银行不负责任。

Article 31 第三十一条

Banks will accept an insurance document which indicates that the cover is subject to a franchise or an excess (deductible), unless it is specifically stated in the credit that the insurance must be issued irrespective of percentage.

除非信用证特别规定保险必须为无免赔率者外，银行将接受载明有免陪百分率或免责额（自责额）之保险单。

C. 3 COMMERCIAL INVOICES 商业发票

Article 32 第三十二条

a. Unless otherwise specified in the credit, commercial invoices must be made out in the nature of the applicant for the credit.

除信用证另有规定外，商业发票应以信用证申请人为抬头人。

b. Unless otherwise specified in the credit, banks may refuse commercial invoices issued for amounts in excess of the amount permitted by the credit.

除信用证另有规定外，发票所开金额超过信用证许可金额者，银行将拒绝接受。

c. The description of the goods in the commercial invoice must correspond with the description in the credit. In all other documents the goods may be described in general terms not inconsistent with the description of the goods in the credit.

商业发票上所表示的货物规格，必须与信用证的规定相符。在其他一切单据上，则可使用货物统称，但不得与信用证规定的货物名称有所抵触。

C. 4 OTHER DOCUMENTS 其他单据

Article 33 第三十三条

When other documents are required, such as Warehouse Receipts, Delivery Orders, Consular Invoices, Certificates of Origin, of Weight, of Quality or of Analysis etc. and when no further definition is given, banks will accept such documents as tendered.

信用证倘需要其他单证，如仓单、提货单、领事签证发票、原产地证明书、重量、品质或化验等之证明书，但未有作进一步之规定者，银行得依照所提示之此等单据予以接受。

D. MISCELLANEOUS PROVISIONS 其他规定

QUANTITY AND AMOUNT 数量与金额

Article 34 第三十四条

a. the words "about", "circa" or similar expressions used in connection with the amount of the credit or the quantity or the unit price of the goods are to be construed as allowing a difference not to exceed 10% more or 10% less.

词语如【大概】、【约计】或其他类似意义的文字，用于规定信用证金额、货物数量及单价时，当解释为容许有未超过10%或少10%的差额。

b. Unless a credit stipulates that the quantity of the goods specified must not be exceeded or reduced a tolerance of 3% more or 3% less will be permissible, always provided that the total amount of the drawings does not exceed the amount of the credit. This tolerance does not apply when the credit specifies quantity in terms of a stated number of packing units or individual items.

除非信用证规定所订货物的指定数量不得有所增减，应容许有多3%或少3%之伸缩，但以支付之总金额不超过信用证金额为限。但信用证所规定之货物数量，若以包装单位或个别件数计数者，则此项伸缩度并不适用。

PARTIAL SHIPMENT 分批装运

Article 35 第三十五条

a. Partial shipments are allowed, unless the credit specifically states otherwise.

除非信用证另有规定，得准许货物分批装运。

b. Shipments made on the same ship and for the same voyage, even if the Bills of Lading evidencing shipment "on board" bear different dates and/ or indicate different ports of shipment, will not be regarded as partial shipments.

数批货物装于同一船上，且属同一航程，即使其提单上证明装运之日期及/或其转船港口不同，当不作为分批装运论。

Article 36 第三十六条

If shipment by installments within given periods is stipulated and any installment is not shipped within the period allowed for that installment, the credit ceases to be available for that or any subsequent installments, unless otherwise specified in the credit.

如信用证规定货物须在一定期间内分批装运，而有任何一批未能于规定期间内付运者，除非信用证上另有规定者，则对该批货物装运，以及对其后各批货物装运皆告失效。

EXPIRY DATE 有效期限

Article 37 第三十七条

All credits, whether revocable or irrevocable, must stipulate an expiry date for presentation of documents for payment, acceptance or negotiation, notwithstanding the stipulation of a latest date for shipment.

一切信用证，不论其为可撤销或不可撤销，虽已规定最后装货日期，但还需规定一个交单付款、承兑或议付的有效期限。

Article 38 第三十八条

The words "to", "until", "till", and words of similar import applying to the stipulated expiry date for presentation of documents for payment, acceptance or negotiation, or to the stipulated latest date for shipment, will be understood to include the date mentioned.

词语【至】、【直至】、【止】以及其他同义词语，用于规定交单付款、承兑或议付之期限时，或用于规定最后装运日期时，应包括所提及的日子在内。

Article 39 第三十九条

a. When the stipulated expiry date falls on a day on which banks are closed for reasons other than those mentioned in Article 11, the expiry date will be extended until the first following business day.

如规定之有效期限为银行休假日，而非第 11 条所提及者，则有效期限应顺延至次一营业日。

b. The latest date for shipment shall not be extended by reason of the extension of the expiry date in accordance with this Article. When the credit stipulates a latest date for shipment, shipping documents dated later than such stipulated date will not be accepted. If no latest date for shipment is stipulated in the credit, shipping documents dated later than the expiry date stipulated in the credit or amendments thereto will not be accepted. Documents other than the shipping documents may, however, be dated up to and including the extended expiry date.

最后装运日期不得以有效期限依本条款规定顺延为理由而延长。当信用证规定最后装运日期，而货运单据之装运日期迟于该规定日期者，将不予受理。如信用证未规定最后装运日期，则货运单据之装运日期迟于信用证或修改书所规定之有效期限者，亦不予接受。但货运单据以外之其他单据日期，可延至上述顺延之满期日，包括所提及的日子在内。

c. Banks paying, accepting or negotiating on such extended expiry date must add to the documents their certification in the following wording:

银行在上项延长之日期付款、承兑或议付，必须在单据上另加下列文字证明：[依照统一处理规则第39条规定之顺延有效期限内，凭单付款（或承兑、议付）]。

"Presented for payment (or acceptance or negotiation as the case may be) within the expiry date extended in accordance with Article 39 of the Uniform Customs."

SHIPMENT、LOADING OR DISPATCH 装运、装货或寄发

Article 40 第四十条

a. Unless the terms of the credit indicate otherwise, the words "departure", "dispatch", "loading" or "sailing" used in stipulating the latest date for shipment of the goods will be understood to be synonymous with "shipment". 除信用证条款另有说明外，凡用下列词语如【离港】、【寄发】、【装货】或【起航】等用以规定装运货物之最后日期时，皆作为【装船】之同义词。

b. Expressions such as "prompt", "immediately", "as soon as possible" and the like should not be used. If they are used, banks will interpret them as a request for shipment within thirty days from the date on the advice of the credit to the beneficiary by the issuing bank or by an advising bank, as the case may be.

不应使用如【迅即】、【立即】、【尽速】之类和类似词语，否则将被银行解释为要求在开证银行或通知行对受益人所发出的信用证通知日期起，三十天内装运。

c. The expression "on or about" and similar expressions will be interpreted as a request for shipment during the period from five days before to five days after the specified date, both end days included.

用【在或约于】及同义词语，将被解释为：要求在所规定日期之前五日起，至该日期五日止之期间内装运（头尾日子皆包括在内）。

PRESENTATION 提交单据

Article 41 第四十一条

Notwithstanding the requirement of article 37 that every credit must stipulate an expiry date for presentation of documents, credits must also stipulate a specified period of time after the date of issuance of the Bills of Lading or other shipping documents during which presentation of documents for payment, acceptance or negotiation must be made. If no such period of time is stipulated in the credit, banks will refuse documents presented to them later than 21 days after the date of issuance of the Bills of Lading or other shipping documents.

除第37条规定，所有信用证须有一个规定交单之有效期限外，信用证尚需规定提单或其他货运单据签发日期后一个特定期限，必须交单付款、承兑或议付。倘信用证未规定此一期限，则银行将拒绝在提单或在其他货运单据签发日期后超过二十一天才提交单据。

Article 42 第四十二条

Banks are under no obligation to accept presentation of documents outside their banking hours.

银行在营业时间外，不接受提交之单据。

DATE TERMS 日期条款

Article 43 第四十三条

The terms "first half", "second half" of a month shall be construed respectively as from the 1st to the 15th, and the 16th to the last day of each month, inclusive.

词语“上半月”、“下半月”应分别解释为：自月之一日起至十五日止，及自月十六日起至月之末日止。起迄日子均包括在内。

Article 44 第四十四条

The terms "beginning", "middle", or "end" of a month shall be construed respectively as from the 1st to the 10th, the 11th to the 20th, and the 21st to the last day of each month, inclusive.

如开证银行发出要求保兑或通知信用证的指示，规定该信用证的有效期限为【一个月】、【六个月】或类似规定，而并未指明自何日起算者，则保兑银行或通知银行将自保兑或通知该信用证之日起算，以指定期限的末日为该信用证的满期日。

Article 45 第四十五条

When a bank issuing a credit instructs that the credit be confirmed or advised as available "for one month", "for six months" or the like, but does not specify the date from which the time is to run, the confirming or advising bank will confirm or advise the credit as expiring at the end of such indicated period from the date of its confirmation or advice.

E. TRANSFER 转让

Article 46 第四十六条

a. A transferable credit is a credit under which the beneficiary has the right to give instructions to the bank called upon to effect payment or acceptance or to any bank entitled to effect negotiation to make the credit available in whole or in part to one or more third parties (second beneficiaries).

可转让信用证是该信用证的受益人有权指示履行付款或承兑之银行，或任何有权议付之银行，要求将信用证之一部分或全部转让给一个或一个以上之第三者（即第二受益人）使用。

b. The bank requested to effect the transfer, whether it has confirmed the credit or not, shall be under no obligation to effect such transfer except to the extent and in the manner expressly consented to by such bank and until such bank's charges in respect of transfer are paid.

被要求办理转让信用证之银行，不论该信用证是否经其保兑，并无接受办理该项转让的义务，除非其转让之范围及方式为该银行所同意，并在收到其应收之手续费后，始接受办理转让。

c. Bank charges in respect of transfers are payable by the first beneficiary unless otherwise specified.

除另有规定外，有关转让之银行费用，应由第一受益人支付。

d. A credit can be transferred only if it is expressly designated as "transferable" by the issuing bank. Terms such as "divisible", "fractionable", "assignable", and "transmissible" add nothing to the meaning of the term " transferable" and shall not be used.

信用证经开证银行明确规定【可转让】者，方可转让。词语如【可分割】、【可分开】及【可分让】、【可转移】等，并不增加【可转让】一词的意义，不应使用。

e. A transferable credit (not exceeding in the aggregate the amount of the credit) can be transferred separately, provided partial shipments are not prohibited, and the aggregate of such transfers will be considered as constituting only one transfer of the credit. The credit can be transferred only on the terms and conditions specified in the original credit, with the exception of the amount of the credit, of any unit prices stated therein, and of the period of validity or period for shipment, any or all of which may be reduced or curtailed. Additionally, the name of the first beneficiary can be substituted for that of the applicant for the credit, but if the name of the applicant for the credit is specifically required by the original credit to appear in any document other than the invoice, such requirement must be fulfilled.

可转让信用证仅许转让一次。若信用证准许分批装运，则可转让信用证得以作相应的分割转让（总计金额不超过信用证金额），此项分割转让的总额，将作为该信用证的一次转让。信用证必须依照原规定之条款转让，但信用证之金额或任何单价可以减少，有效期限和装货期限可以缩短。

此外，第一受益人名称可以代替开证申请人名称，但若原信用证规定开证申请人的名称必须在发票以外的任何其他单据上表示者，则必须依其规定处理。

f. The first beneficiary has the right to substitute his own invoices for those of the second beneficiary, for amounts not in excess of the original amount stipulated in the credit and for the original unit prices if stipulated in the credit, and upon such substitution of invoices the first beneficiary can draw under the credit for the difference, if any, between his invoices and the second beneficiary's invoices.

When a credit has been transferred and the first beneficiary is to supply his own invoices in exchange for the second beneficiary's invoices but fails to do so on first demand, the paying, accepting or negotiating bank has the right to deliver to the issuing bank the documents received under the credit, including the second beneficiary's invoices, without further responsibility to the first beneficiary.

第一受益人有权以其自开发票替换第二受益人之发票，该项发票金额不得超过信用证额所规定的原金额。如原信用证有单价规定，则得以开列原单价；在替换发票时，第一受益人可在该信用证项下支取其本身发票与第二受益人发票之间的差额。已经转让的信用证，第一受益人需提供其本身发票更换第二受益人之发票，但经一次通知后仍未能办理更换，则付款、承兑或议付银行有权将所收到的该信用证项下各单据，包括第二受益人发票，交寄开证银行，并对第一受益人不再负责。

g. The first beneficiary of a transferable credit can transfer the credit to a second beneficiary in the same country or in another country unless the credit specifically states otherwise. The first beneficiary shall have the right to request that payment or negotiation be effected to the second beneficiary at the place to which the credit has been transferred, up to and including the expiry date of the original credit, and without prejudice to the first beneficiary's right subsequently to substitute his own invoices for those of the second beneficiary and to claim any difference due to him.

除非信用证另有特别规定，可转让信用证的第一受益人可将该信用证转让给本国或其他国的第二受益人，第一受益人有权要求在信用证转让的所在地，以及在原信用证规定的有效期限内，对第二受益人付款或议付，而不波及第一受益人以后用本身发票替换第二受益人发票并支取应得的差额的权利。

Article 47 第四十七条

The fact that a credit is not stated to be transferable shall not affect the beneficiary's rights to assign the proceeds of such credit in accordance with the provisions of the applicable law.

本未载明可转让之信用证，并不影响受益人根据所用的法律条文，将信用证项下应得款项让与他人之权利。

致　谢

首先要感谢恩师尉迟治平先生，从 2007 年 5 月聆听您的第一堂课开始，我就有幸与您结下了这份终生难忘的师生缘，是您帮我构思本书题目，您不顾高龄，对本书的写作以及修改给予了无微不至的关心和耐心的指导。难忘您的谆谆教导、诲人不倦，寥寥数语难以表达我对您的感恩和感激之情。您精益求精的治学态度和和蔼可亲的笑容，时刻感染着我，也影响和鼓励着我。您不但是本书的导航人，更是我人生航程的导师，我以有您这样的老师感到自豪和骄傲！

感谢程邦雄院长、留美学者胡文清教授，你们也多次帮我提出较好的思路并帮助修改本书提纲。你们严谨治学的态度和乐于奉献的精神也给我留下了难忘的印象。在此，也要深深地给你们鞠上一躬！

感恩我的父母亲、女儿以及全体家庭成员，家永远是我最温馨的港湾，家人永远是我最坚强的后盾。亲情永远对我的前行是一种鼓励和鞭策。另外，在我将要完成本书的前夕，传来了我唯一的女儿何明阳被世界一流大学录取的好消息，在此也与大家一起分享我的快乐和喜悦！

另外，还要感谢我远在内蒙古通辽的姐姐，是她不时地鼓励和鞭策着我前行，使我永不懈怠，勇往直前。

另外，我还要特别感谢我大学的同窗好友刘光源，当我向他求助需要《跟单信用证统一惯例》400号出版物之前的文本时，是他辗转于国际商会设在法国的总部联系帮我寻找到了Dan Taylor写的这本《完全的UCP》（全英版），这本书涵盖了1929年以来的所有《跟单信用证统一惯例》的文本。这本书在本书的研究与写作中起到了举足轻重的作用。在此，我非常感恩这位远在海外的老同学！

感谢周立处长、王献玲院长！他们都为此书的出版经常鼓励我，并为我提供好的建议。

感谢全国人大代表、著名法学教授邸瑛琪，感谢同学程伟华主席！感谢崔波馆长、马秀峰馆长以及汤霖老师，感谢他们给我提供了许多珍贵的语料！感谢邵东华编审！感谢博士生导师谷建全教授等众多的亲朋好友。

正是由于以上各位同仁志士的无私帮助及不时的鞭策和激励，我才能够在长达几年的时间里完成总计二十多万字的书稿。

最后，我还要感谢苍天和大地，感谢和我有缘的芸芸众生，正是他们对我特别的眷顾和呵护，才有我今天这些成就的取得！今后，我将不负恩师、同事、同学以及亲朋好友的重托，辛勤耕耘，奉献自己的精力和才干，在高校的三尺讲台上为祖国培养更多的优秀人才！完成祖国和人民赋予的使命！

卢秋帆

2013 年 5 月 15 日于郑州